2007 좋은 방송을 위한 시민의 비평상 수상집

지식의 재발견

방송문화진흥회 엮음

국립중앙도서관 출판시도서목록(CIP)

지식의 재발견 : 2007 좋은 방송을 위한 시민의 비평상
수상집 / 방송문화진흥회 엮음. -- 파주 : 한울, 2007
     p. ;   cm

ISBN   978-89-460-3765-6 03070

326.7-KDC4
384.5-DDC21   CIP2007002185

발간사

　시청자 여러분의 적극적인 호응과 참여로 <좋은 방송을 위한 시민의 비평상>이 올해로 10년을 맞았습니다. 방송문화진흥회의 비평상은 일반 시청자들이 방송을 바라보는 의견을 체계적으로 정리할 수 있도록 그 장을 마련해주는 데 그 의미가 있다고 생각합니다. 방송제작자들도 시청자들이 애정을 가지고 정성껏 쓴 비평문에 많은 도움을 받아왔고 자신들의 프로그램에 반영해왔습니다. 이 모두가 '좋은 방송'을 위한 노력입니다.

　올해는 10회를 맞아 중고생을 대상으로 한 학생부문을 별도로 마련했습니다. 미디어 교육의 중요성이 강조되는 디지털 시대에 학생들이 건전하게 미디어를 바라볼 수 있는 기회를 공개의 장에서 마련해주자는 취지였습니다. 많은 학생들이 기성세대와는 다른 시각에서 느끼는 진솔한 바람을 내주었습니다.

　본 비평집은 공정한 심사를 거쳐 엄선된 37편의 수상작들을 묶은 것으로 방송 프로그램 발전에 조금이나마 보탬이 되고 시청자 여러분이 방송을 보는 시각을 키우는 데 도움이 되기를 바랍니다.

<시민의 비평상>에 참여해주신 모든 분들께 감사드리며, 특히 수상하신 여러분들께 진심으로 축하의 말씀을 드립니다. 그리고 바쁜 일정 속에서도 많은 분량의 심사를 기꺼이 맡아주신 심사위원 여러분과 늘 좋은 책으로 출간해주신 도서출판 한울 관계자분들에게도 감사의 마음을 전합니다.

2007. 7

방송문화진흥회 이사장 이옥경

차례

발간사   3

최우수작

지식의 재발견, EBS <지식채널e> | 조철희   9

우수작

대중친화적인 역사 다큐멘터리를 바란다
<세계를 뒤흔든 순간 - 러시아혁명> | 한석현   19

아이러니에 대한 경의 | 강보라   26
MBC 수목드라마 <고맙습니다>

인터뷰를 인터뷰하다! | 노종호   32
<시대의 초상>을 통해 본 좋은 인터뷰 프로그램의 조건

함께하는 꿈 | 김정민   41
<MBC 환경콘서트 - 함께하는 꿈 2006>을 통해 살펴본 라디오 공개방송 가능성

가작

'너'라고 불리는 누나들 | 박말숙   47
<달자의 봄>과 <여우야 뭐하니>를 중심으로 보는 '연상녀 연하남' 트렌드

고발하는 TV와 분노하는 시청자 | 김범수   59
<불만제로>, <이영돈PD의 소비자고발> 그리고 <긴급출동 SOS24>에 대하여

석호필과 장준혁은 한국 드라마를 어떻게 바꿨나 | 이준목 69
해외드라마 열풍과 다매체-다채널 시대가 한국 드라마에 미친 영향

교양과 예능의 위험한 동거 | 김명진 79

가족 - 다름과 닮음을 견디며 살아가기 | 고대권 86
MBC 4부작 드라마 <기적>

타인의 고통 앞에 서다 | 김희영 94
SBS <긴급출동 SOS24>의 미덕과 한계

'가족'이라는 마왕 | 이정흠 104

변화와 적응 : 사회부적응자에 대한 방송의 책임과 역할 | 이미경 115

수록작

<주몽>, 과연 컴퓨터가 만들어낸 드라마인가? | 문상철 125

'지식'에게 말을 걸다, "내게 있어 당신은…." | 신경아 133

TV 재발견, 낭독의 발견 | 장석원 139

가족 속에 현존하는 여성 권력의 에피소드 | 바이올렛(성지혜) 145

거침없이 하이킥, 가족을 재구성하다 | 김철현 152

<위기탈출 넘버원>이 진정한 위기탈출이 되기 위해서 | 이현령 159

페미니즘 시각에서 본 드라마 <고맙습니다> | 김보경 168

'홍길동'의 재현 혹은, 어설픈 시대극의 재현 | 김은경 176

<열린채널>, 진정 열리는 길 | 손주영 185

헛되이 무너져버릴 욕망의 노예가 되어버린 사람들 | 조수빈 193

악역 주인공을 통해 보여준 욕망과 삶의 이중주 | 한경희 200

권력과 야망, 눈물샘으로 어루만지다 | 황순자 208

희망에 대한 질문 | 정미지 216

대형 참사를 보도하는 언론의 선정주의를 고발한다 | 전수경 226

새로운 패러다임의 웃음과 근원적 자아 찾기 | 이은미 237

'나뭇잎을 떼어버린 이브'의 경쾌한 성애담(性愛談) | 김영종 244

2007, 한국사회를 바라보는 세 가지 시선 | 박지혜 253

껍데기는 가라! 이젠 거침없이 하이토크다! | 임현정 260

공감이여 공간으로 나오라 | 김영롱 269

학생부문 우수작

연말 가요 시상식, 폐지 아닌 모두의 축제로 | 박선혜 277

5분의 충격, 지식채널ⓔ | 조아라 283

학생부문 가작

얼짱 부추기는 TV, 10대들은 괴롭다 | 전주영 289

'시트콤 침체기'를 딛고 일어선 <거침없이 하이킥> | 이수미 298

여섯 남자의 아주 특별한 도전 <무한도전> | 송유림 304

지식의 재발견, EBS 〈지식채널e〉

조철희

1. '지식홍수' 시대의 TV

지금 우리가 살고 있는 시대는 과연 지식혁명의 시대일까? 인터넷으로 대표되는 지식의 새로운 장이 열리고, 새로운 유형의 지식들은 쉴새없이 쏟아져 나온다. 이처럼 급속하게 변화한 지적 환경 속에서 우리는 과연 '명확한 인식이나 이해'라는 지식의 사전적 의미를 얼마만큼 충족시키며 살아가고 있는지 자문하지 않을 수 없다. 오히려 외부로부터 강요받은 지식과 정화되지 않은 지식들에 파묻힌 채 '지식 과부하'에 걸려 혼돈과 착각 속에서 살고 있는 것은 아닌지, 살아 있는 지식이 아닌 죽어버린 지식의 무덤가에 서 있는 것은 아닌지 의문이 든다.

혹자는 '지식홍수'라는 말을 한다. 지식의 홍수는 지혜의 샘을 밀러 버리고, 지식은 그 어느 때보다 사람과 삶으로부터 멀리 있다. 심지어 지식은 권력과 만난다. '지식 없는 권력의 행사는 불가능하며 권력의 효과 없는 지식도 불가능하다'는 미셸 푸코의 말처럼 우리 시대는 지식권력의 시대다. 앎과 모름의 구분이 엄격해 모르는 자들은, 지식이 없는 자들은 차별과 소외의 그물에 걸려든다. 한국사회에서 맹위를 떨치고 있는 '영어권력'을 떠올리면 지식권력의 속성을 이해하기 쉽다. 영어지식을 갖지 못하면 진학도, 취업도 어렵기 마련이다. TV를 켜면 상황은 더욱 심각하다. 사실 미디어가 지식권력을 만들어내는 데 크게 앞장서 온 것은 새삼스럽게 강조할 필요도 없다.

지금까지 TV는 지식과 정보의 전달자로서 또한 생산자로서 그 역할을 톡톡히 해왔다. 그러나 경쟁적 상황으로 변화한 미디어환경 속에서 살아남기 위한 몸부림인 듯 무리하게 많은 양의 지식과 정보를 유통, 양산하고 있다. 비단 뉴스 프로그램이 아니더라도 정보와 지식을 앞세운 프로그램들이 너무나 많다. 아침정보프로그램, 엔포테인먼트 프로그램이란 이름으로 방송사들은 무분별한 정보들을 동시다발적으로 쏟아낸다. '게이트키핑' 과정까지 거치다 보면 지식과 정보는 변질에 변질을 거듭한다. 그러다 보니 시청자들은 그 수많은 지식과 정보들 속에서 도대체 무엇을 취사선택해야 할지 몰라 혼란에 빠진다. 이쯤 되면 TV를 켜기가 두려워질 만하다. 사실 최근 들어 TV를 멀리하는 사람들도 많이 늘었다.

TV가 지식권력과 지식공해의 양산자라는 혐의에서 자유롭지 못한 가운데 '인간의 삶 속에서 살아 있는 지식'을 표방하며 지식을 재발견하고 있는 프로그램이 있다. 바로 EBS의 ＜지식채널e＞다.

2. 지식의 재발견

지식은······ 암기하는 정보가 아닌 생각하는 힘, 현학적인 수사가 아
닌 마음을 움직이는 메시지, 책 속의 깨알 같은 글씨가 아니라 책을
쥔 손에 맺힌 작은 땀방울, 승자가 말하는 게임의 법칙이 아닌 패자의
침묵 속 삶의 이야기(<지식채널e Special> 1~3편 중).

이처럼 <지식채널e>가 품고 있는 지식의 정의는 새로운 관점, 즉
기존의 지식에 대한 고정관념으로부터의 탈피에서 비롯된다. 기존의 지식
들이 빈틈없는 논리를 추구했다면 <지식채널e>의 지식은 비어 있는
공간에 가깝다. 지금까지 우리는 칸을 가득 메운 숫자를 지식으로 여겨왔
지만 <지식채널e>는 숫자에 담긴 사람들의 이름에 주목한다. 지식권력,
지식홍수의 시대에 참다운 지식의 재발견이다.

시청자의 한 사람으로서 <지식채널e>를 처음 접했을 때의 기억은
그다지 생생하지 않다. 채널을 돌리다 우연히 마주쳐 제법 새롭게 느껴지
는 화면에 눈길을 줬고, 어느새 5분이라는 러닝타임은 모두 지나가 버렸다.
"이게 과연 어떤 프로그램일까? 정규 프로그램인가? 광고인가? 캠페인인
가?" 하는 의문이 들었지만, EBS 교육방송은 바쁜 직장인인 나의 채널
목록에 포함되지 않기 때문에 관심은 거기까지였다. 다음 기회의 우연한
만남을 기대하며 나는 다시 채널을 돌렸다.

그리고는 또다시 우연한 만남. 두 번째 만남의 기억은 제법 생생하다.
이번에는 좀 더 집중을 했다. 프로그램의 이름도 발견했다. "지식채널?
아, 지식을 전해주는 프로그램이구나." 첫 장면에 사람의 심장이 쿵쿵
뛰고 있었다. "의학 소재인가? 역시 지식프로그램답군."

정상 상태의 심장박동 수는 1분에 60~100회지만 더 빨리 뛸 때도 있는데 부당하다고 느낄 때, 화가 날 때, 하고 싶은 말이 있을 때, 자유를 갈구할 때라는 자막 설명이 이어졌다. "아~" 나도 모르게 탄성이 나왔다. "단순한 심장 얘기가 아니구나." 그러면서 내용은 드럼(drum)으로 넘어 갔다. 세계 여러 나라의 드럼을 만났다. 그것은 일종의 여행이었다. 이번에 는 록밴드 레드 제플린의 이야기가 흘러나왔다. 드러머 존 본햄은 심장의 고동을 드럼 연주로 표현했다는 이야기였다(2006. 6. 5 <심장의 고동>).

심장과 드럼의 관계. 록음악과 레드 제플린을 좋아했던 나도 잘 몰랐던, 새로운 지식이었다. 그리고 그것은 어디까지나 심장이나 드럼이 아닌 사람에 관한 지식이었다. 책 한 권을 읽은 듯했다. 1시간이 넘는 다큐멘터 리 한 편을 본 듯했다.

<지식채널e>는 때론 여행이고 또 때론 독서다. 즉 휴식이다. 여행과 독서는 현대인들의 사랑받는 휴식 아이템이고, 5분은 간단하게 휴식을 취하기 좋은 시간이다. 이후로도 <지식채널e>를 볼 때마다 늘 휴식처럼 편안한 시간을 갖는다. 지금까지 어떤 지식을 받아들이는 과정에서 이렇게 마음이 편하고 부담이 덜한 적이 없었다. 대한민국 교육제도에 익숙한 사람이라면 으레 지식습득과정에서 거부감이나 중압감을 갖기 마련이지 만 <지식채널e>를 통해 지식을 접하는 일은 늘 즐겁다. 때로는 눈물이 나올 만큼 감동적인 즐거움이기도 하다. 마음은 감동으로 충만하고, 머릿 속은 새로운 지식들의 침입으로 즐거운 전쟁이 한창이다.

지금까지는 시청자의 한 사람으로서 <지식채널e>에 대한 애정을 표현 한 것이기에 구체적인 분석은 잠시 보류했다. 프로그램을 좀 더 꼼꼼히 살펴보고 싶은 욕심이 든다. 이제 비평적 차원에서 <지식채널e>의 미덕 과 한계를 짚어보고자 한다.

3. 삶 속에 살아 있는 지식을 담다

<지식채널e>의 핵심적인 특성이자 첫 번째 미덕으로 꼽을 수 있는 것은 '열린 생각'이다. 지식은 본질적으로 법칙이나 체계에서 자유로울 수 없기에 여러모로 닫혀 있기 마련이다. 그런 탓에 지식이 권력화하고, 일부 집단의 전유물이 되는 것도 가능했다. 하지만 <지식채널e>는 그러한 지식의 속성에서 벗어나 열린 사고, 창의적 사유, 마음으로부터의 믿음, 다양한 해석 등에 비중을 뒀다. 이처럼 새로운 관점은 제작진의 기획의도로 자리 잡으며 나아가 고정관념을 전복하고, 지식의 속살과 이면을 들여다보며 지식을 재발견하는 데까지 이른다.

가령 하늘에서 내리는 눈에 대한 지식. 닫힌 사고로는 모두 똑같은 눈송이처럼 보일 것이다. 하지만 생각을 열고, 사물에 대한 관심과 애정의 눈길을 더하면 세상에는 똑같은 모양의 눈송이는 없다는 것을 알 수 있다. 똑같은 사람이 없는 것처럼 똑같은 눈도 없는 것이다(2007. 2. 26. <눈, 사람>).

현대사회의 대표적인 통계지식인 GDP(국내총생산)는 <지식채널e>의 새로운 관점에 의해 그 진실성이 전복된다. 오늘날 한 국가가 갖는 부의 척도로 여겨지는 GDP는 지나친 경쟁으로 인한 스트레스로 국민 건강이 악화되어도 위장약이 많이 팔리기만 하면 그 수치가 증가한다. 평화를 위협하는 무기 생산의 증가 역시 GDP를 끌어올린다(2007. 2. 19. <GDP와 점보제트기>).

<지식채널e>는 날카롭게 우리의 고정관념을 파고들어 그것의 진실성이나 신뢰성에 문제제기를 하는 것 못지않게 기존 지식에서 소외되거나 숨겨진 부분들을 어루만지며 고정관념 속에 묻힌 가치를 재발견하는 것에

도 노력을 기울인다.

일제 식민지 시절 콰이강 다리 건설에 강제로 동원된 3,000명의 조선인들 중 일부는 B·C급 전범으로 분류돼 해방 후 조국으로 돌아오지 못한다. 심지어 사형당한 이들도 있었다. 그 가슴 아픈 지식을 우리는 미처 알지 못했다(2007. 2. 26. <나의 살던 고향은>).

시장의 자유를 주장하는 데 자주 인용되며 자본주의 시대의 필독서로 알려진 애덤 스미스의『국부론』. 그러나 정작 시장의 자유 못지않게 자본가들의 도덕성을 비판하고, 날카롭게 그 책임을 물었던 애덤 스미스의 진의는 자본으로 위시되는 지식권력의 장막에 가려져 있었다는 사실. 그 역시 우리는 잘 알지 못했다(2007. 1. 22. <국부론 1권 11장>).

화려한 명성의 액션 배우, 이소룡의 내면에 자리 잡은 삶의 철학 역시 우리 지식의 범주에는 쉽게 끼어들지 못했던 것도 사실이다. 우리는 오로지 그의 겉모습에만 열광하고 있었던 것이다(2007. 1. 22. <이소룡이 이소룡에게>).

이처럼 <지식채널e>가 재발견한 지식은 시청자의 인식을 보다 넓은 지평으로 이끌어준다. 뿐만 아니라 사람에 대한 애정을 토대로 <지식채널e>가 심혈을 기울이고 있는 사회 현실에 대한 천착은 지식을 사전 밖으로 꺼내 삶의 자리에 놓이게 한다. 기존의 지식이 사람과 삶으로부터 동떨어져 그것을 지배하는 권력으로 작동하거나, 차별을 위한 도구로 쓰이고 있는 현실에서 의미심장한 노력으로 평가할 수 있다.

그 노력은 사회적 약자에 대한 관심과 애정에서부터 시작한다. 과외와 시험에 짓눌린 초등학생들의 삶을 이야기한 <대한민국에서 ‘초딩’으로 산다는 것>(2007. 4. 30)은 엄밀히 말하면 지식이라기보다는 우리가 ‘지금’ 살고 있는 ‘여기’의 현실에 가깝다. 그러나 현실에 무관심한, 특히 약자들의 현실에는 더더욱 관심이 없는 우리들에게는 현실도 지식의 대상에 속할 만하다. 어느 초등학교 2학년생이 성적 때문에 자살을 마음먹게 되었다는 사실을 알게 되었을 땐 그야말로 충격이었다. 그처럼 충격적인 지식이 없었다.

이번엔 노인들의 삶에 다가가 본다. 자식들과는 연락이 끊긴 채 폐지 수집으로 생계를 이어가며 쪽방에서 수십 년째 살아가고 있는 어느 노부부의 이야기다. 어느 날 아내가 병에 걸려 자리에 눕자, 남편은 동반자살을 결심하고 78년이나 함께 산 아내를 죽이는 독한 남편이 된다. 그는 달력 뒷장에 쓴 유서와 함께 자식들을 위해 장례식 비용 250만 원을 남긴다. 이 방송 <잊혀진 대한민국Ⅴ-너무 슬퍼하지 마라>(2007. 4. 2)를 보고, 나는 눈물을 흘렸다. 그것은 '무지'에 대한 반성의 눈물이었다.

무지를 딛고 일어서서 이제는 알고 싶었다. 무엇이 문제인가? 어떻게 해야 하는가? 지식이 각성과 실천을 유발하는 순간이었다. 그것은 <지식 채널e> 역시 마찬가지였던 것 같다. 65세 이상 노인 단독가구가 126만 여 호에 이르는 현실을 지적하며 '노인장기요양보험법'이 국회에서 계류 되고 있는 현실을 작지만 강한 어조로 비판했다.

실종 문제(2007. 1. 8 <실종>), 인터넷 악성 댓글 문제(2007. 2. 19 <대삼이 의 일기>) 등 <지식채널e>의 현실에 대한 문제제기와 비판은 계속된다.

<지식채널e>가 다루는 지식은 그 소재와 성격, 형식에 따라 나눠볼 수 있는데, 사회현실과 관련된 지식은 현실참여형 지식으로 분류할 수 있다. <지식채널e>는 기본적으로 다양한 소재를 다루면서 새로운 시각으 로 지식을 재해석·재구성하고 있으며 아울러 보기 드물게 독특한 형식으로 시청자들의 감성을 충족시키며 지식을 전하고 있다. 내용적인 부분 못지않 게 이 같은 형식적인 부분에서도 여러 가지 미덕을 발견할 수 있다.

4. 동시대의 감수성을 투영하는 참신한 방송형식

방송이라는 매체의 특성을 고려하면 형식에 대한 고민과 노력은 좋은 프로그램이 지향해야 할 부분이다. 지식을 어떤 방식으로 전달하는가는 어떤 관점에서 지식을 재해석·재구성하느냐 못지않게 중요하다. 그런 의미에서 볼 때 <지식채널e>가 형식적인 고민과 노력을 게을리하지 않았다는 점을 높게 평가할 수 있다.

우선 방송의 새로운 장르 혹은 스타일을 만들었다는 점이 주목된다. 5분이라는 방송분량은 지난 2003년부터 방송됐던 MBC <한뼘드라마> 이외에는 지상파에서 어떤 프로그램도 시도하지 않았던 시간적 형식이다. 어떻게 보면 기형적인 형태이기도 하다. 하지만 <지식채널e>는 짧은 시간에 쫓기는 것이 아니라 오히려 더 여유 있고, 휴식 같은 느낌을 만들어낸다. 사진첩 형식과 같은 새로운 연출 스타일이 대표적이다. <지식채널e>는 사진 자료를 활용하는 경우가 많은데, 시청자들은 사진첩을 넘기듯이 한 장 한 장 사진을 보면서 여유 있게 TV를 시청할 수 있다.

또한 뮤직비디오(2006. 10. 23 <2006, 낭만고양이>)나 드라마(2007. 1. 29 <스프가 없네>) 같은 형식 역시 참신함을 더한다. 비록 그러한 형식들이 자주 등장하는 것은 아니지만 다양한 형식적 변주를 통해 고정되지 않은 방식으로 지식을 전달함으로써 시청자들로 하여금 지식습득 과정의 거부감을 덜게 하고 시청의 흥미를 높이는 여건을 조성할 수 있었다.

또한 자막과 음악의 활용 역시 뛰어나다. 음악을 들으며 책장을 넘기는 것 같은 느낌을 자아낸다. 방송 후 배경음악에 대한 시청자와 네티즌들의 관심은 프로그램 홈페이지의 '음악게시판'으로까지 이어진다. 이처럼 쌍방향의 참여형 프로그램을 지향하는 것도 <지식채널e>의 장점인데, 프로그램 홈페이지에는 '시청자 지식 창고'라는 게시판도 있어 시청자들이 직접 방송 소재를 제안하기도 하며 실제로 방송 소재로 채택된 경우도 있다. 이러한 점들은 동시대의 감수성을 형식적으로 방송에 투영하려는 제작진의 노력으로도 볼 수 있다.

5. 생산적·창조적 TV 프로그램이 되기를 기대하며

앞서 언급한 <지식채널e>의 많은 미덕들은 한편으론 아쉬운 점들을 남기기도 한다. <지식채널e>가 보여주는 사회현실에 대한 관심과 비판은 지식에 대한 새로운 관점과 지식의 새로운 역할을 제시하기도 하지만 형식적으로 다른 시사비평 프로그램이나 뉴스 프로그램과 차별성을 드러내지 못해 "<지식채널e>가 아니어도 다른 프로그램에서 볼 수 있지 않냐"는 지적을 가능케 한다. 또한 지식의 범주가 지나치게 넓은 경향이 있어 '지식'을 표방하는 프로그램으로서 특성화가 약하기도 하다.

참고문헌에 지나치게 의존적이라는 지적도 있다. 위인들의 격언이나 문헌의 발췌문들을 특별한 고찰 없이 인용하거나 정리하는 경우도 간혹 눈에 띈다. 영상의 많은 부분을 사진에 의존하는 것도 단점이 될 수 있다. 사진첩과 같은 유연한 효과를 발휘할 수도 있지만 한편으론 움직이지 않는 영상에 한정되는, TV매체의 특성을 십분 발휘하지 못하는 한계에 머무르는 것일 수도 있다. 이는 볼거리가 한정적이라는 단점이기도 하다. 자막 등 문자 의존적인 점은 문자 중심의 전통적 지식체계의 한계에서 벗어나지 못하는 것이다. 시각 장애인들의 접근에도 상당한 제약이 있을 것이다. 제작진의 보다 다양한 형식적 고민과 시도가 필요한 지점이다. 교육방송이라는 태생적인 채널 접근성의 한계 때문에 보다 많은 시청자들의 관심을 얻는 데 어려운 면이 있는 것이 사실이지만 이는 달리 보면 교육방송 EBS의 또 다른 가능성이기도 하다. 지식백화점이나 지식가공소가 아니라 <지식채널e>처럼 지식의 새로운 장으로서 EBS가 재탄생할 수 있을 것이다.

또한 지금까지 해왔던 지식의 재발견을 넘어 지식창조에도 도전해볼 만하다. 지금과 같은 <지식채널e>의 성실한 노력이 계속된다면 이를 기폭으로 소비적이기만 하던 TV가 생산적이고 창조적인 역할을 하게 되는 전망을 그려볼 수 있을 것이다. 아무쪼록 <지식채널e>가 앞으로도 계속 청소년부터 성인들까지 휴식처럼 느낄 수 있는 지식 프로그램, 지식채널이 되기를 기대한다.

참신한 기획, 진부한 연출,
〈세계를 뒤흔든 순간-러시아혁명〉

대중친화적인 역사 다큐멘터리를 바란다

한석현

편향된 이데올로기로 인한 역사 인식의 불균형? 좌파 혁명과 혁명가를 다루는 책들이 줄줄이 출간되고, 대학의 정규 커리큘럼 안에서 마르크스의 사상이 선택과목으로 교육되는 지금, 웬 철지난 명제냐고? 하지만 아직도 현실이 그러한걸. 책을 선택하고, 대학에서 수업을 선택하는 건 순전히 개인의 기호 문제일 뿐, 다섯 개의 보기 중 프랑스 혁명의 의의가 아닌 것을 찾아보라는 문제의 정답을 골라내려고 참고서를 새카맣게 줄쳐가며 암기하는 것에 비해 그 이데올로기적 효과는 지극히 미미하지 않은가. 다시 말해, 아직도 시민혁명과 산업혁명은 중요하게 다루지만, 러시아혁명은 다루지 않는 세계사 교과서를 배우고 있는 현실에서, 그 진부한 명제는 여전히 머리 싸매고 고민할 가치가 있다는 말이다.

그런 점에서 "20세기 현대사에서 가장 중요한 사건은 러시아혁명이었다"라고 선언하며 러시아혁명을 통해 현대사를 이해하고 한국 사회가 안고 있는 이념 갈등과 분단 문제를 반추해보자는 <세계를 뒤흔든 순간

- 러시아혁명>(이하 <러시아혁명>)의 기획 의도는 참으로 반갑다. 현대 사회에서 방송의 영향력은 믿기 싫을 만큼 강력한 바, <러시아혁명>이 다소나마 기울어진 역사 인식의 균형추를 들어올릴 수 있는 계기가 될 수 있을까?

방송의 영향력은 방송을 보는 시청자에게서 나온다. 얼마나 많은 시청자가 시청했느냐에 따라 프로그램의 영향이 판가름된다. 많은 시청자가 즐길 수 있는 프로그램, 그것이 방송의 첫째 미덕이라 한다면, 역사 다큐멘터리로서 <러시아혁명>이 본연의 기획 의도를 잘 살리고 있는가를 판단하는 지표도 바로 거기에서 찾을 수 있겠다.

'특정 소수'의 시청자?

'불특정 다수'를 시청자로 하는 방송에서 시청 대상을 누구로 설정하느냐는 프로그램 제작 방향을 결정하는 중요 변수일 것이다. 그 점에서 <러시아혁명>은 '특정 소수'만을 시청자로 제한하지 않았나 하는 의심을 지울 수 없다. 몇몇 장면들에서 배경 지식 없이는 이해하기 힘든 부분이 눈에 띄는데, 가령 이런 부분들이다. 이전까지 스탈린에 대한 언급이 전혀 없다가 3부의 중반쯤에서 트로츠키와 스탈린의 적군 모병 방법을 비교한다. 권력을 잡기 이전의 스탈린에 대한 지식이 없다면, 이 같은 스탈린의 갑작스런 등장은 다소 혼동될 수밖에 없다. 또, 10월 혁명 당시 겨울궁전을 공격하는 장면에선 이런 내레이션이 나온다. "에이젠슈타인의 영화에서 나오는 것과 같은 극적인 장면은 실제로 존재하지 않았다." 이런 언급은 영화를 보지 않은 사람에게는 별 의미가 없는 내용일 텐데, 영화사에 대한 지식이 없다면 에이젠슈타인을 어찌 알겠는가? 이처럼 <러시아

혁명>에는 특정 지식에 대한 선 이해를 전제로 연출된 장면이 상당 부분 눈에 띈다. 이것은 다시 말해, <러시아혁명>이 러시아혁명에 대한 일정 정도의 관심과 지식을 갖춘 사람을 시청자를 염두에 두고 만들어졌다는 의미이다.

일요일 밤 11시에 편성된 프로그램으로서 태생적 한계, 역사 다큐멘터리라는 장르적 한계를 인정하더라도 시청 대상 자체를 미리부터 제한하는 방식은 정당하지 않은 듯하다. 이러한 제작 태도는 다양한 대중과 소통할 수 있는 가능성을 사전에 차단하는 장벽이 될 수도 있다. 특별한 배경 지식이 없더라도 일정한 교양을 갖춘 사람이라면 누구나 무리 없이 이해할 수 있는 수준의 연출이 모든 방송 프로그램이 지향해야 할 올바른 태도가 아닐까?

단조로운 비주얼 형식

시청 대상의 설정이 프로그램의 외적인 조건이라 한다면, 프로그램 자체의 내적인 완성도는 많은 시청자들을 끌어들이기 위해서 갖춰야 할 더욱 결정적인 요소이다. 역사 다큐멘터리로서의 내적인 완성도는 먼저 영상 매체의 특성을 얼마만큼 잘 살리고 있는가로 판단할 수 있겠다. 같은 역사 테마를 다룰 때, 활자 매체의 장점으로는 구체성과 내용의 깊이를 들 수 있다. 그에 비해 영상 매체는 내용을 깊이 있게 다루긴 힘들지만 입체적으로 역사를 바라볼 수 있고, 활자 매체에 비해 접근성이 훨씬 뛰어나다고 할 수 있다.

<러시아혁명> 역시 시청자의 접근성을 높이기 위해 다양한 시각적 장치를 활용한다. <러시아혁명>에서 활용하고 있는 시각 요소는 주로 다음과 같다. 사건 당시의 영상과 사진, 영화 장면, 사건이 일어났던 공간의

현재 모습, 전문가 인터뷰, 사건의 재연, 컴퓨터 그래픽. 이렇게 분류해 놓고 보면 아주 다양한 시각 요소를 활용하고 있는 것처럼 보이지만, 막상 시각적인 연출은 매우 단조롭고, 역사 다큐멘터리의 일반적인 구성을 벗어나지 않는다. 이는 러시아혁명 당시의 시각 자료가 절대적으로 부족하다는 점을 감안하면 이해할 만하다.

빈번하게 등장하는 재연 장면은 이런 부족한 시각 자료를 대체하기 위한 적극적인 대안으로 보인다. 특히 당내의 의견 대립을 논쟁으로 재연하는 장면 같은 경우 대립 구도를 전달하는 데 많은 도움이 되었다. 하지만 그것을 제외한 나머지 장면들, 예컨대 수병들의 반란이나 여타 전투 장면, 암살 장면 등에선 리얼리티의 부족으로 기대했던 효과를 얻어내지 못한다. 전체적으로 볼 때 재연이라는 장치의 활용은 부족한 시각 자료를 대체하고, 당시의 상황을 생동감 있게 표현하기에는 역부족이었다고 생각한다. 오히려 미숙한 연출로 다른 시각 요소들과 조화를 이루지 못하고 튀어 보여, 프로그램 전체를 엉성하게 만들기도 한다. 1부에서 러시아 농민들의 생활상을 말하면서 러시아의 민속춤과 음악을 화면으로 제시하는 장면을 예로 들 수 있다. 내용상 큰 연관성을 발견하기 힘들뿐더러, 이전과 이후의 장면 연결이 매끄럽지 않아 불필요한 군더더기로 보인다.

절대적인 시각 자료의 부족을 감안하더라도 <러시아혁명>에서 비주얼의 빈약함은 가장 아쉬운 부분이다. 재연이라는 장치를 활용하긴 했지만, 옹색한 스케일과 조잡한 연출은 힘든 제작 여건을 짐작케 할 뿐 본래의 기능을 다하지 못했다. 오히려 재연에 치중하느라 컴퓨터 그래픽이나 사진, 일러스트, 음악 등의 활용에는 적극적이지 못했다는 느낌이다. 이런 요소들을 적절히 활용하여 밀도 있는 편집을 시도했다면, 재연 방식을 활용하는 것보다 더 색다르고 신선한 느낌의 비주얼 구성이 가능하지 않았을까?

입체적인 역사 재현의 부재

프로그램의 완성도는 한편으로 구성 형식의 측면에서 판단해볼 수 있다. 일반적으로 혁명이라 함은 한 사회의 정치, 경제, 문화상의 총제적인 변화를 뜻한다. 따라서 이 세 가지 요소를 유기적으로 구성하여 입체적으로 재현할 때, 혁명의 전체적인 진행을 머릿속에 그려볼 수 있다. 그렇다면 <러시아혁명>의 경우는 어떠할까?

<러시아혁명>은 그 점에서 다소 평면적인 구성을 취한다. 예를 들어, 혁명 이후의 상황은 독일과의 전쟁, 외국의 간섭과 점령, 백군과의 내전, 식량 위기, 생산성 저하 등 매우 복잡한 양상으로 전개된다. 이러한 각각의 요소들은 서로 밀접하게 관련을 맺으며 혁명 이후 러시아의 사회 변화 과정을 총체적으로 구성한다. 하지만 <러시아혁명>에서는 이런 각각의 요소들을 병렬적으로 나열하는 형식을 취한다. 따라서 각각의 관련성이나 인과관계를 밝히는 데 소홀하며, 혁명 이후의 상황을 입체적으로 재현하지 못한다. 말하자면, <러시아혁명>의 구성 형식은 하나의 역사적 사건을 정치, 경제, 문화 같은 영역으로 범주화하고 각각의 범주에 대해서 설명하는 역사 교과서의 분절적 형식을 그대로 따르고 있는 것으로 보인다. 이러한 방식은 영상 매체의 특성과는 어울리지 않는 방식일뿐더러, 하나의 역사적 사건을 통합적인 시선으로 파악하는 데도 적합한 방법은 아닌 듯하다.

<러시아혁명>은 역사 교과서의 분절적 형식에 따라, 큰 틀에서 혁명의 주요한 흐름과 맥락을 잘 짚어주고 있다. 하지만 세세한 부분에서 보는

이로 하여금 많은 궁금증을 불러일으킨다.

혁명 전 당내에서 레닌의 지위는 무엇이었을까? 볼셰비키 당내의 의사 결정구조는 어땠을까? 레닌은 어떻게 반대자를 물리치고 4월 테제를 관철시킬 수 있었을까? 레닌과 트로츠키는 협력 관계였을까? 그리고 스탈린은? 조약을 통해 영토를 다른 나라에 넘긴다는 것의 정확한 의미는 무엇일까? 총서기란 어떤 직책일까? 스탈린은 어떤 명분으로 트로츠키를 축출했을까? 러시아의 장군들은 어떻게 독자적인 군대를 거느릴 수 있었을까? 러시아의 절대 다수는 무산자 계급이었을 텐데, 그렇다면 백군을 구성하는 병사들은 어떤 이들인가? 러시아의 공장에선 무엇을 생산했을까?

이런 의문이 드는 이유는 기본적으로 앞서 얘기한 시청자의 지식을 가정한 연출과 맥을 같이하는 생략과 함축 때문이라고 볼 수 있다. 디테일한 부분에서 생략과 함축이 이루어지는 것은 역사 서술에서 특정 사건의 원인과 결과, 역사적 의의만을 중요하게 생각하는 경향을 그대로 답습하고 있기 때문은 아닐까? 하지만 앙상한 골격만을 드러내는 구성보다는 골격을 이어주는 세세한 디테일을 충분히 담는 방식이 더욱 흥미로운 역사 서술의 방식일 수도 있다. 정리하면, <러시아혁명>의 구성 형식은 생략, 함축, 분절이라는 세 가지 키워드로 요약할 수 있는바, 유기적 구성, 입체적 재현, 생생한 디테일의 부재가 아쉽다.

'그들만의 다큐멘터리'를 넘어

이제 처음의 질문으로 돌아가보자. <러시아혁명>은 불균형한 역사 인식을 재고하는 계기가 되었을까? 기획 의도의 참신함이 그 자체로 프로그램의 성공을 보장하지는 않는다. <러시아혁명>은 기획 의도에 충실한 내용을 담고 있지만, 시각적 연출과 유기적 구성이라는 형식적 측면에서의 완성도는 갖추지 못했다. 구태의연한 시각 연출과 내용 구성의 불친절함은 시청자들이 역사 다큐멘터리에서 멀어지게 하는 원인은 아닐는지. 많은 시청자가 보지 못하는 프로그램은 당연히 본래의 목적을 달성했다고 보기 힘들 것이다.

역사 다큐멘터리에 대한 시청자의 선입견이 존재한다는 사실은 부인할 수 없다. '어렵다, 딱딱하다, 혹은 관심 있는 일부 사람들만을 위한 프로그램이다' 등. 그런데 혹시 시청자뿐만 아니라 역사 다큐멘터리를 만드는 사람들 역시도 이러한 편견을 공유하고 있지는 않은가? 참신한 기획과 주제의 정치적 올바름만이 훌륭한 다큐멘터리를 이루는 요소라고 생각하고 있지는 않은가?

최근 들어 우리 방송에서 주제 의식이나 기획에서 새로운 다큐멘터리가 많이 나오고 있는 것이 사실이다. 하지만 주제적인 측면에서만 다큐멘터리의 완성도를 평가할 수는 없다. 방송 프로그램이 제작진의 자기만족적 행위가 아니라면, 다큐멘터리 장르도 연출이나 형식적인 측면에서 더욱 높은 완성도를 갖춰야 할 것으로 생각된다. 어느 다큐멘터리에서나 볼 수 있는 구태의연한 연출 방식에 안주하지 않고, 시청자의 흥미를 자극하는 새롭고 혁신적인 형식 실험이, '그들만의 다큐멘터리'라는 선입견을 깨는 방법일 것이다. 많은 시청자의 눈과 귀를 잡아당기는 대중친화적인 역사 다큐멘터리의 탄생을 기대한다.

아이러니에 대한 경의

MBC 수목드라마 <고맙습니다>

강보라

그런 순간이 있다. 문득 세상의 시선이 외면된 채, 자신이 외로이 켜진 핀 조명 아래 서 있다는 느낌이 드는 순간 말이다. 수두에 걸려 어렵사리 학교에 갔건만 수두약으로 얼룩진 얼굴을 보며 슬금슬금 책상을 옮기는 짝꿍의 모습, 한겨울 줄이 길게 늘어진 정류장에서 버스를 기다리던 중 갑자기 발이 빙판에 미끄러져 넘어지던 순간의 당황스러움은 모두 '순간의 핀 조명'이 켜지던 기억일 것이다.

지난 3월에서 5월까지 약 두 달에 걸쳐 MBC 수목드라마로 방영되었던 <고맙습니다>는 삶에서 어쩔 수 없이 맞닥뜨리게 되는 이런 '핀 조명의 순간'들에 대한 이야기다. 그리고 거기서 우린 모든 게 완벽한 나머지 삶의 권태와 잉여에 대해 자조하는 한량들이 아닌, 정확히 말해 그 대척점에 서 있는 이들과 만나게 된다. 삶을 '밥'과 같이 여기는 사람들, 과거의 늪에 발목이 잡힌 사람들, 그래서 미래가 아닌 현재에 쫓기는 사람들, 바로 푸른도의 사람들과 만나게 된다.

푸른도의 사람들은 모두 극단적인 아이러니를 안고 산다. 아이를 부정한 남편을 가진 여자가 자신의 아들에게는 그의 아이('여자'의 손녀)를 부정하라고 하고, 미혼모인 다른 여자는 세상을 향한 증오 한 번 품지 않은 채 순수한 온정을 베푼다. 자신과 같이 의사였던 아버지를 통해 직업에 대한 환멸을 느끼면서도 죽어가는 생명 앞에서 저절로 회생의 손길을 내미는 남자가 있고, 그의 앞에는 어느 날 갑자기 '요술코트'를 입고 '에이즈가 옮으니 가까이 오지 말라고' 손사래를 치는 꼬마가 있다. 이 외에도 각자의 삶이 빚어낸 아이러니를 안고, 때때로 그와 대적하며 살아가는 푸른도의 사람들이 등장한다.

드라마 <고맙습니다>는 이처럼 무언가 결핍된 부분에서 발생하는 아이러니에 주목한다. 사건과 사건 사이, 시선과 시선 사이, 그리고 사람과 사람 사이에서 빚어지는 아이러니는 삶의 불완전함을 방증하는 과정, 그 자체다. 즉, 어찌할 바를 몰라 쥐구멍이라도 있으면 숨고 싶은 '핀조명의 순간'에 반사적으로 그를 극복하려는 힘이 발휘되고, 이는 결국 아이러니하게만 느껴지는 삶을 근근이 이어갈 수 있는 생명력으로 발전된다. 그래서 이 드라마는 삶을 가능케 하는 아이러니에 경의를 표하는 의미에서 줄곧 "고맙습니다"를 내뱉게 되는 것이다.

<미안하다 사랑한다>와 <이 죽일 놈의 사랑>과 같은 이경희 작가의 전작들을 살펴보면 초반부터 극적인 설정과 비극적 결말을 암시하는 장치가 적극적으로 활용되었음을 알 수 있다. 특히 드라마 전반에 드리운 죽음의 그림자는 시청자로 하여금 종종 '비극을 예견하는 자의 무기력함'을 느끼게 하여 색다른 카타르시스를 제공하곤 했다. 다르게 말하자면, 이경희 작가가 드라마를 통해 발군의 실력을 발휘할 때는 다름 아닌, 고통받는 자(프로타고니스트)의 고통과 고통받는 자를 바라볼 수밖에 없는

이(시청자)의 고통을 마음대로 '요리'하는 순간인 것이다. 드라마 <고맙습니다>는 이와 같은 전작에서의 특징이 조금 희석된 면이 없잖아 있다. 동시에 그 희석된 고통을 한층 심오한 수면으로 끌어올렸다. 이는 곧 드라마의 고통을 존재 안에 품어버린 등장인물들을 통해, 또한 그들의 삶에 대한 태도를 통해 살펴볼 수 있다.

주인공 민기서(장혁 분)는 이경희 작가 전작의 남자 주인공들이 그랬듯, 다분히 순정만화적인 요소들을 안고 있다. 적당히 사회성이 결여되었고, 애인의 죽음과 관련한 트라우마를 안고 있으며, 애정결핍에 모성 본능을 일깨우게 하고, 물리적 폭력 안에 사는 '길거리 남자'다. 상대로 등장하는 영신(공효진 분) 또한 '이경희 표 여주인공'의 면모를 고루 갖추고 있다고 할 수 있다. 천성이 착하고 자기표현을 하는 대신에 상대를 배려한다. '누나 성'이 강해 자신보다 심적으로 어린 남성을 돌보아주고, 가족애를 중시하며, 때때로 답답한 부분도 내보인다. 특히 영신은 강한 어머니상과 여린 소녀상이 혼재하는 인물로 볼 수 있는데, 이는 그녀가 고통을 극복하는 과정에 있어 중요한 변수로 작용한다. 이를테면 기서가 자신을 향한 애정을 드러내는 과정에서 영신은 자신을 일컬어 '무생물'이며, '그저 봄이 엄마'라고 하지만 이는 자성적 성찰이라기보단, 그녀의 삶에서 고도로 훈련된 '감정처리 양식'의 일부분이라고 보는 것이 맞다. 그리하여 본래의 소녀성은 타성에 의해 감춰지고, 준비 없이 주어진 모성애는 자의에 의해 점차 발현된다. 곧 그것이 '생물이지만 무생물로 살아갈 수밖에 없는 소녀 엄마'의 솔직한 실체이기도 하다. 이 드라마의 또 다른 주역이라고 할 수 있는 봄(서신애 분)이는 이경희 작가의 전작들과 차별화를 두는 데 결정적인 역할을 한다. 초반에는 봄이의 존재로 인해 '아이가 나오는 착한 드라마'라고 단순히 오인되기도 했지만, 시간이 지날수록 봄이는 물리적인 나이만 어릴 뿐, 또 다른 '성인(成人)의 자화상'으로 인식된다. 즉, 아이로 설정되었기 때문에 특유의 의외성, 예측 불허성, 통제 불가능성들이 나타나기도 했지만, 그렇기에 오히려 '무늬만 어른'인 이들의 무방비성을 공략하기도 하고, 전체적인 구성의 빈틈을 메우는 역할을 감당할 수 있었던 것이다.

이 세 인물에게 있어, 그리고 드라마 전체에 있어 나타나는 공통점은 바로 '아버지의 부재'이다. 각자의 사정은 다르지만, 그들은 아버지가 있어도 아버지를 인정하지 않거나, 아버지라고 부를 수 없거나, 아버지라 부르던 이가 이 세상 사람이 아니다. 이는 곧 '엄마'의 존재를 부각시키고, 나아가 근원적인 모성에 대한 향수를 한층 짙게 한다. 예컨대 기서나 석현(신성록 분)은 그로 인해 오이디푸스 콤플렉스에 시달리고, 영신은 부성과 모성을 압류당한 채 다른 이들을 향한 극단의 모성을 강요받게 된다.

이렇듯 촘촘하게 엮인 극적 장치에도 불구하고 <고맙습니다>는 요동치는 듯한 하이라이트의 높낮음이 없어 아쉬움을 남겼다. 푸른도라는 지극히 한정된 공간 안에서 에이즈에 걸린 아이, 미혼모, 치매노인이 함께 모여 사는 '봄이네'가 겪는 일상은 고통스러우리만큼 잔잔했다. 물론 그러한 잔잔함이 현실감을 높였다고도 할 수 있지만, 시청자가 드라마에게 기대하는 건 '있는 그대로의 리얼리티'가 아닌 '있을 법한 리얼리티'임을 상기한다면 조금 더 '끝까지 치닫는 결말'이었어도 좋았을 것 같다. 플롯 구성상 또 하나의 강점이자 약점은 극명한 대립구도라고 할 수 있겠다. 특히 강 여사가 극 전체의 대립구조를 조종하는 중심축으로 기능하다 결말에서 화해구도로 옮아가는 과정은 다소 급작스러웠다 '원래 악인은 없는 법'이고 '핏줄 앞에선 장사 없는 법'이라지만, 영신과 봄이 모녀에게 매몰차게 굴던 '악녀'가 '전 재산을 털어서라도 봄이의 병을 고쳐주고자 하는 선녀'로 탈바꿈하는 데에 결정적인 계기가 부재한다는 지적은 면하기 어려울 것이다.

이런 아쉬움을 뒤로하면서 드라마 <고맙습니다>는 끝까지 '고맙다'는 말을 아끼지 않았다. 강 여사는 "할머니는 착하게 생겼잖아요"라고 말해 주는 봄이를 향해서 고마움의 눈물을 흘렸고, 할아버지는 푸른도의 모든 집에 쵸코파이를 나누어주며 이제까지의 삶에 감사를 표했고, 석현은 봄이에게 "난 네 아빠가 아니야. 너희 아빠가 얼마나 멋진데……"라며 속으로나마 자신이 봄이의 아빠일 수 있음에 고마워했다. 기서는 영신을 치료하며 자신과 사랑하는 이를 동시에 살려내는 '인술'이 존재함에 감사의 안도를 내쉬었고, 영신은 하룻밤의 풋사랑이 자신이 살아가는 이유의 근원인 봄이로 치환됨에 경이의 감사를 내뱉었다. 그리고 정작 봄이는 할아버지로부터 엄마로부터 그리고 푸른도로부터 배운 "고맙습니다"를 연신 외쳐댔다. 모두가 혼자지만 동시에 혼자가 아님을 마침내 깨달은 것이다.

한 수필집에서 소설가 김훈은 이렇게 말했다. 나는 세상의 아름다움을 말할 때 세상의 더러움에 치가 떨렸고, 세상의 더러움을 말할 때는 세상의 아름다움이 아까워서 가슴 아팠다. 저물어서 강가에 나가니, 내 마을의 늙은 강은 증오조차도 마침내 사랑이라고 말하고 있었다. 이경희 작가의 페르소나인 민기서 또한 이와 같은 말을 했을는지 모른다. 어느 정도 철이 들어 바라본 세상은 자신을 냉소의 끝자락으로 내몰았고, 그 끝자락에서 허덕이며 불면증에 시달리던 절망의 나날들 가운데 희망의 형체를 새삼 확인하게 되고, 더듬더듬 희망의 빛을 따라가다 보니 모든 게 용서가 되더라고 말이다. 그리고 그 용서는 처음부터 타인을 향한 것이라기보단 자신을 향하고 있었음을 고백하게 되었노라고 말이다. 거듭 드는 생각이지만, 드라마 <고맙습니다>의 모토는 숨이 붙어 지금을 살아갈 수 있음에 대한 고마움이자, 자신을 용서하고 자신의 상처를 용서할 수 있음에 대한 고마움이다. 그리고 이는 드라마 밖의 삶에서 매일의 아이러니를 마주하며 그에 절대 '고맙습니다'라고 답하지 못하는 우리들의 옹졸함을 향한 따스한 성찰이다.

인터뷰를 인터뷰하다!

<시대의 초상>을 통해 본 좋은 인터뷰 프로그램의 조건

노종호

1. <지식채널e> 낳은 멋진 인터뷰 프로그램

작년과 재작년을 통틀어 가장 혁신적인 프로그램을 뽑으라면 나는 주저하지 않고 <지식채널e>를 꼽겠다. 이 프로그램에는 지금까지 지상파가 보여주지 못했던 미학이 있다. 결코 가볍지 않은 주제를 5분이라는 짧은 시간을 통해서 전달하면서도 어렵게 느껴지지 않는다. 특별히 심각한 비약이 있는 것도 아니다. 자료화면, 음악, 자막을 능숙하게 편집해서 확실한 메시지와 감동을 전달한다. 그 메시지에 내재해 있는 정치적 올바름 또한 매력이다. 이는 EBS 피디들의 역량을 보여준다. 동시에 <지식채널e>를 통해서 EBS 피디의 역량은 발전을 거듭한다.

<지식채널e>를 통해 길러진 EBS 피디들의 역량이 또 하나의 멋진 프로그램을 만들었다. 바로 <시대의 초상>이다. 기존 방송 인터뷰 프로그

램은 가능성과 한계를 동시에 가지고 있다. 일단 인터뷰이(interviewee)의 생생한 목소리를 들을 수 있다는 장점이 있다. 표정, 말투, 손동작 등이 다 나온다. 이건 신문이나 라디오가 도저히 흉내낼 수 없는 방송 인터뷰의 본질적 장점이다. 그러나 한편으로 인터뷰이를 스튜디오로 부르고 패널을 구성하고 화면을 찍어 편집해 내보내야 하기 때문에 그만큼 시간이 오래 걸린다는 단점이 있다. 따라서 신문, 라디오와의 속보 경쟁은 불가능하다. 모든 것이 드러나는 만큼 인터뷰 프로그램은 섭외의 어려움도 겪는다. 웬만한 각오 없이는 출연하기 힘들다. 섭외의 어려움 때문에 방송 인터뷰 프로그램은 대부분 인터뷰이가 쉽게 응할 수 있는 질문만 한다. 그래야 그나마 인터뷰이를 섭외할 수 있기 때문이다. 시청자들이 인터뷰 프로그램을 비판하는 가장 큰 이유도 여기에 있다. 덕담 인터뷰, 축사 인터뷰, 띄워주기 인터뷰……. 그래서 수많은 인터뷰 프로그램이 생겼다 사라졌다를 반복하며 좋은 인터뷰 프로그램의 기준을 만들지 못했다.

<시대의 초상>은 일단 속보성을 포기했다. 이 선택은 탁월하다. 방송 인터뷰 프로그램이 속보성 경쟁을 하는 순간 프로그램의 질은 떨어질 수밖에 없다. 그런 의미에서 최근에 시작한 <단박 인터뷰>도 엄청난 위험성을 안고 출발한 것이다. 아직 방송을 시작한 지 얼마 되지 않아 평가하기 이른 감이 있지만 정치인들의 뒤꽁무니만 쫓아다니다가 끝날 가능성이 크다. 아무튼 <시대의 초상>은 속보성을 포기하고 현재 논란의 중심에 선 인물이 아니라 꾸준히 우리 사회에서 시대적·사상적·문화적 중심에 서 있던 사람들을 인터뷰이로 선정하고 있다. 또 <시대의 초상>은 질문자의 등장을 최소화시키고 주인공에게 최대한 집중한다. 하고 싶은 말을 시키되 피디나 패널이 나서서 치켜세워 주지는 않는다. 또 <지식채널 e>가 보여주었던 영상미학을 고스란히 수용하고 있다. 그 동안 다른

인터뷰 프로그램에서 볼 수 없었던 <시대의 초상>만의 매력이다. 요컨대 <시대의 초상>은 기존 방송 인터뷰 프로그램과 다른 길을 감으로써 멋진 인터뷰 프로그램의 기준을 만들어가고 있다. 그렇다면 기존 방송 인터뷰 프로그램과 다른 <시대의 초상>만의 특수성이 가지는 의미는 무엇일까? 그 매력과 의미를 찾아보자.

2. 누구를 인터뷰할 것인가? – 누구나 시대의 주인공이다

누구를 인터뷰할 것인가? 이것은 인터뷰 프로그램이 겪는 가장 큰 고민이다. 사실 인터뷰 주인공만 고른다면 이미 프로그램의 반은 완성된 것이나 다름없다. 신문, 방송, 라디오를 불문하고 기존 인터뷰는 대부분 현재적 인물을 주인공으로 선택한다. 지금 사람들이 가장 궁금해하는 사람, 이슈의 한가운데 서 있는 사람, 그리고 인기가 많은 사람이 주인공으로 선택된다. 하지만 논란의 중심에 있는 사람은 말을 아낀다. 사람들이 궁금해하는 질문에는 대답하지 않는다. 그래야 이슈가 되기 때문이다. 사람들이 진심과 진실을 몰라야 더 궁금해하는 역설적 상황이다. 또 인기 있는 사람에 대한 인터뷰는 주인공에 대한 찬사를 늘어놓다가 끝나버리기 쉽다. 그렇지 않다면 굳이 인기인이 인터뷰 프로그램까지 나올 이유가 없다.

<시대의 초상>은 이슈를 따라 주인공을 선정하지 않는다. 또 인기인에 연연하지도 않는다. 지금까지 방송된 주인공을 돌아보자. 한대수(3회), 김응용(4회), 김수철(6회), 권인숙(8회), 박웅현(9회), 김부선(11회), 김정남(13회). 이들은 모두 한물간 사람들이다. 한대수, 김수철, 김부선은 이미 대중의 관심에서 멀어진 연예인이다. 권인숙도 한때는 아주 논쟁적인 인물이었으나 지금은 사람들이 기억하지 못하는 인물이다. 심지어 박웅현, 김정남

은 이름도 들어본 적 없는 사람들이다. <시대의 초상>의 캐스팅은 대중의 관심에서 벗어난 사람들만 일부러 골라 주인공으로 삼은 것 같은 느낌을 준다.

하지만 <시대의 초상>을 보고 나면 왜 이들이 인터뷰의 주인공이 될 수 있는지 깨닫게 된다. 하나하나가 역사적 인물이다. 광고인 박웅현은 "대학시절 운동권에 대한 부채의식이 아직도 남아 있다"고 고백했다. 그러면서도 그는 최근 큰 호응을 받은 광고를 많이 만들었다. '사람을 향합니다'라는 카피도 그의 머리에서 나왔다. 자본주의의 첨병이라 할 수 있는 광고를 만들면서도 민주화 운동, 노동 운동에 대한 부채의식을 가지고 있다는 것은 상당히 이율배반적으로 들린다. 하지만 이는 역설적으로 '누구도 자신의 시대로부터 자유로울 수 없다'는 메시지를 전달한다.

유명인이 자신의 삶을 소개하면서 "나는 역사와 시대로부터 자유롭지 못했다"라고 말한다면 사람들은 이것을 당연하게 받아들인다. 그러면서도 시청자들은 자신은 역사와 시대와 상관없이 살아간다고 생각한다. 나는 그저 먹고사는 것을 고민하는 일반인일 뿐이라고 생각한다. 하지만 <시대의 초상>에 등장하는 주인공들, 일반인과 크게 다를 것 없는 그들의 삶은 인터뷰 내내 시대와 연결된다. 이것은 역사와 시대에 대한 시청자들의 생각을 바꾼다. '나 역시 역사와 시대의 산물이구나…….' 이것이 <시대의 초상>의 장점이다. 시청자와 인터뷰이 간의 거리를 너무 멀지 않게 조율함으로써 주인공을 통해 나를 비춰보게 만든다. 그리고 생각한다. 누구나 시대의 주인공이다.

3. 무엇을 어떻게 물어볼 것인가?
- 인간에 대한 이해에서 모든 것이 출발한다

모름지기 좋은 인터뷰란 사람들이 궁금해하는 질문을 거침없이 던지는 인터뷰다. 그런데 <시대의 초상>에는 질문자가 등장하지 않는다. 정확하게 말하면 질문이 무엇인지 명백하게 밝히지 않는다. 간혹 피디의 목소리가 들리기는 하지만 그것조차 최소화한다. 질문의 내용을 자막으로 처리해주는 사소한 편집 기법조차 거의 사용하지 않는다. 그래서 어떤 때에는 '지금 이 사람이 도대체 어떤 질문에 대해서 답하고 있는 거야?' 하는 의문이 든다. <시대의 초상>은 왜 이다지도 시청자들에게 불친절한 것일까?

답은 간단하다. <시대의 초상>은 어떤 문제에 대해 묻는 프로그램이 아니기 때문이다. <시대의 초상>은 그야말로 '너는 누구인가'를 묻는 프로그램이다. 주인공은 자신의 이야기, 자기가 겪었던 일을 자기의 흐름에 따라 말한다. 그 과정에서 자신이 누구인지, 무슨 생각을 하는지 자연스럽게 드러난다. 자신의 삶을 말함으로써 간접적으로 자신의 생각을 드러내는 기법이다.

이문열 작가 편은 이러한 특징이 잘 드러난다. 잘 알려진 것처럼 이문열은 더없이 정치적인 사람이다. 그것도 정치적 편향성이 분명한 사람이다. 그럼에도 불구하고 <시대의 초상>은 정치적 견해를 묻지 않는다. 다만 그가 살아온 길을 들어준다. 이문열은 자신이 겪었던 시대 상황을 말함으로써 자신이 왜 그런 정치적 편향성을 가지게 되었는지 간접적으로 밝히는 것이다. 그의 정치적 입장이 옳은 것인지 그른 것인지는 중요치 않다. 그건 시청자가 판단할 문제다. 시청자가 그 정치적 입장에 동의하든 동의

하지 않든 시청자는 <시대의 초상>을 통해 이문열의 삶을 보는 것이고, 그를 통해 그의 정치적 입장이 생긴 이유를 이해하게 되는 것이다. <시대의 초상>은 생각이나 의견에 대한 이해는 그 인간의 삶을 통해서 본질적으로 전달된다고 믿는다. 인간에 대한 이해로부터 모든 것이 출발하는 것이다. 이런 방법은 주인공에 대해서 묻겠다는 기획 의도와 달리 사실은 주인공의 생각만 캐물었던 기존 인터뷰 프로그램들의 한계를 넘어선다.

4. 영상을 통해 조각난 인터뷰 - 인물과 시대를 동시에 조명한다.

<시대의 초상>이 기존 인터뷰 프로그램과 다른 점 중에서 가장 먼저 눈에 띄는 것은 영상편집이다. 인터뷰 중간에 수많은 영상과 자막과 음악을 넣는다. 심지어는 주인공이 말한 하나의 문장을 끊고 중간에 영상을 넣고 그 다음에 다시 문장을 연결하기도 한다. 인터뷰가 영상을 통해 조각조각 파편화된다. 피디가 질문자의 입장으로 인터뷰에 개입하는 것이 아니라 편집을 통해 더욱 적극적으로 개입하는 것이다.

이는 두 가지 의미가 있다. 첫 번째 의미는 주인공의 말이 거짓이 아니라는 것을 영상으로 증명한다는 점이다. 이는 주인공의 진실성, 진정성을 높여 시청자로 하여금 믿음이 가게 만든다. 두 번째 의미는 주인공을 역사적 인물로 위치시킨다는 점이다. 사실 역사적이지 않은 사람은 없다. 누구나 살아가면서 역사의 자기장 안에서 역사의 영향을 받는다. 또 모두가 자기 자리에서 역사를 만들어간다. <시대의 초상>은 인터뷰 중간에 역사적 사실에 대한 영상을 배치시킴으로써 한 인물과 그 인물이 살았던 시대를 동시에 조명한다. 이런 방식은 <시대의 초상> 홈페이지에서 밝히고 있는 '인물들을 통한 과거와 현재, 미래와의 대화'[1]라는 기획 의도에

부합한다.

<시대의 초상>은 이런 방식을 통해서 김응룡 감독에게 '광주와 5·18'을 읽어낸다. 또 배우 김부선에게서는 '독재정권 시절 탈정치화의 도구로 사용된 연예업계와 대마초 규제'의 문제를 읽어낸다. 사실 그 동안 김응룡 감독은 그저 뛰어난 감독 정도로만 조명되었다. 그저 맹장의 리더십을 가진 감독, 그 이상도 그 이하도 아니었다. 그러나 <시대의 초상>을 통해 그는 5·18을 온몸으로 겪은 역사적 인간으로 재탄생한다. 배우 김부선의 경우는 더욱 극적이다. 우리에게 김부선은 늙은 나이에 몸으로 승부하는 배우, 대마초 피운 것을 자랑하는 배우 정도로 인식된 것이 사실이다. 그러나 <시대의 초상>은 그녀가 독재정권의 희생자였음을 밝히고 있다. 더불어 그 경험이 그녀를 역사를 고민하는 운동가로 만들었음을 보여준다. 김부선이라는 인물의 인터뷰를 통해 인물의 본질을 정확히 더 파악했을 뿐만 아니라 시대의 명암을 보여주는 것이다. 그야말로 인물과 시대를 동시에 조명하는 것이다.

5. 인터뷰와 수다의 중간지점을 찾아라!

앞에서 정리한 것처럼 <시대의 초상>은 장점과 매력이 많은 인터뷰 프로그램이다. 특히 영상미와 편집의 화려함이 눈에 띈다. 이는 <시대의 초상>의 최대 장점이자 동시에 최대 약점이다. 왜냐하면 인터뷰 프로그램의 화려한 영상이 오히려 시청자들에게 생각할 기회를 빼앗기 때문이다. 이는 케이블TV 엠티브얼티밋(MTV Ultimate)과 같은 프로그램들이 사용하

---

1) http://www.ebs.co.kr/HOMEPAGE/?progcd=0004906

는 인터뷰 편집 기법이다. 엠티브얼티밋은 3~4명의 인터뷰이에게 연예 이슈에 대한 질문을 던져놓고 인터뷰 내용을 10초 혹은 5초 단위로 조각조각 파편화시켜 정신없이 늘어놓는다. 그 프로그램을 보다보면 정신이 하나도 없다. 그리고 하루만 지나도 방송에서 어떤 이야기를 들었는지 거의 기억나지 않는다. 비주얼과 편집 효과를 통해 방송 내내 시청자들의 이목을 끌지만 결국 아무것도 남지 않는 프로그램이다.

<시대의 초상>도 영상이 강조되다 보면 자칫 이런 결과를 낳을 수 있다. 인터뷰 프로그램답게 시청자는 주인공의 이야기를 들으며 나름대로 생각을 정리하고 궁극적으로 주인공과 대화를 나눠야 하는데 영상이 이를 방해하는 것이다. 가장 최근에 방송된 김정남(13회) 편에서는 이런 문제점을 살짝 엿볼 수 있었다. 인터뷰 중간중간에 쇠구슬 영상이 계속 삽입되는데 그런 독특한 영상이 시청자의 시선을 빼앗아 결국 시청자는 주인공과 대화할 여유를 잃어버린다. 나는 브레히트의 '소외 효과' 이론이 이러한 문제점을 해결하는 단초를 제시한다고 생각한다.

6. 소외 효과(Alienation Effect)

브레히트는 무대 위에서 일어나고 있는 일에 대한 관객들의 감정 이입을 막는 행위를 '소외 효과'라고 불렀다. 그는 관객들이 '의도적으로 불신을 지연'시키는 것을 막고자 했으며, 관객들이 밝은 빛 속에서 모든 것을 바라보고 생각하게 되기를 원했다. 브레히트는 관객들이 자신의 사회 비판을 관객들이 받아들이고 연극에서 깨달은 새로운 지혜를 그들의 삶 속에 가져가기를 원했다.[2]

소외 효과란 결국 관객에게 생각할 여유를 주는 연극기법이다. <시대의

초상>도 프로그램이 끝나고 시청자가 혼자 조용히 생각에 잠길 수 있도록 만들어주는 것이 바람직하다. 영상에 몰입함으로써 생각을 잃는 것이 아니라 주인공, 프로그램과 일정한 거리를 둠으로써 시청자가 자신의 생각을 펴나가게 만들어주는 방식이 필요하다는 말이다. 이는 시청자를 프로그램과 주인공으로부터 일정 부분 소외시켜 가능할 것이다. 집중하되 몰입하지 않는 경지. 굳이 <시대의 초상>뿐만 아니라 모든 방송 프로그램이 이런 방향으로 나가야 할 것이다. <시대의 초상>은 멋진 인터뷰 프로그램으로서 기준을 세워나가고 있다. 여기에 이 방향성을 추구하고 그에 대한 실험을 최초로 시도한다면 <시대의 초상>은 인터뷰 프로그램뿐만 아니라 모든 방송 프로그램의 기준이 될 것이다.

2) 밀리 S. 배린저 지음, 이재명 옮김, 『연극 이해의 길』(평민사, 1991).

함께하는 꿈

<MBC 환경콘서트 - 함께하는 꿈 2006>을 통해
살펴본 라디오 공개방송의 가능성

김정민

1. "라디오 속엔 사람이 있어요?"

어린아이 두 명이 오래된 라디오를 가리키며 묻는다.

"라디오 속에는 사람이 있어요?"

지난 2005년 11월, 서울 장충체육관에서 있었던 <MBC FM4U DJ콘서트>의 문을 여는 오프닝 영상의 한 장면이다. 요즈음 애들이 똑똑하다고 하지만 이상한 기계 안에서 목소리가 들리니 그 속에 사람이 있나? 생각할 법도 하다. 하지만 이 영상은 이렇게 대답한다.

"라디오 속에는 사람이 있어요!"

오늘날 기술의 발달로 라디오가 청취자들에게 다가가는 방법 또한 다양해졌다. 인터넷 홈페이지를 통한 보이는 라디오, 실시간으로 침여 가능한 mini, 콩, 고릴라 등의 인터넷 라디오, 그리고 컴퓨터 없이도 핸드폰 문자메시지로 청취자가 프로그램에 참여할 수도 있다. 더불어 DMB 라디오 수신기를 가지고 있는 경우라면 DMB PAD를 통해 방송을 하고 있는 DJ의 모습도 볼 수 있다. 과거 늦은 밤 수신이 잘 되지 않는 라디오를 붙들고 손글씨로 DJ 언니, 오빠에게 사연을 보내던 때와는 사뭇 다른 풍경이다. 하지만 아무리 기술이 발달했어도 라디오라는 매체에 있어 DJ와 제작진 그리고 청취자들의 친밀감 형성에 가장 큰 역할을 하는 것은 라디오 공개방송이다.

MBC 라디오는 청취자와의 더욱 가까운 만남을 위해 다양한 공개방송을 제작하고 있다. 2006년 MBC 라디오에서 제작한 공개방송은 그 취지에 따라 크게 두 가지로 나눌 수 있다. 하나는 청취자와 제작진의 친밀감 형성을 목적으로 하는 공개방송이다. 대표적인 예로 1984년부터 시작된 <MBC FM4U 여름음악페스티벌>과 그보다 역사가 조금 짧은 <MBC FM4U DJ 콘서트>, 그리고 각 프로그램에서 자체적으로 제작하는 공개방송이 있다.

그리고 다른 하나는 구체적이고 직접적인 제작의도를 가지고 진행되는 공개방송이다. 그 예로는 모차르트 탄생 250주년을 기념한 <모차르트 NOW 음악회>, 청소년의 금연을 목적으로 보건복지부와 함께한 <2006 친친 클린 콘서트>, 그리고 우리 모두에게 과제이자 의무인 환경보호를 위한 <환경콘서트 - 함께하는 꿈 2006>이 대표적이다.

필자는 이 중에서 2006년 6월 15일 저녁 8시부터 N서울타워 앞 야외무대에서 열린 <환경콘서트 - 함께하는 꿈 2006>을 통해 다매체, 다채널 시대 라디오 공개방송을 통한 라디오의 가능성에 대해 이야기해보고자 한다.

2. 불편한 진실

지구온난화 방지의 전도사 앨 고어 전 미국 부통령이 2007년 7월 7일 지구적 차원의 대규모 팝 환경콘서트 '라이브 어스(Live Earth)'를 개최한다. 전 세계 7개 국가에서 동시에 개최되는 콘서트는 24시간 동안 펼쳐진다. 콘서트 장소는 미국 뉴저지, 영국 런던, 호주 시드니, 브라질 리우데자네이루, 남아프리카공화국 요하네스버그, 일본 도쿄, 중국 상하이 등 대륙별로 골고루 분포되어 있으며 기후 변화로 위기에 빠진 지구를 생각하자는 뜻으로 우리 자신을 구하자(Save Ourselves)는 슬로건을 걸고 진행된다.

TV, 라디오, 인터넷 등을 통해 전 세계 20억 명 이상이 즐길 것으로 기대되는 이 콘서트는 기획 취지에 맞게 사용하는 물품부터 이동수단까지 모두 친환경적이다. 우선 무대에 쓰일 전기는 바이오 디젤로 얻는다. 콘서트장 내의 식음료 판매업자들은 가공되지 않은 농산물만 팔고, 포장용지로는 옥수수로 만든 플라스틱 등을 쓰게 된다. 마돈나, 레드 핫 칠리 페퍼스, 본 조비, 알리시아 키스, 보노 등 세계적인 팝스타들은 출연을 위해 비행기로 이동하는 거리만큼의 이산화탄소 배출세도 낸다는 방침이다. 이번 콘서트를 통해 마련되는 기금은 앨 고어가 이끄는 환경운동단체의 캠페인 활동을 위해 쓰일 예정이다.

가까운 일본은 지구 온난화 방지를 위해 매년 여름 라이트다운(Light Down)을 진행한다. 지난 2006년 6월 18일 일본 환경성과 대지를 지키는 모임 등의 비정부조직(NGO)의 주최로 도쿄타워를 비롯한 삿포로시의 시계탑이나 오키나와현 슈리성 등의 명소를 비롯하여 동네의 편의점에 이르기까지 전국 약 3만 8000개의 장수에서 일제히 라이트다운 행사가 이루어졌다. 하지 기간에 맞춰 진행된 이 행사는 2003년에 시작해, 매년 참가 시설이 증가하고 있다. 행사가 진행되는 동안 전국 각지에서는 참여하는 사람들에게 촛불을 켜서, '천천히 시간을 보내세요'라고 권하며 촛불 조명으로 이루어진 재즈 콘서트를 비롯하여 약 400개의 문화 이벤트가 열렸다. 물론 이 행사를 통해 일본의 환경 문제가 결정적으로 해결되는 것은 아니다. 하지만 사람들이 일상에서 '불가능하다. 전기 없이는 살 수 없다.'고 생각했던 것들이 이 행사를 통해 사실 그렇지 않다는 것, 우리가 편리함에 지나치게 길들여져 있다는 것을 깨닫게 된다. 나아가 대중들 스스로 사회적 상상력을 자극하고, 능동적으로 환경문제를 비롯한 사회문제에 대한 대안을 고민할 수 있게 된다.

국내에서도 1990년대 초반 대중가수들에 의한 환경콘서트가 있었다. 매해 대규모로 열리는 환경콘서트로 행사 자체에 대한 인지도는 확고해졌지만 해를 거듭할수록 환경보다는 참여가수들의 권익에 초점을 맞추면서 의미가 퇴색했다. 2007년 현재 인터넷 포털사이트에서 과거 1990년대 이루어진 환경콘서트에 대한 자료를 검색해보면 이러한 상황을 더욱 잘 알 수 있다. 이 행사에 대한 기록은 그 취지에 대한 올바른 이해 전달보다는 각 가수 팬들의 스타에 대한 추억 회고 등이 전부다. 한국사회가 가지고 있는 환경문제에 대한 인식의 정도가 드러나는 부분이다.

3. 함께하는 꿈

지난 2006년 6월, 독일월드컵이 시작되면서 전국에서 응원행사가 봇물을 이루었다. 이런 상황에서 <환경콘서트 - 함께하는 꿈 2006>이 진행됐다. 온 나라가 월드컵이라는 꿈을 꾸고 있을 때, 환경보호라는 꿈을 이루기 위해 진행된 행사였다. <환경콘서트 - 함께하는 꿈 2006>은 아래와 같은 세 가지의 특별한 연출이 있었다.

우선 N서울타워 소등행사다. 공개방송이 이루어지는 N서울타워를 찾은 관객 모두가 카운트다운을 외치자 타워 조명이 일제히 꺼졌다. 인공적인 불이 30분 정도 소등된 동안 빛의 소중함과 함께 환경보전 문제를 생각해보는 시간이었다. 제작진은 일본에서 매년 열리는 도쿄타워 소등행사를 벤치마킹한 것이다. '조명 없이 어떻게 공연이 이루어질 수 있느냐?'라는 물음에 환경콘서트 제작진들은 유쾌한 답변을 내놓았다. 모든 인공적인 조명이 꺼지자 이날 출연가수인 김장훈이 자전거를 타고 나왔다. 그리고 참여 관객들과 함께 친환경적 자전거 퍼포먼스를 통해 자전거의 조명을 이용한 공연을 성황리에 진행했다.

이와 함께 무주 농업기술센터의 도움으로 청정지역의 반딧불이 100마리를 가져와 남산에 방사, 환경을 생각하고 가꿀 수 있는 이벤트도 추진했다. 관객으로 참여한 한 주부는 자신의 아이에게 도심에서 볼 수 없는 반딧불이를 보여주고 싶어 공개방송을 신청했다고 말했다. 필자 역시 도시에서 볼 수 없는 반딧불이의 빛을 보며 놀라움을 감출 수 없었다. 반딧불이가 빛을 내자 도시 생활에 익숙한 관객들 모두가 어른 아이 할 것 없이 탄성을 지르는 모습은 감동적이기까지 했다.

그리고 무엇보다도 출연진 모두가 공개방송을 진행하는 데 적극적으로 참여했다. 대부분의 TV, 라디오 방송이 MR을 이용한 진행이 잦은 데 비해, 환경콘서트는 모든 인공적인 반주(MR, AR)를 배제하고 전곡을 밴드 라이브로 진행했다. 이 날 사회를 맡은 <별이 빛나는 밤에>의 전 DJ 옥주현을 비롯하여 출연가수 SG 워너비, 박정현, 성시경, 김장훈의 어쿠스틱한 느낌의 언플러그드 라이브는 한여름밤의 꿈과 같았다. 말 그대로 '함께하는 꿈'이었다.

4. 지금은 라디오 시대

다매체, 다채널 시대 지상파 방송의 미래에 대한 어두운 전망을 보이는 소리가 자주 들린다. 더불어 이 재미있고 볼거리 풍성한 시대에 '요즈음 누가 라디오를 듣느냐?'고 생각하는 이들도 많다. 하지만 지금의 상황은 라디오에 있어 기회다. 기술의 발달로 과거 '보이지 않는 매체(The Invisible Medium)'라는 라디오의 특성은 점차 희미해지고 있다. 영상이 존재하지 않는다는 것이 약점이 아니라 오히려 강점으로 작용했던 시절에 비해, 오늘날 라디오는 다양한 매체를 융통성 있게 수용, 청취자들에게 더욱 적극적으로 다가간다. 물론 라디오 매체의 접근 정도는 청취자의 선택이다.

라디오 공개방송 역시 그 기회 중 하나다. 과거에도 <별이 빛나는 밤에-잼 콘서트>를 비롯하여 공개방송에 대한 추억을 가진 이들이 많다. <별이 빛나는 밤에>를 듣던 청소년들이 성장하여 <두시의 데이트>를 즐기고, <여성시대>에 공감하며, <지금은 라디오 시대>를 만든다.

청취자와의 아름다운 추억을 위해 라디오 제작진에게 더욱 적극적인 고민을 바란다. 다양한 볼거리, 작품성 있는 공연이 넘치는 시대이기는 하지만 라디오를 사랑하는 청취자들이 원하는 것은 화려한 비주얼, 넘치는 볼거리가 아니라, 라디오 속 사람과의 가슴 설레는 만남 그 자체다. 긍정적이고 건강하며 인간미 넘치는 메시지가 넘나드는 만남의 장을 적극적으로 만들어나가는 것. 그것이 지금 이 시대, 라디오가 더욱 굳게 자리할 수 있는 길이다.

'너'라고 불리는 누나들

TV드라마 <달자의 봄>과 <여우야 뭐하니>를
중심으로 보는 '연상녀 연하남' 트렌드

박말숙

1. 너라고 부를게

한 남자와 한 여자가 만나서 연애를 하거나 결혼을 한다. 주변을 보면 남녀의 만남에서 남자가 여자보다 두서너 살 나이가 많은 조합이 가장 흔하다. 그러니, 여자가 남자보다 서너 살 많으면 어쩐지 평범해 보이지 않는다. 남녀결합에 있어서 남자가 여자보다 나이가 많으면 자연스럽게 받아들여진다. 시간이 갈수록 나이에 대한 고정관념은 조금씩 깨어지고 있다. 그러나 아직도 남자가 여자보다 연상인 경우가 대세다. 그래서 연상 의 여자와 연하의 남자가 결합하는 것은 트렌드가 된다.

나이에 대한 고정관념이 무너지면서 TV드라마에는 '연상녀 연하남 커플'이 유행처럼 번진다. KBS의 주말 드라마 '행복한 여자'에서 지숙과 병구, 종방된 지 얼마 안 된 '소문난 칠공주'에서는 설칠과 연하남, MBC에서 히트를 한 '내 이름은 김삼순'에서 삼순과 진헌, SBS의 '사랑에 미치다'에서 진영과 채준. 그들이 모두 연상녀 연하남 커플이다. 주부들을 주 시청 대상으로 삼는 아침 드라마에는 연상의 기혼녀와 연하의 총각 커플도 붐이 일었다. 연상의 남자와 연하의 여자가 만나든, 연상의 여자와 연하의 남자가 만나든, 본질은 남녀의 성적인 결합이다. 관습, 조건, 편견, 고정관념 중의 하나를 벗어버린다는 점에서 연상녀 연하남의 트렌드는 바람직한 현상이다.

그러나 드라마에서 나오는 연상녀 연하남 커플의 모양이 어쩐지 조금 불편하다. 왜 그럴까? 그 불편함은 연상녀 연하남 주인공들로부터 전해오는 것이었다. 연상녀 연하남이 되면 그들의 연애행각은 어쩐지 좀 어색하다. 장유유서라는 나이에 대한 투철한 서열의식과 견고한 남성우위의 관습이 서로 부딪히는 경우가 바로 연상녀 연하남의 만남이다. 남자는 집안의 가장이 되고, 여자는 남자를 받드는 전통은 아직도 우리 사회의 남녀관계를 든든히 붙들고 있다. 아이들조차 1년을 단위로 언니 오빠 호칭을 따져 부르는 나이에 대한 관습 또한 쉽게 버릴 수 없다. 연상남과 연하녀가 만나면 이 두 전통은 잘 어우러지지만, 연상녀와 연하남이 만나면 이 두 전통은 몹시 껄끄러워진다. 연상녀 연하남의 만남이 불편하고 부자연스러운 이유는 바로 여기 있다. 이 문제를 해결하기 위해서 드라마는 연상녀와 연하남의 만남이 이루어지는데 그 나름의 틀을 만들고 있는 듯하다.

누나를 여자로 사랑한다는 내용의 대중가요로, 가수 이승기가 부른 '내 여자라니까'라는 노래가 생각난다. 이 노래는 드라마보다 훨씬 함축된 방법으로 '연상녀 연하남' 결합의 틀을 그대로 보여준다. 연하의 남자가 누나를 여자로 사랑하는 이유는 '알고 보면 여린 여자라니까' 그러하다.

그리고 연하의 남자는 누나를 '너라고 부를게'라고 한다, 왜냐하면 '누난 내 여자니까.' 연하의 남자가 연상의 여자를 사랑하는 이유는 누나가 여린 여자라서, 나의 보호가 필요한 여자이기 때문이다. 그리고 누나와 내가 남자와 여자의 관계가 될 때 누나는 '너'가 되어버린다.

KBS에서 방영된 '달자의 봄'과 MBC에서 방영된 '여우야 뭐하니'는 남자 여자가 만나 사랑하고 결합하는 연애이야기가 아니라, '연상녀 연하 남'의 조합 그 자체에 방점을 찍은 이야기였다. '달자의 봄'은 6살 연상의 여자 달자와 남자 태봉의 사랑이야기이며, '여우야 뭐하니'는 20년 넘게 누나라고 불리던 9살 연상의 여자 병희와 남자 철수의 사랑이야기다. 이 드라마 속에서도 병희와 달자는 나이가 적은 남자 철수와 태봉과 연애를 하다가 '너'라는 자리로 나앉게 된다. 그러나 그 때의 '너'는 어딘지 도발적이다. '나'와 마주하는 동등한 '너'와는 다른 어감이 있다. 두 드라마는 연상의 여자를 '누나'에서 '너'로 만드는 같은 공식을 쓰고 있다. 그것은 연상녀 연하남 커플을 남성우위의 질서 안으로 넣는 방책이다. 나이에 대한 서열의식이 남성우위의 관습 앞에서는 어쩔 수 없이 깨져버린다. 드라마가 몰고 가는 '연상녀 연하남' 트렌드는 뒤틀린 틀을 갖고 있다. 그 틀이 현실에서는 도리어 자연스러울 수 있는 연상녀 연하남의 만남을 제약하고 있는 것은 아닌가?

2. 연상의 여성은 분열적인 인격을 가졌다

'서른을 넘긴 노처녀가 있다. 그녀는 아직까지 연애 한 번 못해 보고 남자와 하룻밤도 자보지 못한 순진한 숫처녀다.' 이것이 연상녀 연하남 드라마에 등장하는 전형적인 연상녀의 캐릭터다.

'달자의 봄'에서 달자는 나이 서른셋의 노처녀다. 달자는 대학을 졸업하고, 탄탄한 홈쇼핑회사에 들어갔다. 현재 직장생활 8년차, 직급은 대리다. 업무에 대해서는 유능하고 열정적이며, 동료들과의 인간관계도 썩 잘해나가는 커리어 우먼이다. 발렌타인데이, 고객이 주문한 초콜릿이 오지 않는다. 초콜릿 공장의 전기사고 때문이었다. 달자는 부하직원들을 데리고 초콜릿 회사에 직접 가서 공장 일을 돕는다. 8년차 커리어 우먼의 내공을 유감없이 발휘하며 달자는 이 위기를 능동적으로 해결한다. 그녀는 경제적으로도 안정되어 있다. 독립해서 살 수 있는 공간으로 아파트를 마련했고, 자신을 배신한 신세도에게 복수하기 위해 많은 돈을 주고 가짜 애인을 고용한다. 달자는 자기 힘으로 세상과 마주해서 살아갈 수 있는 강한 자아를 가지고 있다.

그런데 남녀관계, 연애결혼이라는 주제로 가면 달자의 자아는 한순간에 무너진다. 나이 서른셋이 될 때까지 한 번도 연애를 해보지 못했다. 남자와 섹스를 해본 적도 없다. 남자에 대해 무지한 그녀는 바람둥이 신세도에게 마음을 빼앗겼다가 상처를 받는다. 드라마의 중반부터 태봉과 동거를 하는 달자, 태봉이 생일 선물로 키스를 해달라고 요구하자, 달자는 안절부절하다가 살짝 이마에 입맞춤을 한다. 태봉은 그런 달자를 아직 제대로 키스도 못해봤냐며 빈정댄다. 태봉은 그런 달자를 어떻게 인식할까? 태봉이 친구에게 하는 말이다.

"(달자는) 생각보다 귀여워, 나이만 서른셋이지 완전 철딱서니 없는 사춘기 아줌마라니까."

<여우야 뭐하니>의 병희도 서른셋의 노처녀다. 병희는 대학을 졸업하고, 지금까지 세시봉이라는 성인잡지사에서 기자로 일한다. 그녀가 하는 일은 음란한 이야기를 만들어내고, 성에 대한 기사를 써대는 것이다. 성인

잡지를 만든다는 것에 스스로 주눅이 들긴 하지만 병희는 자신의 일을 성실하게 하면서 커리어를 쌓아왔다. 사회단체의 압력에 못 이겨 사장이 세시봉을 폐간하려고 잠적한다. 그 때 병희는 자신의 돈으로 사무실 임대료를 내고 사무실 여직원과 함께 잡지를 만들어낸다. 병희는 잡지사 세시봉을 책임지고 꾸려나갈 실무적·경영적 능력을 모두 갖추고 있다.

그러나 병희도 남자문제에 있어서는 무능하기 그지없다. 10년 동안 짝사랑한 대학 선배가 동성애자라는 것을 알았을 때, 병희는 자신의 사랑에 대한 참담한 절망을 맛본다. 산부인과에서 병희는 남자와 섹스 경험이 있느냐는 의사의 문진에 거짓말을 한다. 서른셋이 되도록 남자와 자보지 못했다는 것이 부끄러워서! 세시봉의 사장은 고향후배인 비뇨기과 의사 배희명에게, 병희가 성에 대해서 알 만큼 아는 '물건'이라고 소개한다. 하지만, 병희와 데이트를 하는 배희명은 병희가 실제로는 성경험이 없는 순진한 여자임을 꿰뚫어보고 병희를 '맹탕'이라고 부른다. 병희의 본질은 맹탕으로 설정된다.

연상녀들의 인격은 다분히 분열적이다. 서른세 살이라는 나이를 먹은 그녀들. 그녀들은 자신의 일에 있어서 단단하게 커리어를 쌓아온 여성들이다. 사회적·경제적으로 자주적인 자아를 가지고 있다. 그러나 오직 하나, 남녀문제에 있어서만은 몹시 빈약한 자아를 가지고 있다. 그녀들이 아직까지 독신인 이유는 남녀 관계와 성에 대해서 무능하고 무지하기 때문이다.

남동생이 누나에게 호감을 갖기 시작할 때 성에 대한 무지와 무능은 순수하거나 순진하다는 의미로 바뀐다. 연상녀가 그 나이에도 성적으로 순결하다('성적 경험이 없다'가 맞는 표현이다)는 것은 연하남의 젊음에 맞먹는 가치로 바뀐다. 연상녀의 성에 대한 무지와 무능은 연하남의 조숙함이라는 우위성과 조화롭게 만나기 위해, 성적 순결은 남성의 젊음을 차지할 수 있는 자격으로 필요한 장치이다.

인격적으로 성숙한 30대의 성인이 '성'이란 문제 앞에서 사춘기 소녀보다 더 당황하며, 남녀관계에 대한 지식도 마음의 준비도 없다는 것에 공감이 되는가? 그것은 육체적인 관계에 대한 경험이 있는가 없는가 하는 문제가 아니다('성'의 문제를 육체적인 것만으로 국한할 수는 없다). 남녀가 성적인 존재로 만나는 것도 많은 인간관계 중의 하나다. 전반적인 인간관계가 성공적인 만큼 남녀관계가 꼭 같이 성공적일 수는 없다. 그러나 기본적으로 성숙한 관계성을 만들어갈 수 있는 성인이라면 남녀관계의 문제도 엇비슷하게는 이끌어간다는 것이 훨씬 설득력 있다. 이런 측면에서 본다면 병희와 달자의 캐릭터는 현실에서 찾아보기가 아주 드문 경우다. 그러나 드라마 안에서는 그 특별한 성격형성에 대한 그럴듯한 설명도 없다. 사회성이란 측면에서 100점 이상의 성숙한 30대 여성, 그들이 아직도 혼자인 것은 성에 있어서 10대 소녀처럼 미숙하기 때문이라는 설정은 너무나 진부한 고정관념이다. 사회적으로 성숙한 그녀들이 왜 그다지 성적으로는 미숙한가? 한 사람의 인격이 사회적 측면과 성적 측면으로 그렇게 극단적으로 분열될 수 있을까? TV드라마의 '연상녀 연하남 결합' 이야기에 나오는 연상녀의 캐릭터는 사뭇 모순적이다.

3. 연하의 남성은 조숙하다

드라마 속의 연하남은 나이가 어리기 때문에 사회적인 지위가 낮고 경제적으로도 힘이 없다. 그러나 사회적 지위와 경제적 힘을 가지지 못한 대신에 연상의 누나를 압도할 성숙한 인격적 특성을 가지고 있다.

'달자의 봄'에서 27세의 태봉이 처음 달자를 만날 때는, 직업도 없고 잘 곳도 없는 남자였다. 태봉은 달자의 아파트에 얹혀 살면서 달자 어머니의 식당에서 요리를 배운다. 하지만, 그는 인생문제와 남녀문제에 있어서는 6살 연상의 달자보다 훨씬 성숙한 면모를 보여준다. 달자가 거래회사의 대표인 엄기중과 연애를 시작할 때, 태봉은 달자의 연애코치가 된다. 사채업자들이 달자의 동료 위선주의 집에 나타나 난동을 부릴 때 전화를 받고 달려온 강태봉은 그 박식한 법률 지식을 조목조목 들이대면서 사채업자들을 물러나게 만든다. 달자는 태봉이 악당을 물리치는 슈퍼맨 같았다고 감격한다.

'여우야 뭐하니'에서 철수는 24세, 자동차 정비공장에서 일하는 기술자다. 부모가 없는 철수는 누나 집에 얹혀 살았고, 세계여행에서 돌아온 지금은 누나 가게의 반지하 창고에 산다. 철수는 나이는 어리지만 자기 철학이 뚜렷한 남자다. 대학에 갈 수 있었지만 적성을 따라 공고를 졸업하고 자기가 좋아하는 일을 한다. 그리고 과감히 홀로 세계여행을 떠날 정도로 그 자아는 단단하다. 인생문제 연애문제에 있어서 그는 아주 의젓하다. 오이도에서 술에 취한 병희와 철수가 함께 자고 난 뒤, 병희는 어쩔 줄 몰라 하며 철수를 몰아붙인다.

"선을 넘었어, 있을 수 없는 일이야."

그러나 철수는 담담하게 말한다.

"도대체 뭐가 문젠데? 내가 개돼지야, 유부남이야, 미성년자야? 하늘이 무너진 것처럼 그렇게 호들갑을 떨 일은 아니잖아."

드라마는 성문제에 있어서 9살 연상의 병희보다 철수를 훨씬 어른스럽게 만들어놓는다. 철수는 열 살 연상의 연적인 배희명과 술을 마시면서도 전혀 꿀리지 않는다. 희명이 철수에게 '(사회적으로 아무것도 아닌) 당신이 병희를 책임질 수 있느냐'고 물을 때 철수는 야무지게 맞받아친다.

"사람이 사람을 책임질 수 있습니까? 내가 책임지겠다고 한 말은 넘어졌다 일어서는 것을 지켜보겠다는 말입니다."

나이 어린 철수가 여자를 더 주체적인 인격으로 인식한다.

누나들과 사랑에 빠지는 그들은, 나이가 적은 만큼 사회적으로 경제적으로 보잘것없다. 그러나 인생의 문제, 남녀의 문제에 오면 연하남은 대단히 조숙해진다. 그 조숙함으로 남녀관계에 어리버리한 연상녀보다 심정적으로 우위에 선다. 결국 관계를 결정하고 연애를 이끌고 가는 쪽은 연하남이다.

여자가 나이가 많다는 것은 악조건이다. 병희는 철수의 친구들을 만나기 위해 평소에 입지 않던 청바지 차림을 하고 유치한 꽃핀을 머리에 꽂는다. 달자는 태봉과 함께 로펌 대표의 생일파티에 간다. 태봉보다 나이 들어 보이지 않기 위해 쇼 호스트 위선주의 멋진 드레스를 빌려 입는다. '서른셋의 노처녀가 스물일곱의 젊은 남자와 함께 있어도 전혀 나이 들어 보이지 않을 것'이 그 드레스의 컨셉트이다. 연상녀들은 전전긍긍하며 연하남에 맞추어 자신을 내린다.

연하남은 도리어 더 자신감을 얻고 그들의 존재감은 더 커진다. 병희는 철수가 태어날 때부터 기저귀 갈아주던 누나였다. 철수가 한동네에 사는 친한 친구의 동생이었기 때문이다. 부모를 일찍 여읜 철수에게 친누나는 엄마와 같았고, 병희는 그 친누나와 같은 자리에 있었다. 그러나 이제 상황은 바뀐다. 철수가 병희 어머니에게 병희와 결혼하겠다는 말을 한 뒤 쫓겨난다. 쫓겨난 철수는 대문 밖에서 병희에게,

"사랑한다 병희야. 난 누나라고 부르기 싫다. 넌 내 말만 들으면 돼"라며 사랑고백을 한다. '병희 누나'가 '병희'를 거쳐 '너'로 불리는 시점이다.

달자와 태봉은 가짜 애인이라는 고리로 만났다. 굳이 따지자면 고용인과

피고용인으로 만났다. 달자는 태봉을 '그 녀석'이라고 부른다. 태봉은 처음에 달자를 빈정거리듯이 '아줌마'라고 부른다. 달자를 좋아하게 되면서는 '달자씨' 또는 '당신'이라고 부른다. 그리고 태봉은 달자에게 반말을 한다. 태봉의 대사는 이런 식이다.

"지금 나하구 뭐하자는 거야."

"안 돼, 묻지 마. 나하고 다른 남자 사이에서 갈팡질팡하는 여자 싫거든."

"당신도 예뻐. 지금 이대로 너무 이쁘다구."

"아직도 나랑 다른 남자랑 구분 못하냐?"

병희와 철수는 처음부터 누나와 동생으로 결정되어 있었다. 병희는 철수에게 절대적인 누나의 자리에 있지만, 어릴 때부터 가족처럼 가깝게 지내는 사이이기 때문에 철수는 병희에게 반말을 쓴다. 달자와 태봉은 다르다. 달자와 태봉은 어른이 된 뒤에 만났다. 나이가 적고 많음을 따지기에 앞서 그들은 서로에게 예의를 차려야 할 입장이다. 그런데 태봉은 처음부터 달자에게 반말을 한다. 태봉은 달자보다 나이가 적다는 것을 인식조차 하지 않는다. 태봉이 나이에 신경 쓰지 않기 때문에 달자와 태봉은 '너와 나'의 관계가 동등하게 이루어지는 듯하다. 도리어 분위기로 보면 늘 태봉이 달자를 압도하고 있고 감정적으로 달자를 쥐락펴락하고 있다. 그래서 태봉이 달자와 '나와 너'가 되는 것은 어쩐지 무례하고 당돌해 보인다. 태봉의 당돌함은 태봉이 숨기고 있던 자신의 사회적 배경에서 비롯된 자신감에서 나온다. 태봉은 대학 재학 중에 사법시험에 수석으로 합격하고 1년 전까지 국내 최고 법률회사에서 3년간 변호사로 일했다. 연수기간과 군역문제 등으로 따져보자면 태봉의 나이에 한국에서 이런 경력을 가지는 것은 불가능하다. 태봉을 연상의 여자도 가볍게 감당할 만큼 뛰어난 인물로 설정해야 했던 강박증이 여기 보인다.

남녀가 사랑하는 관계가 되면 '나와 너'로 서게 되는 것이 바람직하다. 그러나 여기서의 '너'는 그런 동등한 관계성을 의미하는 '너'는 아니다. 어떤 여자가 오빠로 부르던 어떤 남자와 연애를 하게 된다면 그때 그 오빠도 '너'라고 할 수 있던가? 이 경우에 남자는 여자를 '너'라고 할 수 있지만, 보통 여자는 남자를 '너'라고 하지는 못한다. 만약 철수와 태봉보다 병희와 달자가 나이가 적다면 병희와 달자는 철수와 태봉처럼 하지는 않는다. 중요한 것은 누나, 오빠, 너라는 호칭에 있지는 않다. 그러나 어떤 호칭을 강박적으로 붙잡는 것은 문제의 여지가 있다. '오빠에게는 '너'라 부를 수 없지만 누나에게는 '너'라 부를 수 있음. 오빠에게 당신이라 부르며 반말을 하는 여동생은 없지만 그 반대는 있음'에서 오히려 남성 우월주의가 콤플렉스로 드러난다.

4. 마주서는 '나와 너'가 되기

남녀는 나이와 성별과 사회적 위치를 넘어서 서로 동등한 관계를 가지는 것이 마땅하다. 그러나 현실적으로 남녀관계에 있어서 남성우위의 관습에서 완전히 벗어나기는 어렵다. 생각과 행동과 감정이 어느 정도 나도 모르게 남성우위의 관념에 젖어 있다. 그래서 연하의 남자는 여자가 '누나'인 것이 감정적으로 불편한 모양이다. TV 드라마에서 보이는 연상녀 연하남의 결합조건은 결국 나이 서열과 남성우위의 고정관념이 부딪히는 것을 해결하기 위한 공식이다. 연상의 여자가 사회적으로 경제적으로 연하의 남자보다 우위에 있지만, 반대로 남자는 성적으로 인격적으로 여자보다 우위에 있다는 것을 강조한다. 드라마는 거듭 거듭 이렇게 말한다. "겉으로 보기에는 연상녀가 모든 면에서 성숙한 것 같지만, 속내를

알고 보면 연하남은 연상녀에게 존경받을 만큼 썩 괜찮은 놈들이야. 그러
니까 그들의 사랑이 이루어지는 거 아니겠어."

그러나 현실로 돌아오면 이 공식은 얼마나 유용한 것이 될까? 순진한
연상녀와 조숙한 연하남 조합에 맞지 않는 커플들은 어떻게 되나? 생각건
대, 사회적·성적으로 양쪽 다 성숙한 연상녀와 사회적·성적으로 양쪽 다
미숙한 연하남이라는 것이 더 이성적이고 일반적이다. 한국 사회에서
연상의 여자가 그다지 환영받지는 못한다. 가진 것 없는 연하의 남자라는
것도 불리하다. 그들에게 분명히 장애와 고민이 있을 것이고, 각자의 사랑
마다 조금씩 다른 진실이 있을 것이다. <달자의 봄>과 <여우야 뭐하니>
에서 보여주는 연상녀 연하남 결합은 이런 현실적인 삶의 진실과 보편적이
고 본질적인 문제는 피해 가버렸다. 각각의 사랑에서 보편적인 진실을
뽑아내되 그것을 작가만의 독특한 시각으로 재조명하고 풀어나가는 것이
바람직한 드라마가 보여주어야 할 것으로 생각된다.

TV드라마는 현실을 기준으로 조금 뒤처지기도 하고 몇 발자국 앞서
가기도 한다. TV드라마에서 보여주는 연상녀 연하남의 커플은 양적으로
볼 때 분명히 현실을 저만큼 앞서가고 있다. 그러나 연상녀 연하남에
대한 고정관념이라는 의식적 측면에서 보면 드라마가 오히려 현실보다
뒤처진 것으로 보인다. 연상녀 연하남이란 조건은 극복해야 할 어떤 문제
가 아니다. 연상남 연하녀의 조합이나 동갑내기 남녀의 조합처럼 그저
남자와 여자의 만남이다. 그런데 사람들의 고정관념이 그들의 결합을
어렵게 한다면 그 고정관념을 깰 수 있는 드라마가 가치 있다. 하지만
대부분의 드라마에서 만들어진 연상녀 연하남 결합의 틀은 대중의 고정관
념에 못질을 더하는 것이 되어버렸다.

시청자들은 드라마를 현실과 같이 생각하지는 않는다. 그럼에도 드라마

는 간접경험을 하는 중요한 주변 환경이다. 드라마가 트렌드를 이끌면 사람들은 어느새 그 트렌드를 자연스러운 사회현상으로 느낀다. 드라마가 뒤틀린 틀을 보여주면, 시청자들은 왜곡된 신화에 길들기 쉽다. 드라마의 공식이 사회적 편견과 고정관념을 더 굳히는 것이 될 수 있다. 연상녀 연하남은 있지만, 연상남 연하녀라는 것은 없다. 그렇다면 연상녀 연하남이라는 말 자체는 고정관념과 편견이 낳은 것이다. 연상녀 연하남이 아니라 그저 남자 여자여야 한다. 어느 한쪽이 나이가 적으면 나이가 적은 채, 나이가 많으면 많은 채 인간적인 교감을 주고받고 사랑의 장애를 넘어서는 자연스러운 사랑이야기가 되어야 한다. '연상녀 연하남이라는 평범하지 않은 조합으로 색다른 재미를 만들기'는 시들한 옛이야기가 되어버려야 한다. TV드라마의 연상녀 연하남 사랑이야기가 나아가야 할 방향은 그런 것이다.

고발하는 TV와 분노하는 시청자

<불만제로>와 <이영돈PD의 소비자고발> 그리고
<긴급출동 SOS24>에 대하여

김범수

1. 고발하는 TV의 확장

편성표를 자세히 들여다보면 지상파 3사에는 고발프로그램이 많다.
먼저 <추적 60분>, <PD수첩>, <그것이 알고 싶다>와 같은 정통 탐사
보도 프로그램이 있다. 이 프로그램들은 정치, 경제, 문화 등 주제를 가리지
않고 사회의 잘못된 구조나 공인들의 개인 비리를 고발해왔다. 이 프로그
램들은 하나의 주제를 깊이 있게 다루기 때문에 뉴스보다 훨씬 밀도 있는
고발이 가능하다. 또 <뉴스후>, <뉴스추적>과 같은 보도국에서 제작하
는 탐사보도 프로그램도 있다. 전통적인 탐사보도 프로그램과 제작 담당만
다를 뿐이지 주제 선정이나 고발의 밀도는 비슷하다.

<시사매거진2580>, <취재파일4321>, <세븐데이즈>와 같은 매거
진 프로그램들도 고발 목적의 꼭지를 하나 이상 배치하고 있다. 물론

밀도는 위에서 언급한 프로그램들보다 떨어지지만 그때그때 상황에 부합하는 주제 선정이 탁월하다는 장점이 있다. <환경스페셜>과 <물은 생명이다>, <미디어포커스>, <좋은 나라 운동본부> 역시 환경문제, 언론문제, 법규 준수 문제라는 각자의 영역에서 고발자의 역할을 일정 부분 수행하고 있다. 주제의 선정성 문제가 있긴 하지만 VJ 프로그램과 아침방송의 정보 프로그램들도 고발 형식의 꼭지를 꾸준히 유지하고 있다.

이처럼 지상파 TV에서 고발은 이미 중요한 형식으로 자리 잡았다. 고발이 일상화되어 있다고 말해도 과언이 아니다. 그런데 여기에 새로운 주제와 형식의 고발 프로그램들이 등장했다. 소비자 주권을 외치며 등장한 <불만제로>와 <이영돈PD의 소비자고발>(이하 소비자고발), 사회적 약자에게 가해지는 폭력을 해결하겠다는 의도로 출발한 <긴급출동 SOS24>(이하 SOS24)가 바로 그것이다.

이 세 프로그램은 주제와 형식면에서 기존의 고발 프로그램들과는 확실히 다르다. 새로운 주제와 형식이라는 말이다. 그럼에도 불구하고 이제 갓 4회를 넘긴 <소비자고발>을 제외한 나머지 두 프로그램은 시청률면에서 상당한 성과를 내고 있다. <SOS24>의 경우에는 다른 어떤 프로그램보다도 많은 이슈까지 만들어내고 있다. 요컨대 고발프로그램의 확장이 성공적으로 이루어진 것이다. 기존의 수많은 고발프로그램이 있었음에도 불구하고 이 프로그램들은 어떻게 성공적으로 자리 잡을 수 있었던 것일까? 시청자들이 이 프로그램들을 보게 만드는 힘은 무엇인가? 또 그럼에도 불구하고 이 프로그램들이 가진 문제점은 무엇일까? 이 글은 그 대답을 찾기 위한 글이다.

2. 소비자 주권과 인권 감수성의 확대

한국 사회에서 소비 자본주의의 등장을 어느 시점으로 볼 것이냐의 논의는 분분하다. 하지만 한국 사회가 소비 자본주의의 단계로 진입했다는 것을 부정할 수 있는 사람은 없다. 생존을 위한 최소한의 소비가 이루어지던 시기에는 상품의 공급자가 소비자보다 높은 위치에 설 수 있었다. 소비자가 살 수밖에 없는 상품을 공급했기 때문이다.

하지만 이제 한국의 자본주의는 새로운 소비를 끊임없이 창출하지 않고는 그 이윤율을 유지할 수 없을 정도로 고도화된 소비 자본주의 사회다. 소비 자본주의 시대에는 소비자의 선택이 매우 중요해진다. '소비자가 필요 이상으로 소비하느냐 마느냐'에 따라 작게는 기업의 사활이 크게는 자본주의의 흥망이 결정되기 때문이다. 따라서 소비자의 위상이 크게 올라간다. 기업은 소비자의 선택을 받기 위해 광고 등을 통해 '자신들은 소비자 주권을 최우선으로 생각한다'는 메시지를 끊임없이 전달한다. 이 지점에서 '소비자 주권'이라는 개념이 등장한다.

한국 사회는 이미 소비 자본주의 사회다. '소비자 주권' 개념도 자리잡은 지 오래고 많은 소비자 단체들이 활발하게 활동하고 있다. 그런 면에서 최근에야 <불만제로>와 <소비자고발>과 같은 소비자 중심의 고발프로그램이 생겼다는 것은 오히려 때늦은 감이 있다. 때늦은 감은 있지만 현재의 소비자이면서 동시에 잠재적 소비자일 수밖에 없는 모든 시청자들에게는 소비자 주권을 외치는 이들 프로그램은 매력적일 수밖에 없다. 특히 <불만제로>는 정통 고발프로그램의 특징과 더불어 재미의 요소를 싱딩히 가미하고 있어서 시청자의 호응이 크다. 이에 비해 <소비자고발>은 무거운 느낌을 주지만 역으로 <불만제로>보다 신뢰감을 더

준다. 그러나 이건 사소한 차이에 불과하다. 이러한 차이를 넘어서 두 프로그램은 공통적으로 시청자에게 '어, 이건 완전 내 이야기네'라는 느낌을 준다. 기존의 정통 고발프로그램들이 가질 수 없었던 매력이다. 그야말로 체감도 100%의 고발프로그램인 것이다.

<SOS24>는 위의 두 프로그램과는 조금 다른 사회적 맥락 위에 서 있다. 언젠가부터 한국 사회에서도 인권 문제가 중요해졌다. 여성, 동성애자, 장애인과 같은 소수자에 대한 인권 의식이 올라갔음은 물론이고 사회 전반의 인권 의식이 크게 향상되었다. 예전에는 당연하게 받아들여졌던 학생들의 두발규제 문제가 인권 문제로 해석될 정도이다. 이제 인권은 사회 문제를 해석하는 중요한 틀로 받아들여지고 있다. 이런 상황에서 일반화된 개념이 '인권 감수성'이다. '인권 감수성'이란 일상생활에서 만나는 다양한 자극이나 사건에 대하여 매우 작은 요소에서도 인권적인 요소를 발견하고, 적용하면서, 인권을 고려하는 것을 말한다.3) 결국 인권 감수성이 향상되었다는 것은 쉽게 말해서 사람들이 어떤 사안을 대할 때 인권을 기준으로 판단하기 시작했다는 것이다.

한국 사회에서 인권에 대한 관심이 증가했는데도 불구하고 인권을 전문적으로 다루는 프로그램은 없었다. 물론 정통 고발프로그램과 토론프로그램에서 인권 문제를 간헐적으로 다루었지만 인권에 대한 시청자들의 관심을 채우기에는 턱없이 부족했다. 그런 상황에서 등장한 프로그램이 바로 <SOS24>이다. 사실 <SOS24>가 인권 문제를 체계적으로 다루고 있는 것은 아니다. 시청률에 급급해서 극단적인 소재주의에 빠졌다고 판단하는 것이 더 정확한 평가다. 그럼에도 불구하고 이 프로그램에 주목해야 하는

---

3) 국가인권위원회 사이버인권배움터(http://edu.humanrights.go.kr/) 인권용어 해설 참조

것은 인권에 대한 시청자의 관심이 고발프로그램이라는 형식을 통해 최초로 구체화되었다는 점 때문이다. 어찌되었건 일반 프로그램이 충실히 다루지 못해온 인권 문제를 <SOS24>가 본격적으로 다룬 것이다. 그리고 높은 시청률을 보였고 이슈메이커 역할도 기대 이상이었다. 만약 인권 향상을 목적으로 인권에 대한 캠페인성 프로그램이나 교육적 프로그램이었다면 이와 같은 성과를 얻기 어려웠을 것이다. 이것은 고발프로그램이 가지는 사회적 파급력을 방증하는 예가 될 수 있다. 쉽게 말해서 고발프로그램은 아직도 시청자들에게 잘 먹히는 프로그램 포맷이고 사회적 문제를 최초로 다룰 때에 유용한 포맷이라는 것이다. 따라서 <SOS24>는 인권 문제를 최초로 다루었다는 점과 고발프로그램의 현재적 의미를 확인시켜 줬다는 점에서 의미가 있다.

3. 시청률을 위해 분노를 활용한다

앞에서 언급한 것처럼 <소비자고발>, <불만제로> 그리고 <SOS24>는 소비자 주권과 인권 감수성 확대와 같은 사회적 요구에 충실한 고발프로그램이라는 공통점이 있다. 하지만 이것은 프로그램 기획 단계에서 고려된 사항이다. 실제로 시청자들이 어떤 이유 때문에 이 프로그램들을 보느냐는 조금 다른 차원의 문제이다. 따라서 이 글이 처음에 제기했던 문제, 즉 '이 프로그램의 매력은 무엇인가?'의 문제는 여전히 남아 있다. 결론부터 말하자면 이 프로그램들의 매력은 시청자의 분노를 자극한다는 점이다.

먼저 <불만제로>, <시청자고발>을 살펴보자. 이 프로그램들은 앞에서 언급한 것처럼 체감도 100%의 고발프로그램이다. 따라서 시청자는 고발되는 상황의 직접적인 피해자이다. 대다수의 국민이 자장면을 좋아하

는 우리나라에서 '자장면의 MSG는 유해할 수도 있다'는 <불만제로>의
고발(2회)은 전 국민을 분노하게 만들고도 남았다. 이 분노는 정통 고발프
로그램에서 느꼈던 분노와는 다르다. 정통 고발프로그램에서 사회적 모순,
공인의 비리를 지적하면 시청자는 분노를 느끼기도 하지만 한편으로는
체념과 무력감을 느낀다. 자신과 직접적인 관련도 없고 당장 어떻게 손
써볼 도리가 없다고 생각하기 때문이다. 그래서 정통 고발프로그램을
본 시청자는 이렇게 말하곤 한다. "우리나라가 그렇지 뭐." 이런 반응
때문에 고발프로그램이 시청자들의 정치적 냉소주의를 조장하고 탈정치
화시킨다는 비판이 유효한 것이다. 하지만 자장면 문제, 주유소 문제,
휴대폰 문제, 교복 문제, 식당 물수건 문제는 다르다. 이것은 당장 오늘도
내가 먹고, 입고, 쓰는 것에 관련된 문제다. 당연히 적극적으로 분노할
수밖에 없는 문제들이다. <불만제로>와 <소비자고발>은 이 지점을
파고든다. 시청자들의 분노를 활용하는 것이다. 따라서 소재는 생활과
밀접하면 밀접할수록 좋고 화면은 자극적이면 자극적일수록 좋다. 그래야
더 내 이야기 같고 더 분노하기 쉽기 때문이다. <불만제로>와 <소비자고
발>은 이 논리에 충실하다. 결국 주유소 습격사건(<불만제로>, 2회)이나
참치캔 검도(<불만제로>, 12회) 같은 자극적인 영상이 주를 이루게 되고
교복 판매업자의 부도덕성(<소비자고발>, 4회)이 강조된다. 분노를 활용한
소재주의의 또 다른 모습이다.

  <SOS24>는 분노의 활용에 있어 한술 더 뜬다. 이 프로그램은 은폐된
사적 폭력을 고발하고 해결하겠다는 기획 의도를 내걸고 있다. 하지만
실제로는 사적 폭력을 해결하겠다는 의지보다 사적 폭력을 최대한 자극적
으로 보여주는 데 목적이 있는 것 같다는 의심을 지울 수가 없다. 그래서
'사적 폭력의 피해자가 얼마나 처참한가'와 '가해자가 얼마나 비인간적인

가'를 중심으로 프로그램이 구성된다. 솔루션위원회가 있지만 사실 솔루션위원회의 활동은 거의 드러나지 않는다. 그것보다는 가해자의 비인간성을 극화시키는 데 더 관심이 많다. 그래야 시청자들이 더 분노하기 때문이다. 이건 제작진만의 책임은 아니다. 우리 시청자도 이 부분에서 솔직할 필요가 있다. <SOS24>가 만든 수많은 인터넷스타(?)들을 생각해보자. 그때 네이버 댓글에서 가열찬 분노를 보여줬던 우리 시청자들이 바랐던 것은 노예 할아버지(24회)와 과자만 먹는 성우(60회)가 잘사는 것이었는가? 오히려 우리가 보고 싶었던 것은 피해자가 처벌받아 비참해지는 모습이 아니었는가? 그래야 우리의 분노가 보상받는다고 생각했던 것이 아닌가? <SOS24> 제작진도 시청자의 이런 심리를 잘 알고 있는 것 같다. 사적 폭력의 구조적 원인을 밝혀 이를 사회적 의제화시키는 일에는 도무지 관심이 없다. 단지 더 비참한 피해자를 찾고 더 악랄한 가해자를 찾아 악마화시키는 데만 열중하고 있다. 그야말로 분노를 활용하는 소재주의의 결정판이다.

4. 길 잃은 분노는 어디로 갈 것인가?

<불만제로>와 <SOS24>가 시작할 때 표방했던 소비자 주권의 회복과 사적 폭력으로부터 인권 보호라는 거창하고 건전한 의도는 '시청률을 위해 분노를 활용해야 한다'는 방법론에 묻혀버렸다. 갓 4회를 넘겨 아직 평가하기 이른 <소비자고발>도 <불만제로>의 길을 갈 가능성이 크다. 사실 분노라는 원초적 감정 그 자체에는 아무런 책임이 없다. 분노를 활용하는 것 자체도 문제는 아니다. 분노의 활용 자체가 문제라면 모든 고발프로그램은 당장 방송을 중단해야 한다. 하지만 분노가 누구를 향하고

있느냐의 문제와 분노를 어떻게 활용하느냐의 문제는 분명히 있다. 이는 제작진의 의도에 의해 좌우된다. 따라서 분노가 문제가 아니라 분노의 방향을 잘못 제시하고 있는 제작진의 태도에 문제가 있는 것이다.

일단 <불만제로>와 <소비자고발>은 분노의 대상을 잘못 찍었다. 소비자를 직접 상대하는 교복 소매상, 개별 주유소, 휴대폰 대리점, 식당도 문제지만 더 큰 구조적 원인은 따로 있다. 그들이 불법과 속임수가 아니고 서는 사업을 유지할 수 없을 정도로 치열한 소매시장의 치열한 경쟁구조가 문제다. 그들에게 아주 적은 이윤율만 보장하는 대기업의 횡포가 문제다. 대리점의 불법행위를 눈감고 은근히 조장하는 거대 통신사의 관리체계가 문제다. 또 시장에 대한 모든 관리책임을 맡고 있는 정부의 무능과 책무유 기가 문제다. 궁극적으로 그 많은 소비행위를 하면서 집단적 소비자 주권 을 제대로 행사하지 못한 우리 소비자가 문제다. 따라서 분노는 소매상 사장님이 아니라 대기업, 정부, 치열한 시장경쟁 구조, 그리고 우리 자신을 향해야 한다. 하지만 생생한 화면을 찾는 데만 급급하기 때문에 돌은 언제나 소매상이 맞는다. 한껏 소매상들을 비난하다가 방송 막바지에 사족처럼 대기업의 관리체계를 에둘러 비판한다. 소매상 한둘을 때려잡는 다고 소비자 주권이 회복되지는 않는다. 진심으로 소비자 주권을 회복하고 싶다는 마음이 있다면 구조적 문제에 천착하는 모습을 보여줘야 한다.

<SOS24>도 마찬가지다. 이제 그 정도면 시청자들도 우리 사회 곳곳에 사적인 폭력이 존재하고 있고 심각한 인권 침해가 이루어지고 있다는 사실을 충분히 알게 되었다. 그리고 그것에 대해 분노할 만큼 분노했다. 이제는 더 극단적인 사례로 더 극단적인 분노를 일으킬 필요는 없다. 이제 분노의 힘을 모아 우리의 인권 수준을 고민할 때다. 왜 인권이 이 수준에 머무르고 있는지 고민할 때다. 가해자 한둘을 더 찾아내 비판한다

고 해서 우리의 인권 수준이 향상되는 것이 아니다. 구조적 접근이 필요하다. 빈곤과 육아사회적 약자를 보호해야 할 의무 등 모든 책임을 가정에 떠넘기고 서로 간섭하지 않는 것을 미덕으로 여기는 가족 이데올로기의 문제, 심각한 인권침해와 같은 중범죄까지 덮어버리는 소규모 공동체주의의 문제, 위계에 의한 폭력을 당연시하는 문화, 사회적 안전망 부재 등 인권에 대한 구조적 문제를 고민할 때이다. 그것이야말로 80회에 가까워지는 <SOS24>의 임무이다.

5. 건강한 분노를 변화의 힘으로

만해 한용운은 '님의 침묵'에서 다음과 같이 읊었다. '걷잡을 수 없는 슬픔의 힘을 옮겨서 새 희망의 정수박이에 들어부었습니다.' 슬픔이라는 감정을 희망을 키우는 힘으로 활용했다는 의미이다. 슬픔이라는 감정이 이럴진대 분노라는 감정이 못할 이유가 없다. 그리고 대한민국은 이미 건강한 분노의 위대한 힘을 경험했다. 올해로 스무 돌이 되는 87년 6월 항쟁도 결국 박종철, 이한열의 억울한 죽음과 독재 정권에 대한 시민들의 건강한 분노가 모여 이룩한 성과다. 건강한 분노의 힘은 이렇게 크고 위대한 것이다. 반대로 건강하지 않은 분노, 억압되고 왜곡된 분노는 잘못된 결과를 초래한다. 2007년 봄 대한민국을 놀라게 했던 조승희 사건도 억압되고 왜곡된 분노의 결과이다. 이처럼 분노는 엄청난 가능성과 위험성을 동시에 가지고 있는 감정이다.

고발프로그램들은 기본적으로 시청자들의 분노에 기대고 있다. 따라서 분노의 위험성과 가능성을 항상 염두에 두고 프로그램을 제작해야 한다. 시청자들의 분노가 잘못된 방향을 겨누고 있지는 않은지, 고발프로그램이 그것을 조장하고 있지 않은지 반성해야 한다. 또 시청자의 분노를 어떻게 하면 변화의 에너지로 승화시킬 것인가도 고민해야 한다. 그것이 시청자의 분노를 활용하는 자가 가져야 할 기본적인 예의다. <불만제로>와 <이영돈PD의 소비자고발> 그리고 <긴급출동 SOS24>가 시작할 때의 문제의식이 좋았던 만큼 예의도 잘 지켜주길 바란다. 한용운의 시 구절을 활용하자면 '걷잡을 수 없는 분노의 힘을 옮겨서 새 희망의 정수박이에 들어붓는' 건강한 고발프로그램이 되길 바란다. 그러면 훗날 역사가들은 <불만제로>와 <이영돈PD의 소비자고발> 그리고 <긴급출동 SOS24>를 소비자 혁명과 인권 혁명을 이끌었던 역사적 고발프로그램이라고 평가할 수도 있을 것이다.

석호필과 장준혁은 한국 드라마를 어떻게 바꿨나

해외드라마 열풍과 다매체-다채널 시대가 한국 드라마에 미친 영향

이준목

시청자가 방송을 대하는 달라진 풍경 하나. TV가 절대적인 오락매체이던 80~90년대까지만 하더라도 시청자들은 자신이 좋아하는 프로그램을 보기 위하여 오직 방송사의 정규방송 편성시간만을 손꼽아 기다려야 했다. 소위 '국민 드라마'라는 애칭을 얻었던 <사랑과 야망>, <모래시계>, <사랑이 뭐길래> 같은 화제작들은 평균 시청률 40~50%를 넘나드는 절대적인 인기를 누렸고, 직장인들의 귀가시간이나 일상적 대화의 이슈를 바꾸어놓는 등 사회적인 신드롬을 일으킬 정도였다. 서로 다른 TV 취향을 지닌 가족 구성원들끼리 한정된 채널 선택권으로 인하여 다투는 일도 허다했다.

그러나 오늘날은 어떠한가. 케이블과 인터넷의 발달은 국내의 시청문화를 완전히 바꾸어놓았다. 어머니와 아버지가 거실에서 TV 리모컨을 움켜

쥐고 보고 싶은 드라마의 정규방송 시간을 기다린다면, 요즘 자녀들은 자신의 방에서 컴퓨터의 모니터를 켜는 데 더 익숙하다. 최근 들어 어지간한 국내의 지상파 방송은 케이블에서 언제든 다시 볼 수 있기에 굳이 정규시간에 집착할 필요가 없다. 오히려 인터넷에 접속하면, 현재 국내에서는 보기 힘든 다양한 소재와 스케일을 자랑하는 해외 유수의 프로그램들이 '정보의 바다'를 타고 우리 눈앞에 나타난다. '다매체 다채널' 시대가 만들어낸 21세기의 대표적인 문화 풍경이라 할 만하다.

미드-일드 열풍과 인터넷 문화

아마도 요즘 드라마를 즐겨보는 사람 중에서 '석호필'(프리즌 브레이크)과 '노다메'(노다메 칸타빌레)가 무엇을 지칭하는지 아는 사람이라면, 아마도 미드(미국드라마)와 일드(일본드라마)의 열혈 팬일 가능성이 높다.

오늘날 드라마가 대중문화에서 차지하는 위상이 과거에 비하여 월등히 높아진 가운데, '미드', '일드'라는 애칭으로 불리는 해외 드라마 열풍은 국내 시청자들의 소비패턴 변화에도 큰 영향을 끼쳤다. 특정한 장르, 검증된 흥행공식을 반복하는 한국 드라마의 진부함에 식상한 젊은 시청자들은 새로운 대안과 볼거리를 찾아 '영화보다 더 영화 같은' 미드, 기발한 소재의 일드라는 블루오션에 반응하기 시작한 것이다.

해외드라마 열풍이 본격적으로 자리 잡는 데는 인터넷 문화의 대중화가 결정적인 영향을 미쳤다. 과거에도 <맥가이버>, <브이>, <6백만 달러의 사나이>, <에어울프>, <전격 Z작전>, <엑스파일> 등 해외드라마에 대한 인기는 존재했지만, 그것은 지상파 방송에 의존하여 일부 미국 드라마라는 한정된 콘텐츠의 유입에 지나지 않았다.

그러나 오늘날 인터넷 시대의 '다운로드족' 들은 P2P와 웹하드 등의 방식을 이용하여 클릭 한 번이면 해외의 최신 프로그램들을 실시간으로 감상하고, 다양한 장르와 소재의 이야기를 입맛대로 선택할 수도 있다. 네티즌들을 중심으로 해외 유명드라마와 배우들에 대한 온라인 동호회가 결성되거나, 자발적으로 외국어 자막을 번역하고 유통시키는 수고도 마다하지 않는다. 특히 이 모든 주체가 더 이상 방송이나 정부, 기업이 아닌, 오직 '1030' 젊은 세대로 대표되는 '마니아 문화'의 자발적인 참여와 능동성으로 주도되었다는 점은 단연 주목할 만하다.

또한 온라인에서 소수의 마니아 문화로 출발했던 해외드라마 열풍은 오늘날, 오프라인으로 확대되며 보편적인 대중문화의 주류로 성장하기에 이르렀다. 국내 방송에서도 <CSI 과학수사대>, <프리즌 브레이크>, <24>, <로스트>, <위기의 주부들>, <그레이 아나토미> 등 해외의 최신 인기작들을 수시로 접할 수 있다. 뿐만 아니라 위성 DMB나 PMP, 동영상이 재생되는 MP3 플레이어 등을 통하여 이제는 때와 장소를 가리지 않고 언제 어디서든 자신이 원하는 콘텐츠를 선택하여 감상하는 것이 어렵지 않다.

이처럼 다매체 다채널 시대의 문화적 환경을 기반으로 한 미드-일드 열풍의 보편화는, 필연적으로 국내 드라마 시장에도 영향을 미쳤다. 시청자의 눈높이가 월등히 높아진 가운데, 최근 국내 드라마들은 좋든 싫든 해외 드라마와 직-간접적인 비교대상이 되는 것을 피할 수 없다. 90년대 이후, 일본 대중문화 개방과 한미 FTA의 체결 등으로 대중문화 전반에서도 이제 과거와는 견줄 수 없을 정도로 해외 콘텐츠들의 유입이 본격화되고 있다. 오늘날의 한국 드라마들은 이제 좁은 시장에서 시청률을 다투는 내수용을 벗어나, 거대한 자본-다양화된 소재로 무장한 해외드라마들과 시장의 주도권을 놓고 경쟁해야 하는 새로운 시대적 미션에 봉착해 있는 것이다.

전환기 맞은 한국 드라마 시장의 위상

반면, 한때 한류로 전성기를 구가했던 한국 드라마 시장은 최근 변화의 과도기에 놓여 있다. 가장 대표적인 현상이 '시청층의 양극화'와 '드라마 제작구조의 변화'라고 할 수 있다.

지난 몇 년간 한국 드라마는 장르와 소재에 따라 점차 시청층이 양분화되고 있다. 2000년대 이후 시청률 경쟁에서 중장년층을 대상으로 한 가족드라마와 시대극들이 꾸준한 인기를 자랑한 반면, 젊은 층을 타깃으로 한 현대극이나 트렌디 드라마들이 점차 외면당하는 추세가 두드러진다.

왜 이런 현상이 나타나는 것일까. 최근 TV 채널의 주도권을 움켜쥐고 있는 것은 단연 중장년층이다. 중장년층 시청자들은 한번 선택한 프로그램에 대한 지지도가 꾸준하고 시청률 경쟁을 좌우하는 정규 본방에 대한 의존도가 높다. 지난 몇 년간 시청률 면에서 높은 성적을 거뒀던 가족드라마와 시대극의 인기에는 검증된 소재와 장르를 선호하는 중장년층 시청자들의 변함없는 지지가 큰 역할을 해냈다.

반면 젊은 시청자들은 특정 작품이나 장르에 대한 충성도가 상대적으로 낮다. 정규시간 본방에 의존하지 않고 채널 선택의 폭은 오히려 훨씬 넓으며 다양한 문화적 소비 패턴을 가지고 있다. 해외의 수준 높은 미드-일드를 수시로 접하며 새로움에 대한 까다로운 눈높이를 가지고 있다는 것도, 국내 드라마의 진부함에 싫증을 느낀 젊은 시청자들의 대체욕구를 부채질한 원인이었다.

최근 젊은 층을 대상으로 한 국내 드라마의 완성도와 수준이 달라진 시청자들의 눈높이를 따라오지 못했다는 것도 외면을 받는 데 한몫했다. 90년대 이후 미니시리즈의 보편화와 함께 국내에서 큰 인기를 모았던 트렌디 드라마들은, 당시만 해도 일반 연속극에서 다루기 어려운 소재와 내용을 소화하며 국내 드라마의 질을 높이는 데 기여했다. 그러나 최근 들어 재벌 2세, 불치병, 출생의 비밀, 삼각관계, '일과 생활'은 없고 '사랑과 순정'만이 넘쳐나는 비현실적인 설정들이나 노골적인 간접광고 등으로 얼룩진 드라마는, 달라진 시대상이나 당대 젊은이들의 감수성을 간파하지 못한 '안일한 상품'으로 시청자들의 외면을 받아야 했다.

또한 높은 인기를 자랑하는 작품에 관해서도, '비난하면서 보는 드라마'라는 새로운 평가가 등장하기도 했다. <하늘이시여>, <장밋빛 인생>, <소문난 칠공주>, <주몽>, <별난 여자 별난 남자> 등은 최근 몇 년간 시청률 면에서 높은 인기를 끌었던 작품임에도 시청률과는 별도로, 불륜남녀의 범람, 성 역할의 왜곡, 비정상적이고 엽기적인 가족구도, 시청률에 따른 고무줄 방송 논란 등으로 빈축을 사기도 했다.

드라마의 성적을 가늠하기 위해 도입된 시청률(본방에 국한된)이라는 낡은 개념이 더 이상 시청자들의 평가를 규정짓는 절대적인 기준이 될 수 없게 된 것이다. 오늘날에는 더 이상 남녀노소 모든 시청자들의 사랑을 받고 시청률 50~60%를 훌쩍 넘긴 '국민 드라마'라는 개념은 찾아보기가 힘들다.

새로운 대안의 모색 - 한국형 '전문직' 드라마

지난해부터 한국 드라마는 '제작 구조의 변화'를 통해 조금씩 새로운 시도에 눈을 뜨고 있다. 한층 높은 완성도와 스케일을 자랑하는 해외 드라마 열풍과 국내 드라마들의 계속된 침체는, 한국 드라마 시장에 있어서도 변화와 경쟁이 더 이상 선택이 아닌 필수라는 위기의식을 부채질했다.

눈에 띄는 시도는 역시 사전제작제도와 속편제(시즌제)의 본격적인 도입, 특정한 소재와 장르를 바탕으로 한 한국형 '전문직' 드라마의 제작, 해외 영화나 드라마의 국내 리메이크붐 등이다. 이것은 모두 해외 드라마가 가지고 있는 장점들이기도 하지만, 궁극적으로 우열의 차이라기보다 한국과 해외 드라마들이 지닌 근본적인 인프라와 문화의 차이라고 할 만하다.

해외 드라마들이 가지고 있는 보편적인 경쟁력은, 역시 탄탄한 자본과 제작 노하우, 전문 작가군 등 능률적으로 분업화된 제작 시스템의 힘이 절대적이었다. 또한 미드나 일드는 국내 드라마와 달리 대부분 사전제작제도의 보편화를 통하여 작품의 완성도를 높이는 데 주목한다. 시즌제와 스핀 오프, 스페셜 드라마와 영화 등 다양한 방식을 통하여 검증된 아이템을 재활용하는 능력도 빼어나다. 만화, 소설, 스포츠, 클래식에 이르기까지 다양한 아이템을 소화할 수 있는 탄탄한 문화적 기반을 구축하고 있다는 것도 강점.

'할리우드 블록버스터의 TV판'이라고 평가받는 미드는, 드라마의 한계를 넘어 영화에 버금가는 스케일과 상상력을 보여준다, 일드는 미드만큼 스케일이 크지는 않지만 추리, 공포, 학원, 스릴러, 코미디 등 다양한 장르가 고르게 발달되어 있다는 것과 내러티브로 승부하는 절제된 감성이 돋보인다.

국내에서도 최근 이런 해외드라마 열풍의 성공요인을 '벤치마킹'하여 제작된 작품들이 속속 등장하고 있다. <가을동화>, <겨울연가> 등 '계절연작' 시리즈와 만화를 원작으로 한 <궁> 시리즈는 미미하나마 시즌과 속편제도의 가능성을 점검했다. 일본 원작을 바탕으로 한 <연애시대>, <백한 번째 프로포즈>, <연인이여>, <봄날> 등 해외 성공작의 리메이크작품들이 잇달아 선을 보였다.

<특수수사일지 1호관 사건>, <도망자 이두용>처럼 스릴러물이라는 장르에, 단막극과 미니시리즈의 구성을 절충한 실험적인 4부작 초미니시리즈도 등장했다. <하얀 거탑>과 <외과의사 봉달희>, <히트> 등은 의학, 범죄 등 특정한 직업군과 소재를 바탕으로 국내에서 보기 힘든 '전문직 드라마'의 가능성을 개척하기도 했다.

특히 젊은 시청자들에게 큰 반향을 불러일으켰던 <하얀 거탑>의 성공은, 국내 드라마 시장이 앞으로 모색해야 할 새로운 장르의 가능성에 많은 교훈을 남겼다. 동명의 일본 드라마를 원작으로 했던 <하얀 거탑>은 리메이크작이라는 한계에도 불구하고, 탄탄한 극적 완성도와 신선한 소재로 호평을 불러일으켰다.

시청률만 평가하자면, <하얀 거탑>은 마지막 주를 제외하면 한 번도 20% 이상을 기록하지 못했을 정도로 대중적인 인기를 끌었던 작품은 아니었다. 그러나 대중에게 잘 알려지지 않은 의학계의 이면을 배경으로 의사들의 일상을 다룬 전문직 이야기에서, 권모술수가 횡행하는 정치극, 의료사고를 둘러싼 법정극, 권력과 삶의 유한성을 조명한 휴먼 드라마까지 다양한 장르를 넘나들며 환골탈태를 거듭하는 탄탄한 구성이, 젊은 시청자와 네티즌을 중심으로 열광적인 반응을 이끌어냈다. 드라마가 사회적으로 일으킨 반향이나 이슈 또한 결코 시청률 1위 작품에 뒤지지 않을 정도로 높은 화제를 모았다.

과장된 드라마 속 전형적인 주인공에 비하여 장준혁이라는 '안티 히어로'를 주인공으로 내세운 새로운 캐릭터의 등장도 눈길을 끌었다. 권력과 명예를 위해서는 권모술수도 마다하지 않는 냉혈한이자, 조직사회의 생존 게임에서 살아가는 현대 남성의 다중적이고 인간적인 욕망을 담아낸 '현대판 이카루스' 장준혁의 캐릭터는 악역임에도 불구하고 현실적인 공감대를 자아냈다. 이 드라마에 쏟아진 지지는, 한편으로 국내의 많은 시청자들의 한국 드라마의 반복되는 장르적 클리셰에 얼마나 진부함을 느끼고 있었는지를 새삼 깨닫게 한다.

한국적인 설정과 이국적인 장르의 조화

<하얀 거탑>이 국내 드라마 시장에서 새로운 소재와 장르에 대한 수요를 입증했다면, <외과의사 봉달희>나 <히트> 등은 장르의 전문성을 높이면서도, '한국적인 설정'과의 적절한 조화를 통해 나름의 독창성과 대중성을 겸비할 수 있는가에 대한 고민을 안겨줬다.

편의상 최근 '전문직 드라마'이라는 이름으로 통용되고 있는 작품들은 엄밀히 말해 범죄물-의학물 같은 '장르극'이라고 구분할 만하다. 추리, 스릴러, 공포, 코미디 등 다양한 장르가 세분화되고 고르게 발달하여 있는 해외 드라마에 비해 국내 드라마는 아직 장르물에 대한 전문성이나 노하우가 취약하다는 게 가장 큰 약점으로 꼽힌다.

<하얀 거탑>은 태생부터 일본 원작의 리메이크라는 기반이 있었고, <외과의사 봉달희>는 방영초기 해외드라마 <그레이 아나토미>와의 표절 논란에 시달리기도 했다. 해외드라마에 익숙해진 국내 관객들의 눈에는 최근 연이어 시도되고 있는 국내 장르물들은 플롯이나 캐릭터 면에서 자연스럽게 비교의 대상이 될 수밖에 없다. <히트>를 보며 <CSI>나 <춤추는 대수사선>을 떠올리고, <에어시티>를 보면서

<LAX>를 연상하는 것은 무리가 아니다.

결국 한국 드라마의 과제는 당장 미드나 일드의 아류 혹은 모방현상에 있는 것이 아니라, 궁극적으로 '한국형 장르물'의 토착화 여부에 달려 있다. 90년대 후반부터 한때 영화계에서 불었던 '할리우드 블록버스터 따라잡기'에서 보듯, 독자적인 문화 토양 속에서 흡수하지 못한 모방은 필연적으로 실패한다.

한국 드라마가 본받아야 할 해외 장르물들의 강점은 고도의 리얼리티와 철저한 실용성이다. 일상에서 보기 힘든 색다른 소재를 다룬다 할지라도 이야기 전개나 설정에 있어서 빈틈이 없을 만큼 철저하게 현실감을 추구한다. 피상적인 소재를 차용하거나 본래의 주제에서 이탈하는 법 없이 철저하게 장르물 본연의 재미를 극대화시키는 데 전념한다.

반면 우리에게도 <대장금>이나 <겨울연가> 같은 대표적인 한류드라마의 사례에서 보듯, 이야기를 풀어나가는 능력에서 미드- 일드와 차별화되는 '감성적인' 매력이 있다. 정서적 공감대와 인간미를 강조하는 한국의 드라마에서는 형사나 의사들이 어려운 전문용어만 이야기하고, 건조하게 일만 해서는 인간적인 매력이 없다.

의학드라마인 <외과의사 봉달희>와 형사극 <히트>는 특정 직업군의 활약상을 다룬 전문직 드라마이지만, 사건 자체에만 치중하기보다 남녀주인공의 사랑이야기와 공동체의 유대관계, 우정과 의리 같은 요소들에도 시선을 돌린다. 내러티브의 전문성 못지않게 등장인물들의 극적인 감정변화와 상호 갈등구도에 비중을 두는 스토리 전개는 다분히 장르물의 전형적인 구성 위로 '한국적인 설정'을 결합한 것이기도 하다.

이러한 한국형 장르물이 실험은 이제 걸음마 단계에 있다. 물론 편당 30~40억에 육박하는 미드의 스케일이나, 다양한 하위문화를 기반으로 구축해온 일드의 전문성을 한국 드라마가 하루아침에 따라잡는 것은 무리다. 결국 한국형 장르물이 해외드라마와 경쟁하려면, 자본이 아닌 독자적인 아이템과 연출, 연기력으로 승부를 걸어야 한다는 결론에 이르게 된다, 이를 위하여 장르와 소재에 대한 전문성을 지닌 집단 작가군의 양성, 시즌제와 사전제작제도의 보편화 등을 통한 선진화된 제작시스템의 도입이 함께 선행되어야만 한다.

위기는 곧 기회라고 했다. 오늘날의 해외드라마의 신드롬 현상은, 일시적인 문화적 공습을 넘어 한국의 대중문화에 보다 발전적인 자극과 각성을 요구하고 있다. 해외와의 경쟁을 떠나 국내 드라마 시장 자체적으로도 더 이상 과거의 흥행공식에 의존하지 않는 새로운 패러다임의 '웰메이드 드라마'를 기대하는 시청자들의 욕구를 반영한 결과라 할 만하다.

교양과 예능의 위험한 동거

김명진

‘공부하는 물’과 ‘노는 물’은 엄연히 다르다. 적어도 기성세대에게는 그랬을 것이다. 공부와 놀이는 마치 모범생과 날라리가 친구가 될 수 없는 것처럼 공존할 수 없는 별개의 영역이었다. 그런데 요즘 애들은 그렇지가 않단다. 공부 잘하는 애들이 놀기도 더 잘 놀고, 아이들의 ‘노는 코드’를 이해하지 못하면 잘 가르치는 선생이 될 수도 없단다. 재미는 더 이상 노는 물의 전유물이 아니다.

공부와 놀이의 융합은 방송에서도 일어나고 있다. 과거에는 세상의 진실, 유익한 정보를 제공하는 교양물과 웃음, 재미를 유발하는 오락물이 철저하게 구분되어 있었다. 그러나 요즘에는 어떤 것이 교양물이고 어떤 것이 오락물인지 알기 어렵게 되었다. 물론 각 방송사는 여전히 시사교양국과 예능국으로 나뉘어 있고, 각각 교양물과 오락물을 전담하여 제작하고 있지만 ‘정보 가득한 예능 프로그램’, ‘연성화된 교양 프로그램’처럼 이질적인 수식어를 단 프로그램들이 그 경계를 모호하게 만들고 있다. 바야흐로 교양과 예능을 구분하는 것이 무의미한 방송의 탈장르화가 진행 중이다.

외국 미녀들의 토크쇼 KBS <미녀들의 수다>는 예능 프로그램이다. 연예인 미모에 버금가는 외국인 미녀들이 미스코리아처럼 전신을 드러내고 앉아 자잘한 토크를 한다. 그 토크는 SBS <야심만만>의 연예인 신변잡기 토크만큼이나 매력적이다. 출연자가 미녀이기에 눈이 즐겁고, 외국인이 한국말로 수다를 떠니 신기하다. 그런데 이 프로그램의 높은 인기만큼이나 논란도 많고 비판도 크다. 왜일까? 토크의 내용이 '한국사회와 한국사람'에 관한 것이다 보니 '토크'를 '토크'로 보지 못하고 '토론'으로 보는 시청자들이 있기 때문이다. 아무리 물정 모르는 외국인 미녀가 나와 심각한 데 없이 웃자고 수다를 떠는 것이라지만 주제가 주제인 만큼 왜곡된 시선과 과장된 표현을 참아주기가 어렵게 된 것이다. 한 일본인 출연자는 한국인의 밥 먹는 모습이 '개' 같다는 표현을 썼다가 네티즌들로부터 호된 비판을 받았다. 물론 언어장벽에 기인한 오해 혹은 민감한 민족정서를 미처 생각 못한 순진함에서 비롯된 해프닝이겠지만, 이 프로그램의 전체 성격을 단적으로 보여주는 한 예가 되기도 한다. 시청자가 미녀들을 바라볼 때의 시선은 '오락'적이지만, 그녀의 수다가 선을 넘으면 시청자는 이 프로그램을 더 이상 오락 프로그램으로 보지 않는다.

이것은 연예인을 전면에 내세운 전형적인 오락물인 SBS <야심만만>에서도, 전문가를 전면에 내세운 전형적인 교양물 MBC <100분토론>에서도 없었던 새로운 종류의 딜레마다. 재미있자니 왜곡되고, 왜곡 없이 진지하자니 재미가 없어지는 딜레마다. 연예인 토크쇼에서는 연예인이 자기 사생활에 대해 아무리 개념 없는 발언을 해도 크게 문제되지 않는다. 연예인들의 토크는 어디까지나 웃자고 하는 말이고 보통 개인적인 주제를 다루기 때문에 그 말이 옳으니, 틀렸느니 왈가왈부할 구석이 없다. 시사토론 프로그램의 경우는 반대다. 말하는 전문가와 보는 시청자 모두의 이해관계와 논리가 개입되어 있는 사회적인 이슈가 토론의 주제가 되고, 이는 매우 진지하게 진행된다. 물론, 오락적 기능은 없다. '앎의 즐거움'이 남다르지 않는 한 일반적으로 그렇다. <미녀들의 수다>는 이 둘 사이를 교묘하게 오가고 있다. 토크의 주인공은 연예인이면서 동시에 전문가이다. 그녀들은 '미녀'이기에 연예인이 될 수도 있고, '외국인'이기에 전문가가 될 수도 있다. 그런데 그 두 가지가 모두 모호하다. 연예인의 미모와 화술을 자랑하지만 완전한 연예인으로 불리기를 원하지는 않고, 한국말을 한국사람 뺨치게 잘하는 외국인 '한국 전문가'이지만 그 분야에 학위도, 권위도 없다. <야심만만>에 나가기에도, <100분토론>에 나가기에도 어딘가 부족하다. 이 프로그램의 프로듀서는 출연자 섭외 시 출연진이 연예인화 되는 것을 피하기 위해서 일부러 연예기획사에 소속된 외국인은 배제했다고 말했다. 그리고 그 말을 증명이라도 하듯 인기가 높던 한 출연자는 최근 연예기획사와의 전속계약 후 프로그램에서 하차했다. 이 프로그램은 '연예인을 쓰지 않겠다'는 나름대로의 철칙을 고수하려는 것 같다. 하지만 이 원칙이 시청자에게 어떤 의미가 있을까? 그들의 역할이 미모와 인기로 먹고사는 '연예인'이 아니라면, 신뢰할 만할 주장을 펼치는 '전문가'라는 걸까?

방송을 예능과 교양으로 구분하고, 출연자를 연예인과 전문가로 구분하는 것이 구태의연한, 혹은 불필요한 이분법이라고 질책할 이가 있을지도 모른다. 하지만 예능과 교양의 탈 경계 현상은 단순히 프로그램의 정체성이 모호한만을 이미하지는 않는다. 정체성이 모호한 이 예능 프로그램이 만들어내는 한국인 담론은 사회에 잘못된 시선과 편견을 재생산한다.

미녀들의 시선은 철저히 '외국인'의 시선이다. 그녀들은 조목조목 우리 사회의 좋은 점 혹은 나쁜 점을 지적한다. 그런데 그 좋고 나쁨의 기준이 모호하다. 자신의 모국 문화와의 차이에서 발생하는 한국에 대한 감상은 대부분 개인적인 경험에 의한 판단이다. 경험에 의한 판단이란 내가 좋은 경험으로 판단하는 것에 대해서는 긍정적으로, 내가 나쁜 경험으로 판단하는 것에 대해서는 부정적으로 생각하는 주관적인 논리다. 이러한 좋고 나쁨의 경험에 대해 깊이 생각해보고 배워볼 기회가 없는 이들에게 제대로 된 설명을 해주는 출연자는 없다. 프로그램은 주로 미녀들의 일방적인 발언에 의해 진행된다. 미녀들을 마주하고 앉은 한국 남자들은 미녀의 한국 칭찬에 기뻐하고 미녀의 한국 비판에 안타까워하는 그녀들의 팬으로서의 기능을 할 뿐, 합리적인 의견을 제시하거나 설명을 하는 법이 없다. 이들의 대화는 이를테면 이런 식이다.

미녀: 한국 개고기 너무 맛있어요.
패널: (감격) 대단하시네요. 제가 얼마든지 사드릴게요.

미녀: 한국 사람들은 보수적이라면서 왜 이렇게 모텔이 많은 거예요?
패널: (부끄러움) 저는 모텔 안 갑니다.

어떻게 보면 이 외국인 미녀들의 지적은 한국인 어느 누구의 지적보다 날카롭다. 그 지적은 한국인의 장점이 될 수도 있고, 약점이 될 수도 있다. 그런데 이 프로그램은 그 지적을 귀엽고 재미있게만 비추는 데서 멈춘다. 아무런 설명이 없다. 우리나라에 왜 모텔이 많을까? 시청자들은 생각한다. 하지만 프로그램 속 사람들은 궁금하지 않은 모양이다. 조금만 민감한 주제라고 생각되면 얼렁뚱땅 넘어가기 일쑤다. 또 한바탕 논란이 될까봐 조마조마하는 진행자가 그렇고 자기도 모르게 말조심을 하는 미녀가 그렇고, 그 앞에서 '예쁘니까 무슨 말을 해도 괜찮아'라고 노래를 부르는 남성 패널들이 그렇다. 문제제기는 있지만 결론은 없다. 그리고 급기야 <미녀들의 수다> 공식 홈페이지에 있던 시청자 게시판이 폐쇄되었다. 출연자에 대한 네티즌들의 무차별적 비판을 차단하겠다는 것이다. 그러고는 애꿎은 시청자들의 낮은 의식만 탓한다. 무조건 한국인 칭찬에 울고, 한국인 비판에 화내는 민족주의적 태도를 지양하자는 자성의 글들이 쏟아져나올 정도다.

문제는 '미녀의 발언'이 아니다. 그리고 '민족주의적 시청자'도 아니다. 진짜 문제는 프로그램의 모호한 정체성이다. 프로그램을 보다 보면 생겨나는 자연스러운 의문들이 프로그램 내에서 해결되지 않기 때문에 애꿎게 말을 꺼낸 당사자만 비난의 표적이 된다. 미녀는 자기가 무슨 말을 잘못한 건지도 모른 채로, 무서운 네티즌들에게 오해 말아달라고 사과한다. 결국 <미녀들의 수다>가 만들어내는 여러 가지 논란들은 미녀 외국인이 한국인에 대해 갖고 있는 오해를 바로잡아주고 조곤조곤 설명해주는 내러티브의 부재에서 생겨난다. 앞에 마주앉아 예쁜 그녀들을 황홀하게 바라만 볼 뿐, 똑똑한 그녀들의 지적에 대해 명쾌한 설명을 해줄 능력이 안 되는 남자 패널들을 보며 시청자는 답답함을 느낀다. 이것은 결국 <미녀들의 수다>가 '토론'이 아니고 '수다'이기 때문에 생겨나는 문제다. 주제는 토론감인데 논의 수준은 수다에 그치고 마니, 시청자의 해결되지 못한 욕구는 뒷북 논란으로 이어진다. 때문에 '민감한 사안은 최소화하겠다'는 제작진의 발언은 더욱 무책임해 보인다. 시청자들은 미녀들이 '민감한 발언'을 했기 때문에 화가 난 게 아니라, 프로그램이 그녀들의 몰이해를 전혀 해결해주지 못하기 때문에 화가 난 것이다.

　<미녀들의 수다>가 '토론'이 아니고 '수다'를 내세운 이유는 그동안 교양 프로그램의 '토론'으로나 가능했던 한국 사회 비판, 한국 문화 비판을 예능화하겠다는 말이다. 다시 말해, 가볍지 않은 주제를 가볍게 다루겠다는 것인데, 이러한 시도는 신선한 만큼이나 위험하다. 왜곡과 편견을 오락화할 가능성이 보이기 때문이다. 방송에서 어떤 사회적·문화적 편견은 '바로잡아야 할' 대상이었지, '웃고 즐길 수 있는' 대상인 적이 없었다. 이 프로그램은 '예쁘니까 괜찮은' 미녀들이 나오고, '재미있으면 그만인' 예능 프로그램을 표방한다. 그런 탓에 시청자들은 볼 때는 재미있어도 보고 난 후엔 어딘가 모르게 남아 있는 찜찜함과 씁쓸함을 호소할 명분을 잃는다. '재미있으면 그만이지 않냐'라는 반론엔 할 말이 없기 때문이다.

　외부인의 시선으로 바라본 한국사회를 조명해보는 것은 매우 신선하면서도 의미가 깊다. 여러 외국인들이 나와 한국사회에 대한 이야기를 한다는 설정은 멋진 교양 프로그램의 아이템이 될 수도 있었다. 그러나 이 아이템은 높은 시청률을 자랑하는 예능 프로그램이 되었다. 그것도 제대로 성공한 예능 프로그램이다. <미녀들의 수다>는 최근 방송 시간대를 일요일 아침에서 월요일 밤 11시대로 옮기고도 동시간대 시청률 1위를 기록했다. '성공'한 예능 프로그램의 전형이다. 예능 프로그램의 일차적인 목적은 시청자에게 '즐거움'을 선사하는 것인데, 그런 점에서 <미녀들의 수다>는 성공했다고 할 수 있다. 그러나 눈을 즐겁게 해 주는 '미녀'들과 귀를 즐겁게 해주는 '수다' 뒤에서, 은밀하게 여성을 상품화하고 타자의 시선을 절대화하는 왜곡과 편견이 재생산되고 있다.

　이제 '재미'는 교양이나 예능을 떠나 어느 프로그램이고 추구해야 할 과제가 되었다. 시청률이 '재미'와 밀접하게 연결되기 때문이다. 결국

<미녀들의 수다>의 딜레마는 방송의 오래된 고민인 공익성과 상업성의 딜레마와 맞닿아 있다. 현재 각 방송사의 간판 시사고발 프로그램들은 하나같이 범죄, 사건, 사고, 비리 등을 선정적으로 폭로하는 방향으로 나아가고 있는데, 이는 결국 보도성 시사뉴스마저도 하나의 '오락'으로 전락하고 있음을 암시한다. 시청자들에게 좋은 평을 받았음에도 불구하고, 저조한 시청률 때문에 폐지된 MBC <느낌표>는 교양 프로그램의 어두운 미래를 보여주는 듯하다. 그렇다면 현재 방송의 흐름을 설명하는 적절한 표현은 교양과 예능의 퓨전이 아니라, 전 프로그램의 예능화일지도 모른다.

정치에서는 '강한 것이 옳은 것을 이긴다'는 논리가 있다. 방송에서는 '재미있는 것이 옳은 것을 이긴다'는 논리가 팽배해 있는 것 같다. 공부도 잘하고 놀기도 잘 노는 만능 엔터테이너인 요즘 아이들은 좋아 보인다. 하지만, 공익과 시청률의 두 마리 토끼를 다 쫓다가 길을 잃어버린 오늘의 방송은 위험하다.

가족 – 다름과 닮음을 견디며 살아가기

MBC 4부작 드라마 <기적>

고대권

어느새 가족은 서로를 밀어내는 존재가 되어버렸습니다. "한국 사람들 대부분은 자기 부모와 사이가 안 좋다"는 장미의 이야기는 우리가 매일같이 마주 대하는 현실의 한 조각입니다. 대개 아빠는 과묵하고 말이 없습니다. 필요한 말만 하고 적당히 돈을 벌어주고 모두를 가르치려 하는 아빠는, 잠을 자는 모습이 언제나 외로워 보입니다. 고집스러운 주름살이 숨긴 속내를 다른 가족은 알 수가 없습니다.

엄마는 언제나 오십견과 신경통을 호소합니다. 엄마의 호소에 누구 하나 시원하게 말대답을 해주지는 않지만, 다들 밥 달라며 옷은 어디에 있느냐며 필요할 때마다 엄마를 찾습니다. 아빠는 자식에게 할 이야기를 엄마에게 하고 자식들은 아빠에게 해야 할 이야기를 엄마에게 합니다. 엄마는 아빠와 자식들 사이에 끼어서 조금씩 지워집니다.

자식들은 대부분 이기적입니다. 필요할 때마다 아빠 엄마에게 용돈 타 쓰면서도 정작 엄마 아빠에겐 '내 인생은 내 거'라며 독립운동을 벌입니다. 상황이 이래서인지 원래 그런 것인지, 아빠는 가끔 외간 여자와 바람을 피우고, 엄마는 한 번씩 분통을 터뜨리며 앓아눕고, 자식들은 가출 비슷한 외출을 합니다. 우리는 이런 세계에 살고 있고, 단란하고 멋진 가족들은 모두 드라마 속에서 살고 있습니다. 드라마와 현실이 두툼한 벽을 만들고 서로를 그리워하는 때에, <기적>이라는 드라마가 찾아옵니다.

우리는 흔히 세상의 다름들을 '차이'라고 호명하며 그것에 대해 '관용'을 주문합니다. 관용이라는 완충지대가 없다면 세상의 다양한 개성들은 모두 자폭해버릴지도 모릅니다. 그래서 사회생활을 할 때면 조금씩 너그러워지면서 적당히 거리를 만듭니다. 당신과 나와는 슬쩍 인사를 건네는 사이이고, 너와 나는 한 번씩 전화를 해서 안부를 묻는 사이이고, 그놈과 나는 가끔 같은 고민을 마주하며 진지한 이야기를 주고받기도 합니다. 그리고 면전에서는 너를 이해한다고 말하고 마음속으로는 너는 나보다 한참 못났다고 중얼거리기도 합니다. 당신의 남편이 바람피우는 것을 안다고 하더라도, 나는 그것을 슬쩍 숨겨줄 수 있습니다.

그런데 가족이라는 울타리에 들어서면, 신데렐라가 멋진 외투를 벗듯이 우리를 둘러싼 '관용'의 마술이 풀립니다. 아빠는 가끔 도무지 너를 이해할 수 없다고 말하고, 엄마는 이제 지긋지긋하다고 말하고, 자식들은 도대체 엄마 아빠가 나에 대해 아는 것이 무엇이냐고 말합니다. 사회생활에서 '관용'의 미덕이 차지하고 있을 완충지대의 자리를, 가족에서는 '비밀과 침묵'의 늪이 차지합니다. 우리는 자주 친구에게 고백할 수 있는 내용도 가족에게는 비밀로 삼곤 합니다.

영철의 가족도 마찬가지입니다. 아버지는 자기가 아프다는 것을 가족에게 비밀로 삼습니다. 딸 장미는 자기가 임신했다는 사실을 오빠를 제외한 가족들에게 비밀로 삼습니다. 아내 미소는 자기가 시어머니를 만났다는 것을 남편 영철에게 비밀로 삼아야 합니다. 비밀이 만들어놓은 거리는 그렇게 넓어 보이지 않지만, 대신 무척 깊은 골을 안고 있습니다. 이 심연의 깊이 때문에, 비밀의 골짜기를 뛰어넘기 위해서는 많은 것을 각오해야 하고, 그래서 가족들은 가까운 거리에서 서로의 힘들어하는 모습을 바라보면서도 쉽게 다가가지 못합니다. 그렇게 가족은 서로를 밀어냅니다.

하지만 이런 가족에게서 재미있는 모습도 찾을 수 있습니다. 대표적인 것이, 아버지를 어려워하고 아버지를 피하는 자식들이 모두 아버지를 닮았다는 사실입니다. 그리고 자식들이 이 점을 모두 알고 있다는 것입니다. 장미는 자기 일을 하느라 정작 가족을 돌보지 못하는 이기적인 모습이 영철을 닮았습니다. 막내 진민이는 툭하면 아내를 찾는 모양이 영철을 닮았습니다. 아버지 영철은 힘들고 어렵게 살아왔던 지난날 때문에 독해진 모양이 자신의 어머니를 닮았습니다.

언제부터인지 각자 서로가 서로를 가깝게 여길 수 없는 시간들이 속절없이 흘러버려 지금은 어찌하지 못할 거리를 두고 있지만, 이들은 모두 조금씩 닮았습니다. 딸은 아버지를 닮은 자기 모습을 싫어하고, 막내는 아빠를 닮았다며 헤헤 웃고, 아내는 시어머니를 닮은 남편을 보며 안타까워합니다.

'다름'과 '닮음'. 만약 가족이 어렵다면, 가족 안에 다름과 닮음이 공존하기 때문입니다. 나는 아버지와 다르다며 끊임없이 아버지로부터 벗어나려 하지만, 내가 도망쳐 기껏 도착한 곳에서, 나는 아버지를 닮아 있는 내 자신을 발견하게 됩니다. 이 다름과 닮음에 대해 드라마 속의 가족은 각각 다르게 대응합니다. 장남은 아버지의 뜻을 따라 지금에 이르렀고, 딸은 언제나 아버지와 싸우며 지금에 이르렀고, 막내는 아버지로부터 도망을 쳤습니다. 그러나 이것은 이 가족의 겉모습만을 본 것입니다.

가족의 딜레마, 다름과 닮음의 어려움을 가장 잘 이해한 사람이 장남 진영일 것입니다. 진영은 한때 비행사의 꿈을 키우고 있었지만, 아버지의 반대로 결국 의사가 되었습니다. 그러나 왜인지 진영이는 아버지를 별로 원망하고 있는 것 같지 않습니다. 나이가 먹어서도 의욕이 왕성한 아버지 때문에 언제나 존재감이 부실하고 무기력해 보이는 장남이지만, 진영은 가족에 공감합니다. 스스로 기러기 아빠인 진영은 자신의 아버지를 부정하지도 않고 동생들을 탓하지도 않습니다.

가장이 된다는 것의 어려움과 아버지의 아들이라는 어려움, 이 두 가지의 어려움을 견디는 삶을 살아내며 진영이 찾아낸 것은, 자신의 행복과 불행의 근원이 아버지가 아니라는 깨달음입니다. 비행사의 꿈을 접고 의대에 들어가고 결혼하고 기러기 아빠가 되고 가끔 모형 비행기를 조종하며 미소를 지을 때까지, 진영에겐 많은 선택의 순간이 있었을 것입니다. 어떤 순간에는 아버지의 판단이 중요한 선택의 준거를 제시했고, 어떤 순간에는 아내의 한 마디가 결정적인 조언이 되기도 했습니다. 어머니의 당부와 동생들의 투정, 이 모든 것들을 골고루 섞어 선택을 한 것은 진영, 바로 자신입니다.

아버지에게 대드는 동생을 꾸짖는 것도, 치료에 대해 불신을 표시하는 아버지를 설득하는 것도, 어머니가 걱정할까봐 아버지가 쓰러진 것을 감추는 것도 진영입니다. 무엇보다 아버지 영철이 약물 치료를 중단하는 것을 허락해주는 이가 장남 진영입니다. 진영은 아버지를 이해하는 것, 아버지에게서 벗어나는 것, 그리고 아버지를 떠나보내는 것 모두를 견디며 살아갑니다.

아버지와 가장 날카롭게 대립하는 딸 장미는, 오지를 찾아다니며 글을 씁니다. 장미는 늘 새로운 장소에서 새로운 사람들을 만납니다. 장미가 세상 끝이라 불릴 법한 오지, 아버지가 절대 찾아올 수 없을 것만 같은 오지를 찾아다닐수록, 그러나 그녀는 좀 더 이기적으로 자신의 욕망을 돌보는 아버지를 닮아갑니다. 그러던 어느 순간 장미가 깨달은 것은, 자신이 아버지를 불편하게 느끼고 있던 감정의 이면에 있는 것이 '대립'이라기보다는 '엇갈림'이라는 것입니다. 글을 잘 썼고 글을 잘 쓰고 싶어 했던 자신을 호명해주지 않았던 아버지, 자신의 몸에 중대한 위기가 닥쳐왔을 때 오히려 더욱 중태에 빠진 아버지. 중요한 순간마다 찾아온 엇갈림은 자신의 삶에 아버지가 존재하지 않았던 것 같은, 혹은 아버지의 말만 존재했던 것 같은 느낌들의 흔적을 남깁니다. 아버지 역시 장미가 흐릿합니다. 장미의 삶과 생각이 쉽사리 만져지지 않습니다.

집을 나와 살고 있는 장미에게 아버지는, 아버지가 아니라 아버지의 말입니다. 아버지가 어머니에게 하는 말, 정확히는 어머니를 통해 듣게 되는 아버지의 말, 아버지가 말하는 방식, 아버지의 자취 같은 것들입니다. 아버지의 말은 아버지를 표현할 뿐, 아버지를 대신할 수는 없습니다. 이것은 장미가 아버지에게 비추어지는 모습과 닮았습니다.

그럼에도 불구하고 장미가 무척 애정이 가는 캐릭터로 그려진 것은 아버지와 장미의 화해 장면 때문입니다. 영철이 왜 자기를 싫어하느냐고 물을 때, 장미는 제 인생 저의 것이고 아버지가 저를 인정하지 않고 우리는 각자 타인이고 …… 이런 구구절절한 이야기를 하지 않습니다. 중학교 때, 아버지의 친구들 앞에서 오빠와 동생만 자랑하고 자신을 쏙 빼놓았던 섭섭함, 자신이 글을 무척 잘 썼는데 그것을 말해주지 않았던 섭섭함이 지금껏 가슴에 남아 있었다고 말합니다.

정말 그런 것 같습니다. 우리가 타인을 특히 가족을 싫어할 때, 나는 나이고 타인은 타인인데 그것을 인정하지 않아서 싫어하게 되는, 그런 거창한 것은 없는 것 같습니다. 오히려 나에게 섭섭했던 일, 나를 아프게 했던 일이 계속 남아, 나중에는 그 일이 잊힌 후에도 뒤틀린 사람 관계가 남아 있는 경우가 많습니다. 이것은 삶이 보내주는 농담 같은 선물입니다. 서로의 말이 남긴 흔적을 천천히 따라가던 아버지와 딸은, 이렇게 무척 사소했고 중요하지 않았던 것 같은 사건에서 서로를 만납니다. 오랜 시간 둘의 관계를 비틀었던 엇갈림이 사라지고, 둘은 조금씩 서로의 말과 글을 그리고 서로를 받아들입니다.

그리고 어머니는, 아버지가 외롭지 않도록 언제나 그의 주위에 있습니다. 이것은 무척이나 일반적인 어머니의 모습이며, 또한 이 사회가 강요하고 있는 어머니의 전형이기도 합니다. 참고 인내하고 사과하고 다가갑니다. 때로는 엄마처럼, 때로는 누나처럼, 때로는 여동생처럼, 때로는 식모처럼, 아내는 남편과 자식들에 맞추어 모습을 바꾸어야 합니다. 이것이 이 사회가 어머니이자 아내인 사람에게 요구하는 모습입니다. 드라마는 이와 같은 사회의 요구가 지닌 기형성을 잘 드러내고 있습니다.

그런데 <기적>에는 또 한 명의 어머니가 등장합니다. 영철의 어머니는 나이 열두 살인 영철을 놔두고 재가를 했습니다. 재가를 네 번을 하면서 영철을 버려두었고, 영철은 그런 어머니를 용서할 수 없습니다. 이제 어머니에게 여자다운 매력이나 고상함은 찾아볼 수 없습니다. 평생을 억척스럽게 살아왔던 어머니는 딸의 결혼식 날에도 한복을 입고 시장에 야채를 팔러 나옵니다. 그리고 딸의 결혼식에 입었던 한복을 입고 자리싸움을 하며 악다구니를 합니다.

영철의 아내는 영철에게 헌신적이며 영철의 어머니는 영철에게 어머니가 아니었으면 하는 존재입니다. 영철은 이 두 명의 어머니 사이에 놓여 있습니다. 영철이 어머니를 향해 나아가는 것은, 아내 미소를 통해서입니다. 영철이 미소에게 프러포즈하며 바랐던 것은 아이들을 낳으면 영철과는 다르게 밝게 자라게 하는 것이었습니다. 영철은 미소를 통해 오래된 과거와 화해합니다. 영철이 화해하는 것은 어머니이면서 동시에 불우했던 영철의 어린 시절이기도 합니다. 영철은 아내 미소의 힘을 빌려 조각난 자신의 과거를 꿰맵니다.

드라마 <기적>을 보며 생각해봤습니다. 가족이라는 것이 언제나 행복한 순간만을 가졌던 것은 아니었다고 기억합니다. 가족 안에는 많은 아픔과 울음이 있어왔습니다. 남이 아니라 가족이기 때문에 느껴야 하는 아픔도 적지 않았습니다. 그러나 내 삶의 모든 아픔들이 가족으로부터 나왔다고 믿는 것은 전적으로 스스로를 속이는 일입니다. 때로 삶은 도려낼 수 없는 상처를 남기기 마련이고, 우리는 그것을 체념하거나 원망하기 위해 가장 가까운 사람을 이용하기도 합니다. 그리고 아주 자주 가족이 이용의 대상이 됩니다. 아버지는 아버지의 콤플렉스에 대한 답을 가족에게서 찾으려 하고, 아내는 자신의 누추한 삶의 원인을 가족에게서 찾으려 하고, 자식들은 자신이 남보다 못한 것을 가족에게서 찾으려 합니다.

우리가 입버릇처럼 말하는 '가족의 소중함'이란 우리의 체념과 원망과 무기력을 모두 토해내는 처리장으로서의 가족을 말하지는 않습니다. 또한 반대로 이 모든 것들을 깨끗이 정화해내는 사원으로서의 가족만을 의미하는 것 같지도 않습니다. 오히려 서로의 천박한 속내와 지긋지긋한 버릇들이 숨을 쉴 수 있는 공간이 가족이 아닐까 합니다. 밖에서는 근엄한 어른이지만, 가족들과 함께 있을 때는 사각 팬티에 러닝셔츠를 입고 수박을 먹는 아버지의 모습을 볼 수 있는 곳, 학교에서는 킹카라며 내숭을 떨지만 집에서는 머리도 감지 않고 눈이 풀어진 채 널브러져 있는 아들딸을 볼 수 있는 곳 말입니다. 뒷머리가 눌린 아버지가 다리를 꼬고 있는 아들을 훈계하는 곳. 그러니까 대개 반 박자 정도 늦은 타이밍에 찾아오곤 하는 중요한 깨달음들을 반 박자 정도 늦은 타이밍에 즐길 수 있는 공간 말입니다.

드라마 <기적> 속에 등장하는 영철의 가족은 영철의 암이 알려지면서 서서히 다시 가족을 만들어갑니다. 오랜 시간 멀어졌던 가족은 다시 가족이 되기를 연습합니다. 아버지는 자식들을 놓아 보내는 연습을 하고 자식들은 아버지를 사랑하는 방법을 연습합니다. 전 이것이 오늘날의 가족에 대한 정확한 충고이며 리얼리티라고 생각합니다.

지금 분명 가족은 불편합니다. 하지만 조금씩 더 나아지려고 노력해야 합니다. 사람을 사랑하는 데에도 연습과 노력이 필요한 것처럼, 가족이 되는 데에도 연습과 노력이 필요합니다. 그리고 이런 노력 자체가 이미 가족일 것이라는 생각을 해봅니다.

타인의 고통 앞에 서다

SBS <긴급출동 SOS24>의 미덕과 한계

김희영

들어가며

방송이 사회적 소수자[1]를 프로그램의 대상으로 다룬 것은 어제 오늘의 일이 아니다. 시사성이나 고발성을 가진 다큐멘터리방송에서 소수자 문제는 가장 흔한 주제이기도 한데, 그 방식과 시선은 방송을 제작하는 주체의 의식과 목적, 정치적 올바름의 지향 정도에 따라 다양하게 나타난다. 때론 소수자를 끊임없이 '피해자'로 둔갑시키기도 하고, 소수자와 관련한 사회 문제를 제도와 정책과 맞물려 이슈화시키기도 하며 심한 경우에 대상의

---

1) 소수자란 물리적인 소수를 말하는 것은 아니다. 사회적으로 주류가 아닌 사람들, 장애인, 아동, 여성, 노인, 노숙인 등 선천적이든, 환경적이든 세상의 차별과 폭력에 서 있는 '비주류'의 사람들을 의미하는 개념이다. SOS에 등장하는 대다수의 사람들은 소수자로 분류하기 애매할 만큼 '최약자'이지만 개념의 전달과 '사회 구조적' 소수자성의 성격을 강조하기 위해서 소수자로 통틀어 쓰겠다.

자극적이고 선정적인 장면만을 소비하기도 한다.

최근, 방송은 소수자의 고통에 얼마큼 다가섰는가. 작년, 소수자를 다룬 프로그램 중 가장 화제가 된 프로그램이 있었다. 바로 2005년 11월에 시작된 SBS의 <긴급출동 SOS24>(이하 'SOS')이다.

SOS는 시청률과 시청자들의 반응 면에서 크게 이슈화된 프로그램으로 최근에는 KBS <상상플러스>와 동시간대 시청률 1, 2위를 다투고 있고 한국방송비평회의 '좋은 방송 프로그램상'과 백상예술대상 'TV작품상'도 받았다. SOS 방영 다음날은 프로그램에 등장한 피해자가 유명 포털사이트 검색어 상위권에 등장해 있고 기사나 리뷰가 넘쳐난다. 하지만 SOS의 이러한 많은 관심에도 불구하고 SOS가 바라보는 소수자에 대한 시각과 그들의 고통을 마주하는 자세는 아직 부족함이 많다.

나는 이 글을 통해 SOS에 대한 신랄한 비판과 한계를 중심으로 내가 아닌 타인의 고통과 마주하는 과정이 얼마나 조심스러워야 하는지를 역설하고 싶다. 그것이 많은 사람이 보는 방송이고 아무런 힘이 없는 사람들을 대상으로 한다는 점에 더욱 그렇다. SOS가 소수자와 맺는 일련의 관습적인 법칙을 완전히 탈피할 수 있을 거란 확신은 하지 않는다. 하지만 SOS가 변화해가는 '과정'에 기대하고 싶은 것은 결국 시선과 방식에 대한 끊임없는 반성의 연속선상하에 인권과 관련된 고민의 시작점이 있기 때문이다. SOS의 미덕과 한계 분석을 통해 방송이 소수자를 보는 시선과 인권에 대한 발전된 시각으로의 접근에 대해서 이야기해보고자 한다.

1. SOS의 미덕, 사회적 약자를 말하다

SOS는 지금까지 한국 방송에서 다룬 소수자의 문제와는 다른 접근을 시도한다. 빈곤으로 최소한의 주거생활조차 하지 못하는 사람들에게 화려한 인테리어의 주거를 제공하는 MBC <러브하우스>나, 안타까운 사례를 소개하여 시청자들의 ARS 모금을 통해 사회복지기관과 연계하여 도움을 주는 KBS <사랑의 리퀘스트>의 경우는 소수자에게 물리적이고 직접적인 원조를 통해서 문제를 해결했다.

이에 반해 SOS는 직접적으로 돈이나 주거시설을 제공하는 것뿐만 아니라 '솔루션 위원회'를 통해 이후 발생할 수 있는 다각적인 차원의 문제를 진단하고 논의하는 과정을 거친다. 사후에 발생할 수 있는 문제를 예방하기 위해 의료적인 치료를 포함하여 심리치료, 사회복지기관/시설 연계 등을 동원하여 한 사람이 처한 문제가 얼마나 복합적인지를 드러낸다.

또한 SOS가 소수자에게 도움을 주는 다른 프로그램과의 가장 큰 차이는 이 문제의 책임을 추궁하는 대상의 범주에 있다. SOS는 빈곤과 폭력의 악순환에 대한 '사회적 책임'을 묻겠다는 취지로 피해자의 삶을 방치한 사회 구조에 대한 문제제기도 서슴지 않는다.

<정신지체 노예모자>(67회)편에서 SOS는 한 농촌에서 노예처럼 살아가는 정신지체 모자를 보여주었다. 이것은 한 정신지체 모자의 법적인 형제인 안씨가 모자를 노예처럼 부리며 배춧잎을 식사로 주고, 기초생활수급비를 가로챘던 사례다. 모자를 데려다 노예처럼 일을 시키는 이웃부터 수급권자가 기초생활수급비를 제대로 지급받는지를 확인하지 않았던 사회복지 담당 공무원, 보건소 관계자, 합천군 군수까지 이런 일이 일어나는 것을 전혀 모르는 눈치였고 카메라 앞에서 당황해하며 쩔쩔매고 있었다. 이 사례가 나간 이후 합천군청 홈페이지는 다운돼 접속이 불가능할 정도로 수많은 항의 글이 올라왔다.

이것은 프로그램에 피해자로 나오는 각각의 사례가 특별하고 개별적인

것이 아니라 사회 구조의 문제라는 것을 피력한다. 한 사람이 당할 수 있는 피해는 물리적인 폭력뿐만 아니라 그 폭력이 가능하게 된(빈곤, 교육, 주거, 성별, 제도 등) 다양한 조건을 통해서 가능하다는 것을 이해하는 데 이 프로그램이 던지는 사회적 책임에 대한 고발은 의미가 있다.

2. SOS의 한계

가해와 피해, 이분화의 함정

SOS가 끝나는 시간이 되면 어김없이 시청자 게시판에는 몇 백 건의 글들이 쏟아지는데 대부분의 글의 내용은 폭력의 가해자에 대한 비난과 처벌을 해야 한다는 내용이다. 이 프로그램을 보다 보면 폭력의 상황에 방치된 피해를 보는 것보다 가해자의 뻔뻔함이나 무지함을 보는 것이 더욱 고통스럽다. 피해의 상황을 드러내는 대부분이 가해과정을 몰래카메라나 이웃의 증언, 피해의 증언을 통해서 여과 없이 보여주기 때문이다.

SOS가 시작된 이래로 가장 이슈화되었던 것은 평생을 한 집안의 노예로 살아온 할아버지에 대한 내용인 <현대판 노예 할아버지>(24회)편이었다. 프로그램 방영 이후 시청자 게시판에는 가해자에 대한 분노와 처벌을 요구하는 몇 백 건이 넘는 글들로 가득 찼다. 이뿐만 아니라 방송이 끝난 후 네티즌들이 가해자의 실명을 올리는 경우가 있어서 방송 끝난 직후부터 새벽까지 그것을 지우는 게 제작진의 일[2]일 정도로 시청자들의 분노는 엄청났다.

---

2) "PD가 맞아 코뼈 휘어진 적도······ 제작진 신체적 접촉 못하게 한다", 오마이뉴스, 2007. 03. 02.

실제 가해의 과정을 보여주는데 피해자의 상황을 직접 관찰하는 제작진의 시선인 성우의 목소리를 따라가다 보면 가해자의 뻔뻔함과 가해자에 대한 분노를 직접적으로 드러내는 경우가 다반사다. 또한 이 프로그램을 통해서 느끼는 커다란 카타르시스는 PD가 직접 가해자와 대화를 시도하는 과정이다. 분노로 가득 찬 PD의 고압적인 말투와 이에 당황하거나 반박하는 가해자를 보는 것은 처형이 얼마 남지 않은 살인자를 보는 것처럼 통쾌하고 위태롭다.

가해자에 대한 분명한 비난을 통한 피해자에 대한 접근은 시청자들이 소수자를 보는 데 '균열'과 고민 없이 볼 수 있는 가장 편안하고 친절한 방식이며, 선과 악이 가능한 구조와 배경을 관찰하는 데서 오는 딜레마와 갈등이 없다.

<노예 며느리>(30회)와 <야생소년>(54회)편의 경우 노예며느리를 학대했던 시어머니는 빈곤에, 야생소년을 폐가에 살게 했던 아버지는 정신분열증과 가족해체, 빈곤에 노출되어 있었다. 이는 더 넓게 장애에 대한 사회적 무지, 장애인에 대한 비인간화에 기인하는 것으로 전 사회적인 인권에 대한 감수성 부재가 실제 가해의 원천이고 폭력의 실체다.

단순히 폭력의 상황을 보여주고 가해자만을 비난하는 것이 소수자와의 관계맺음의 시작은 아닐 것이다. 무엇이 가해와 피해를 만들었는지에 대한 사회적 배경과 필연적인 경로에 더 '중점'을 두지 않는다면 폭력과 가해의 가능성은 사회 전체, 그리고 시청자 스스로에 대한 시선의 확장으로 가져오기 어렵다.

피해 고발과 인권 침해의 줄다리기, 몰래카메라

SOS에 대해 계속해서 문제제기되는 것은 몰래카메라를 통한 선정적이고 자극적인 보도 방식에 의한 인권침해에 대한 부분이다. 가정 안에서만 은밀히 일어나는 폭력의 실태를 사회적으로 고발하기 위해서 어쩔 수 없는 증거 포착 방법이라고 하지만 그 '정도'는 위태롭다. SOS는 대부분 가정 폭력의 경우 외부에서 촬영할 수 없기 때문에 집안에 몰래카메라를 설치하여 피해 상황을 보여주거나 〔<기막힌 동거>(49회), <극단적 가정폭력의 끝>(27회)〕, 집안이 보이는 맞은편 건물에서 몰래카메라를 찍는 〔<과자만 먹는 아이>(60회)〕 경우도 있었다.

<기막힌 동거>편의 경우 어느 날 갑자기 한 남자가 부모가 경계선급 장애를 가진 집에 침입해 부모와 아이들에게 가장 행세를 하는 사례로 열 살이 채 안 된 동생과 열두 살 된 언니는 이 남자의 폭행과 성추행에 시달리고 있었다. 이 사례에서 남자가 폭력을 휘두르거나 직접 아이들의 옷을 벗기고, 원하지 않는 접촉을 하는 모습이 모두 몰래카메라에 포착되었다. 비록 모자이크나 음성변조를 한다고 할지라도 피해자 가족 모두가 피해 과정을 방 내부에서 찍혔기 때문에 주변에 사는 사람들은 피해자가 누군지, 대상지역이 어딘지 알 수 있다. 또한 가해자의 경우에도 가해의 폭력성이 몰래카메라의 정당성을 준다는 판단은 인권 침해의 차원에서 위험하다.

사건의 증거와 피해의 사실을 알리기 위해서 몰래카메라는 매우 유용한 증거획득 수단일 수 있지만 가해자든 피해자든 당사자들에게 알리지 않는 몰래카메라는 인권 침해와 사생활 침해뿐만 아니라 선정성과 자극성을 더욱 가중시켜 목적이 전도된 호기심을 낳기 때문에 더욱 위험하다.

나와는 분리된 그들의 지옥

SOS에서 보여지는 소수자의 유형은 아동, 노숙인, 장애인, 여성, 노인 등이다. 이들은 한국사회에서 '인정되는 약자'로 누구나 그들의 고통을 인정하지만 피해자로 남기도 한다.

프로그램에서 보여지는 대부분의 피해자들은 사회적으로 힘이 전혀 없는 사람들이자 누구나 '불쌍하다'고 여길 수 있는 정체성의 집합이다. 여성이면서 장애인, 장애인이면서 빈민, 빈민이면서 노인으로 도미노처럼 얽혀진 정체성이다.

하지만 이 사회에서 누가 가장 고통받는가를 경쟁이라도 하듯 '우리'와는 저 멀리 떨어진 피해자들에게 가해지는 잔인한 폭력을 보며 모순적으로 시청자들은 자신도 피해자나 가해자가 될 가능성을 봉쇄시킬 여지를 마련한다. 대부분 극한의 폭력적인 상황을 보고 있노라면 한국사회에 분명히 존재하는 사각지대의 사람들의 구체적인 현실을 드러내는 반면, 폭력에 대한 현실적 무감각을 만들어내는 것이다.

공감과 나에게 일어날 수 있는 가능성이 닫힌 폭력에 대한 관찰은 자극성과 잔인함에 대한 면역성을 키우는데(심지어 더 '강한' 것을 기대하게 된다), 그 시선이 선정적이고 적나라할 경우 더욱 가중될 수밖에 없다. SOS가 프로그램의 대부분을 폭력당하는 상황을 실제로(물론 모자이크와 음성변조가 있지만) 보여주는 것은 시청자의 경우 나와는 완벽하게 차단된 고통을 '소비하는' 여지를 만들어낸다. 대부분의 공간이 농촌이라는 사실이 근대적 인간관계와 문화를 향유하는 시청자들이 상대적 우월감을 맛보는 것이라는[3] 지적은 이런 맥락에서 가능하다. 이것은 시청자들에게 타인의 고통에 대한 관찰이 감정이입과 공감, 그리고 사회에 대한 관심으로

3) "정의감 넘치는 <긴급출동 SOS> 그런데 노예는 왜 시골에만 있을까", ≪한겨레≫, 2006년 7월 19일자.

이어지게 하지 않고 상대적 행복감에 대한 협소한 합리화를 만들어내는 뜻하지 않은 결론으로 다가서게 한다.

언론이 가진 무소불위의 힘

방송 내내 보았던 폭력의 늪에 있는 피해자들을 보며 느끼는 답답함과 동정심이 극에 달했을 때 SOS팀의 치밀한 해결과정은 정의감으로 다가오며 그간 느꼈던 답답함을 해소시켜준다. 특히 물리적인 지원을 통한 해결 뿐만 아니라 피해자들을 방치하거나 가해했던 다양한 사람들을 만나는 것은 언론이 가진 무소불위의 권력을 확인시켜준다. 카메라가 들이닥쳤을 때 관련 동사무소 공무원들의 당혹스런 표정이나 두려워하는 눈빛, 가해에 동조했던 이웃들의 떨리는 목소리, 뻔뻔하게 폭력 사실을 감추었던 가해자의 토로 등은 해소감과 더불어 카메라의 힘을 다시금 확인하는 순간이다.

이 순간에 시청자들은 가장 큰 카타르시스를 느끼는데 그것은 가해에 대한 심판과 더불어 언론의 권력에 대한 동조로서 가능하다. 카메라 몇 컷이면 관련 지역사회 동사무소 공무원 몇 명이 잘리는 건 일도 아니며, 네티즌들은 가해자의 실명까지 찾아낸다. SOS의 해결을 통해 그 척박한 삶을 살았던 피해자의 배경이 순식간에 변화하는 데 방송 시간 20분이 채 안 된다. 그 시간 안에 피해자들이 받았던 모든 폭력은 벗어나는 것처럼 보인다. 평생을 폭력의 그늘 아래 살았던 피해자의 삶을 간접적으로 보았던 시청자들의 고통은 SOS팀의 해결을 보며 드라마틱한 결말로 안도하게 하고, 다시금 언론의 권력을 확인하게 된다.

그 모든 피해와 폭력의 순간에서 벗어나는 짧은 시간은 언론이 가진 강력한 힘을 보여주는 것과 맥을 같이한다. 카메라의 시선을 따라가다 보면 가해자들의 변명에 통쾌해하며 권력에 대항하는 또 다른 권력적 시선이 시청자들의 시선과 맞물려 정당화된다. 의도하지 않았다 할지라도 SOS가 보여주는 해결 과정은 방송이 가진 권력을 다시금 증명해 보여주는 순간이다.

나가며

인권, '해결'이 아닌 '과정'으로

SOS의 문제 해결과정을 보며 피해자들 개개인이 받은 고통을 줄여준다는 것에는 의미가 있지만, 방송이 가지는 힘을 통해 오히려 '쉬워 보이는' 해결은 모순적으로 빈곤과 폭력에 대한 해결 자체가 간단해 보인다.

SOS에 하루에 올라오는 사례가 많게는 500건이 넘는다고 한다. 프로그램에 등장하는 피해자들은 오히려 '선택받은' 사람들이기도 하다. 지금 이 순간에도 일생을 빈곤과 폭력에 허우적거리는 삶이 대다수인데 저렇게도 간단해 보이는 해결이 오히려 씁쓸하다. 폭력이 사회 전반적인 구조와 시스템의 문제라는 것은 결국 그 상황에 빠진 사람들이 엄청나게 많다는 것을 의미하며 시청자들의 피해자에 대한 뜨거운 관심은 그동안 보고 싶지 않았거나 '보이지 않았기' 때문에 새롭고 충격적이다. 하지만 폭력과 피해가 보이기 시작하면 이 사회 대부분은 빈곤과 폭력으로 짓물러 있다.

인권과 소수자 문제에 대한 해결은 완성의 개념이 아니라 '과정'으로 인식되어야 한다. 완성과 결론으로 다가서는 인권은 살아 있는 것이 아니며 영화에서나 가능한 일이다. 심리치료 몇 회를 한다고 해서 몇 년간 폭력에 시달린 아동의 자아가 제대로 갖춰질 리 만무하고, 알코올중독으로 몇 십 년을 살아온 사람에게 정신병원 입소는 반복되는 치료의 한 '과정'일 뿐이다.

　SOS가 끝날 즈음 모든 해결을 통해 피해자의 삶이 한 큐에 변화할 것이라는 성우의 확신 속에 시청자들은 '정의'를 찾았겠지만, 어제 본 SOS의 피해자의 삶과 오늘 지하철을 지나며 보았던 노숙인과의 연관성을 찾는 것은 쉽지 않다. SOS가 선과 악, 문제와 해결, 정의와 비정의라는 이분화에 의해 드라마틱한 소수자의 '변화'에만 집중한다면 시청률은 보장되겠지만, 이 프로그램의 취지와 사회 변화를 위한 시청자들의 시선 확장은 기대하기 어려울 것이다.

　앞으로 SOS가 해결 과정의 전문성 있는 보도를 중심으로 인권은 해결되는 것, 극복 가능한 무엇으로 보여주기보다는 구조가 변화되지 않는 한 누구든 피해자와 가해자의 그늘 안에서 벗어날 수 없다는 것을 사람들에게 더 '질문'할 수 있는 방송이 되길 기대해본다.

'가족'이라는 마왕

이정흠

1. 드라마와 가족

'가족'은 한국 드라마의 일반적인 소재이자 한국 드라마를 특징짓는 주요한 요소이기도 하다. 가족이 이야기의 중심이 되든, 등장인물들에 대한 보이지 않는 영향으로 존재하든, 가족에 대한 이야기가 등장하지 않는 한국 드라마는 드물다.

<대장금>의 장금이는 아버지에 대한 죄책감과 어머니에 대한 애정을 가슴에 안고 평생을 살아가며, <여우야 뭐하니>의 병희와 철수는 가족에 의해 사랑을 방해받는다. 시대를 초월하고 장르를 초월해 등장하는 한국 드라마 속 가족은 때로는 혈연중심의 편협한 대가족주의 전파(<소문난 칠공주>)에 머물기도 하지만, 애증을 동반한 현실 속의 가족을 사실적으로 그려내기도 한다(<꽃보다 아름다워>). 그래서 한국의 드라마들은 가족이라는 사회적 이데올로기를 강화하는 매개가 되기도 하지만(<하늘만큼

땅만큼>), 종종 훌륭한 드라마들을 통해 가족이라는 사회적 이데올로기에 도전하며 성찰하기도 한다(<아일랜드>). 이렇듯, '가족'을 다루는 (그것이 주요한 주제이든 보조적 주제이든) 한국의 드라마들은 내용이나 완성도면에서 일관된 모습을 보이지 않는다. 그럼에도 불구하고, 끊임없이 가족이 드라마의 주제와 소재가 되는 것은 한국 사회에서 가족이라는 화두를 쉽게 떨쳐내기 힘들기 때문이다. 드라마는 현실 사회와 사회 구성원의 욕망을 반영하기 마련이다.

가족에 대한 드라마적 접근은 최근 일어나고 있는 드라마 장르의 다변화 속에서도 여전히 주요한 이슈이다. <특수수사일지 : 1호관 살인사건>, <환상의 커플>, <하얀 거탑>, <히트>, <마왕> 등 과거에 보기 힘들었던 소재 혹은 연출방식을 적극적으로 활용하는 드라마들의 등장은 한국의 텔레비전 드라마들을 장르 다변화 속으로 이끌어가고 있다. 얼핏 가족이라는 일상의 화두와 관계가 없어 보이는 이러한 장르 드라마들에서도 가족은 여전히 쉽게 버릴 수 없는 주요한 주제 혹은 소재 중의 하나이다.

수사물이나 미스터리를 표방하는 전문 스릴러 장르 드라마들에서 가족은 분명 주요한 주제가 아니다. 이들 드라마들은 주인공과 범인 사이의 심리적 긴장관계나 두뇌싸움을 치밀한 설정 아래 유기적으로 맞물려 돌아가는 모습을 보여주어야 하고, 이것은 스릴러의 핵심과도 같다. 이러한 과정에서 '일상'은 이야기의 전개에 대한 집중력을 저하시키는 방해요소로 작용할 수 있다. 그렇기에 종종 스릴러 드라마들은 일상을 놓쳐버리거나 그것을 극의 전체 분위기와 독립된 이질적인 에피소드로 '삽입'하는 정도에 그치기도 한다.

차수경과 김재윤의 일상적인 에피소드들이 등장하며 드라마의 분위기가 시트콤으로 변화했던 <히트>의 중반부를 대표적인 예로 들 수 있다.

이러한 일상의 배제는 가족을 주요한 소재에서 밀어낸다. 하지만, 이러한 가족의 '주변화'에도 불구하고 가족은 종종 한국 장르 드라마들의 중심으로 들어오기도 한다.

<특수수사일지>는 결국 여동생의 복수를 계획했던 오빠가 범인임을 드러내고 <히트>의 후반부에서 장 형사의 가족관계는 이야기의 주요한 연결고리로 작용한다. 하지만, <특수수사일지>나 <히트>에서 가족을 중심적인 이슈로 다룬다고 볼 수는 없다. 오히려, 이들 드라마의 전체적인 맥락에서 가족은 비가시적인 존재일 뿐만 아니라 드라마의 완성도를 떨어뜨리는 방해요소다.

<특수수사일지>는 북한과의 관계와 그에 따른 정치적 역학을 스릴러의 주요한 모티프로 중요하게 활용하며 범인이 이러한 맥락과 관계된 인물임을 끊임없이 암시한다. 하지만, 결국 가족에 대한 복수를 꿈꾸던 인물이 범인임이 밝혀지며 드라마의 전체적 흐름과 이질적인 느낌을 주고, 결국 극의 완성도를 저하시킨다. 이 드라마가 가족에 대한 복수라는 '간편한' 동기를 드러내는 순간, 4부작 드라마 내내 밀도 있게 보여지던 정치적 스릴러로서의 가능성은 한순간에 힘을 잃는다. <히트> 후반부 장형사 딸의 인질극은 극의 긴장을 유발하는 소재적 접근일 뿐, 가족애에 대한 접근은 장르적 클리셰 수준 이상은 아니다.

이와 비교해, 최근 한국에서 제작된 가장 독특하고 본격적이라 할 수 있는 스릴러 장르를 추구한 <마왕>에서 가족이란 소재는 극 전체의 흐름을 결정하는 주요한 매개로 사용되는 동시에 드라마의 '해석적' 완성도를 높이는 기제가 된다.

2. <마왕>과 가족 : 이야기 전개의 핵심

<마왕>은 사이코메트리, 점성술, 미학 등 한국의 드라마에서 사용된 적이 없는 독특한 소재들을 적극적으로 활용한다. 하지만, 이러한 소재의 독창성이나 극 전개의 난해함에도 불구하고 이 드라마의 전체적인 줄거리 흐름은 의외로 간단한 요약이 가능하다. 12년 전 자신의 가족을 무너뜨린 한 남자에 대한 다른 남자의 복수. 그리고 그(오승희)의 복수의 마지막은 한 남자(강오수) 가족에 대한 붕괴로 마침표를 찍으며 그 남자를 최후의 선택으로 몰아넣는다.

<마왕>은 가족 혹은 가족애라는 것이 존재하지 않는다면 애초에 이야기 자체가 성립할 수 없는 구조를 지니고 있다. 강오수(엄태웅 분)에 의해 살해당했다고 생각하는 형과 그로 인한 영향으로 죽음에 이르는 어머니에 대한 오승희(주지훈 분)의 애정이 없었다면 복수는 애초에 탄생하지 않았을 것이다.

이 복수의 시작과 쌍을 이루는 복수의 결말은 강오수 가족의 붕괴다. 친구들을 하나씩 죽여나가며 강오수를 궁지에 몰아넣던 드라마는 강오수의 아버지(정동환 분), 그리고 최후에는 형인 강희수(최덕문 분)를 나락에 빠뜨림으로써 강오수에게 최후의 선택을 강요한다. 만약, 강오수에게 가족 애가 없었다면 오승희의 복수는 어떠한 효과도 발휘하지 못했을 것이다.

그래서 이 드라마는 단순히 두 남자의 대립이 아닌 사회 하층계급 가족과 상층계급 가족의 대립이라는 해석이 가능한 좀 더 복합적이고 사회적인 텍스트로 기능한다. 비록 <마왕>이 이러한 계급적 대립을 애초 의 기획의도만큼 지속적으로 견지하지 않았으며 깊이 있게 다루지도 않았 지만, 드라마를 보고 해석하는 사람들에게 이러한 개념을 끌어낼 수 있는 많은 가능성을 남겨두고 있다.

경제적/사회적 차이라는 가시적인 측면을 떠나 <마왕>에서의 가족을 바탕으로 한 계급적 대립은 이야기의 전체적 흐름과 밀접하게 연계되어 있다. <마왕>에서의 핵심적인 흐름은 '12년 전 사건'의 거꾸로 된 적용이고, 12년 전 오승희가 당했던 고통들은 12년 후 강오수에게 고스란히 돌아간다. 이 복수의 과정에서 오승희의 의지를 대신 실행하는 이들은 모두 사회적/계급적 하층의 위치로 인해 고통받던 사람들이다. 그리고 이들이 비록 의도하지 않았으나 살인자가 되는 '우연적인' 과정 속에는 가족에 대한 위협 혹은 붕괴가 주요한 동기로 내재해 있다.

이러한 과정들은 드라마를 보는 시청자들에게 연민을 불러일으키고 도덕적 판단을 주저하게 만든다. 윤대식과 소라 엄마 중에 누구의 편을 들 것인가. 시청자들은 드라마가 방영되는 동안 이러한 종류의 윤리적 문제를 안게 되고 가족/가족애는 시청자에게 그 윤리적 딜레마를 제공하는 핵심적인 요소로 작용한다. 소라 엄마의 딸에 대한 애정이 없었다면 우리는 소라 엄마에게 연민을 보낼 수 있을까.

이러한 딜레마는 하층계급 가족에게만 적용되지 않는다. 드라마 방영 내내 가장 '악한' 캐릭터로 인식될 가능성이 다분했던 강동현 의원은 결국, 가족에 대한 애정을 표현하지 못하는 우리 시대의 '불쌍한' 가장임을 마지막에 드러내며 최후에는 연민을 불러일으킨다.

<마왕>은 이처럼 계급적 대립 속에서 판단을 유보한다. 그들은 모두 자신과 가족을 위해 어쩔 수 없는 선택을 한 사람들이고, 이 가족과 가족애라는 대전제는 사회의 계급적 차이를 불문하고 적용됨을 보여준다. 그리고 이러한 전체적인 흐름은 결국 형의 복수라는 오승하의 모든 계획의 동기를 납득 가능한 것으로 만들며, 그를 결코 미워할 수 없는 악역으로 위치

지운다.

　가족/가족애가 오승하에게 면죄부를 주는 것이다. 당신은 오승하를 마냥 살인자라고 비난할 수 있는가. 이러한 도발적 질문은 자신의 죄를 끊임없이 반성하고 괴로워하는 강오수 캐릭터를 통해 던지는 메시지인 '과거의 과오를 반성하고 있는 힘껏 살아가는 사람을 한 번의 실수로 단죄할 수 있는가'와 쌍을 이루며 드라마 전반에 걸친 구원과 화해, 용서의 메시지를 주도해나간다. <마왕>에서 가족/가족애가 단순한 소재적 접근이 아닌 드라마 전체의 주요한 흐름을 결정하는 핵심적 요소임을 짐작할 수 있다.

3. <마왕>과 가족 : 새로움, 관습, 그리고 가족주의로부터의 탈피

　가족/가족애는 <마왕>에 극 흐름의 주요한 요소를 제공하는 동시에 드라마적 새로움을 발현할 수 있는 기회를 제공한다. 많은 스릴러 장르들은 범인의 심리 분석에 공을 들인다. 마지막까지 연쇄살인범의 심리적 흐름을 쫓아가고, 결국 심리적 허점을 이용해 체포하는 <히트>는 스릴러 장르에서 등장하는 범인의 클리셰를 충실히 따른다.

　하지만, <마왕>에는 그러한 심리 분석이 부재한다. 사이코메트리라는 소재, 심판과 구원에 대한 빈번한 철학적 대사의 등장에도 불구하고 <마왕>은 결코 시청자들을 위해 오승희의 살해 동기에 대한 심리 분석을 하지 않는다. 이는 한국 사회에서 오승희의 동기는 너무나 간단하게 이해 가능하기 때문이다. 가족에 대한 복수. 강오수가 형을 살해했다고 믿고 그로 인해 자신의 가족이 붕괴했다고 믿는 오승희가 강오수에게 복수를 하는 것은 (살인이라는 극단적 방식에 대한 윤리적 판단을 잠시 배제한다면)

한국 사회에서 이해가능한 행동이다. 이러한 명확히 이해가능한 동기에 주인공의 어린 시절 트라우마 등의 심리적 분석을 부가하는 것은 구질구질한 부연설명이 될 뿐이다. <마왕>의 작가와 연출자 역시 이를 잘 파악하고 있기에 기존의 스릴러 장르에서 공을 들이는 범인의 심리적 동기는 <마왕>에서 적극적으로 다루어지지 않는다.

가족애라는 쉽게 이해가능한 동기가 범인에게 부여되는 순간 <마왕>은 범인의 어린 시절 심리적 외상 등에 대한 지겨운 반복을 따라가야만 한다는 강박관념에서 쉽게 벗어난다. 그리고 이러한 이탈은 드라마에 유연성을 부여하며 드라마에서 좀처럼 다룰 수 없는 이야기들을 적극적으로 활용할 수 있는 기회를 제공한다. <마왕>은 이 기회를 구원, 화해, 용서, 삶 등의 철학적인 것들을 주제화하는 데 적극적으로 활용해, 기존의 스릴러 장르가 치중했던 심리적 두뇌 대결을 넘어 좀 더 깊이 있는 철학적/심리적 접근의 가능성을 보여준다. 가족/가족애가 대부분의 드라마에서 소위 '낡은' 방식으로 취급되던 것과 달리 <마왕>은 가족/가족애를 드라마적 참신함을 획득하는 기재로 활용, 전유하고 있는 것이다.

<마왕>이 가족/가족애를 새로운 관점에서만 풀어낸 것은 아니다. <마왕>에서 오승하의 가족은 지나치게 '이상화'되어 있다. 작은 식탁을 둘러싼 너무나 평화롭고 화목한 가족의 모습. 이는 수많은 드라마들에서 지겹게 반복해온 '이상적' 가족의 묘사와 전혀 다르지 않다. 물론, 이러한 가족의 '절대적' 평화가 없었다면 오승하의 복수를 납득하는 것이 좀 더 어려웠을 것이기에, 극에 설득력을 부여하기 위해 그의 가족을 이상화시킨 것은 충분히 납득 가능한 극적 장치이다. 그럼에도 불구하고, 가족의 이상화는 오승하라는 캐릭터를 좀 더 입체적으로 만들어 다채로운 가능성을 부여할 수 있었던 여러 기회들을 제거한다. 드라마 중반에 잠시 언급되

며 오승하의 형에 대한 감정의 다양성을 보여줄 수 있는 일말의 가능성을 언뜻 비추었던 '형에 대한 질투와 원망'의 모티프는 끝끝내 활용되지 못한다. 오승하 가족은 최후까지 지나치게 이상적인 가족으로 다루어져 비현실적으로 느껴질 뿐이다. 만약, 오승하의 형에 대한 생각이 애정이 아닌 애증이었다면 어땠을까. 오승하의 유사쌍둥이인 강오수의 형에 대한 애정은 오승하와 비슷한 수준이다. 그에게 형은 오승하와 마찬가지로 이상화되어 있는 인물이다. 하지만, 강오수는 극의 최후에 형에 대한 애정에서 발생하는 딜레마를 스스로 극복하며(형에게 도주 기회를 주지 않음으로써) 자신의 살아가는 방식을 지키는 동시에 가족에게서 벗어난다. 이와 비교해, 오승하는 형에 대한 절대적 애정을 포기하지 않음으로써 어른으로 성장하지 못한 16살 사춘기 소년에 머무른다.

이러한 캐릭터적 한계에도 불구하고 <마왕>이 혈연중심의 '이상화된' 가족주의에 머물지 않고 결국 벗어나는 것은 이 드라마의 또 다른 미덕이다. 드라마상에서 오승하에게는 끊임없는 구원과 대안이 제시된다. 오승하는 12년 동안 다양한 형태의 비혈연 유사-가족을 얻었고 그들을 통해 구원받을 수 있는 가능성을 계속해서 부여받는다. 하지만, 결국 그 스스로 '피는 물보다 진하다'는 법칙을 충실히 따름으로써 비극의 나락으로 떨어진다.

혈연 가족만이 구원이라는 명제를 지겹게 반복적으로 들어왔던 드라마 시청자에게 이러한 메시지는 상당한 신선함을 제공한다. 우리는 오승하에게 이제 그만 형과 어머니에게서 벗어나 네 인생을 살라고 수없이 소리치며 부지불식간에 혈연 가족이라는 강압적 이데올로기에서 일시적으로나마 해방된다

최후에 오승하를 구원하는 것은 그가 그토록 사랑했던 형도 어머니도

아닌, 그의 가족을 붕괴시켰던 강오수다. 강오수가 증오와 복수심에서 해방되어 스스로 복수의 끊임없는 순환을 끊고 "삶이 지옥 같아도 있는 힘껏 살아라"고 말하며 죽음을 맞이하는 순간, 오승하는 그를 얽매던 모든 것에서 벗어나 진정한 해방의 순간을 맞이한다. 그는 그 스스로를 그리고 그 자신을 얽매었던 모든 것을 용서함으로써 12년간 묶여 있었던 16살 사춘기 소년을 벗어나 드디어 '성장'한다. '형'과 '가족'이라는 가족주의의 굴레에서 벗어나 최후에나마 평안함을 얻은 것이다.

4. '가족'이라는 '마왕'에서 벗어나기 위해

현실에서의 가족은 서로 사랑하면서도 미워하는 애증의 관계이고, 그렇기에 우리는 가족과 끊임없는 신경전을 벌인다. 가족은 할리우드 영화에서 종종 묘사되는 것처럼 절대선이 아니며 마음의 안식처로만 기능하지도 않는다. 또한, '절대적 가치'로서의 가족이라는 접근은 혈연을 벗어난 다양한 대안가족이나 이성애적 결합이 아닌 형태의 가족을 부정하는 이데올로기적 장치로 종종 이용되어 인간과 사회를 억압하기도 한다. 기존 한국의 드라마들은 이러한 가족주의 이데올로기를 비교적 충실히 따른다. 일견, 현대 한국사회 가족의 붕괴를 보여주는 것 같은 불륜 드라마들도 종종 가족의 소중함을 강조하거나 그 소중함을 붕괴한 사람에 대한 단죄로 마무리되는 것을 보라.

가족의 소중함이나 중요성을 부정할 생각은 없다. 하지만, 드라마에서 보여지는 이상화된 가족은 현실에서 항상 갈등하는 가족을 가진 대다수의 사람들에게 내가 혹은 우리 가족은 정상이 아닌가라는 의구심을 끊임없이 심어주며 소위 '정상' 가족에 대한 욕망을 만들어낸다. '정상' 가족에 대한 욕망은 이성애자 남성/여성을 만나 아들 하나 딸 하나 낳고 경제적으로 잘사는 것이 인생의 진정한 가치라는 사회의 지배적 이데올로기를 강화하는 데 일조한다. 그리고 이러한 이데올로기는 현실적으로 '정상' 가족을 만들 여건이 안 되는('정상' 가족이라는 것이 실제로 존재하는지도 의문이지만) 사회의 수많은 마이너리티들, 그리고 이성애 혈연 중심 가족을 벗어나 대안가족을 만들어 행복하게 살고 있는 사람들을 억압하는 기제로 사용된다.

드라마에 대한 숱한 비판 중에 항상 등장하는, '사회의 지배적 이데올로기를 반영하고 재생산한다'는 비판은 치명적이지만 결코 수정 불가능한 것은 아니다. 이는 가족이라는 사회 이데올로기의 영역에서도 마찬가지다. '정상' 가족에 대한 환상을 무너뜨리고 '가족'이라는 형태를 새롭게 정의하려 노력한 <아일랜드> 같은 드라마들이 존재해왔으며 소기의 성과를 달성하기도 했다. 때로는 갈등하고 때로는 화해하는 가족의 모습을 드러내며 '현실적'인 공감을 만들어냈던 <꽃보다 아름다워> 같은 드라마는 그럴 듯하고 이상화된 '정상' 가족을 강요하는 일련의 드라마들보다 훨씬 깊은 감정적 울림과 함께 다시 한 번 가족을 돌아보고 애정을 가지게 만드는 효과를 발휘하기도 했다.

<마왕> 역시 이러한 가족주의 비판의 연장선상에 있는 드라마로 해석할 여지는 충분하다. 결국, 중요한 것은 드라마를 어떻게 읽어내고 그 의미를 '사회화'시키느냐이다. <마왕>에서 등장인물들이 보여준 가족에 대한 애정을 표면적 의미로만 이해해 가족주의를 강화할 것인가. 반대로, 그 이면에 보이는 억압과 굴레의 '마왕' 같은 가족의 모습을 드러내어 가족/가족애에 대한 새로운 정의와 해석을 시도하며 기존의 가족주의에 비판을 가할 것인가. 드라마가 제공하는 끊임없는 해석의 선택 기회와

이 선택을 바탕으로 사회를 좀 더 평등하고 살 만한 곳으로 만들 수 있는 순간들을 우리는 무심히 지나치고 있지는 않은가. 수많은 의미들이 드라마 속에서 경합하는 지금, 우리들의 적극적인 해석의 정치학이 그 어느 때보다 필요할 것이다.

변화와 적응

사회부적응자에 대한 방송의 책임과 역할

이미경

1. 사회부적응 현상에 대한 방송의 관심

오늘날 우리 사회에서 많은 사람들의 입을 오르내리는 이야깃거리의 하나가 변화이며, 확실히 우리의 일상에 많은 영향을 미치고 있다. 이러한 변화는 국가나 기업은 물론 심지어 가정에까지 영향을 끼치고 있다. 역동적인 변화가 전개되는 과정에서 대부분의 사람들은 변화의 흐름을 파악하고 적응해나가지만, 그렇지 못한 사람들은 우울증이나 반사회적 성격을 형성하게 되는 등 정신질환 내지 장애를 초래하게 되기도 한다. 그래서 심리학에서는 변화에 능동적으로 대처하지 못하는 현상을 '부적응(현상)' 이라고 보고 있으며, 부적응의 구체적인 행동을 보이는 사람을 '부적응자' 라고 하여 상담대상으로 간주하고 있다.[1] 사회부적응과 관련된 문제의

---

1) 부적응 현상 내지 상태에 대한 판단기준으로는 첫째, 사회적 규범에서 지나치게 벗어난

심각성은 사회부적응자 개인은 물론 마치 브레이크가 고장난 기관차와 같이 불특정 다수에게 치명적인 인적·물적 피해를 입힐 수 있다는 점이다.[2]

이러한 급격한 환경변화에 대한 부적응의 문제와 관련하여 정부차원의 책임 있는 조치가 명확히 제시되지 않고 있다. 대중매체의 경우에도 일부 언론에서 시사고발 형식의 프로그램을 통해 간헐적으로 다루면서 관심을 촉구하기는 했지만,[3] 지속적으로 관심을 기울인 프로그램은 거의 없었다. 그런 가운데 매주 화요일 오후 6시와 11시에 방송되는 SBS의 <우리 아이가 달라졌어요>와 <긴급출동 SOS24>는 사회부적응 현상의 사례와 대안을 체계적으로 제시하고 있어 긍정적으로 평가된다. <우리 아이가 달라졌어요>는 신세대 부모들의 자녀양육 지원에 초점을 맞추고 있지만, <긴급출동 SOS24>는 아동에서 성인, 심지어 노인에 이르기까지 다양한

행동, 둘째, 심리적 고통이 지나치게 심각한 경우, 셋째, 편견을 벗어난 행동 등을 들 수 있다.

2) 실제로 이러한 예는 가장 최근에 미국에서 발생한 버지니아공대 총기난사사건과 350여 명의 사상자(192명 사망)를 낸 대구지하철 방화사건 등을 들 수 있으며, 그밖에 방화성 화재나 상당수의 폭행범죄가 사회부적응자에 의해 유발되는 것으로 나타나고 있다. 컴퓨터 게임에 빠져 심신이 피폐된 채 사회와 담을 쌓고 살아가는 은둔형 외톨이[일본에서 '히키코모리(ひきこもり)'라고 함]도 점증하는 추세에 있어 국가와 사회의 관심을 필요로 하고 있다.

3) 대표적인 경우가 MBC스페셜(2004. 8. 8, 일)과 KBS 추적 60분(2005. 4. 13, 수)의 은둔형 외톨이에 관한 내용이다. MBC스페셜에서는 무려 13년간이나 외부와 격리된 방에서 생활한 사례 등 히키코모리에 대한 일본의 현황과 원인의 진단을 통해 심각성을 지적하였고, KBS 추적 60분의 경우는 우리나라에서의 은둔형 외톨이에 대한 실상과 함께 향후 더욱 심화될 것이라는 전제하에 해결방안의 모색이 절실히 필요함을 강조하고 있다.

계층의 사람들과 관련된 사회부적응 현상의 사례를 다루고 있다. 특히 사회적응력이 부족한 개인들의 인권유린이라고 할 정도의 착취당하는 사례까지 방영하여 시청자들로부터 대단한 반향을 일으켰다.

여기에서는 SBS의 <우리 아이가 달라졌어요>와 <긴급출동 SOS24>에 대해 2004년 4월 말까지 방송된 내용을 집중적으로 살펴보고 시사점을 도출하고자 한다.4)

2. 방송에 나타난 사회부적응의 사례와 시사점

1) 사회부적응 현상의 유형과 사례

<우리 아이가 달라졌어요>

이 프로그램에서는 자녀의 정신적·신체적 발달에 부모의 역할과 영향이 대단히 중요함을 보여주고 있다. 방송의 내용으로 볼 때, 외형적으로는 아무런 문제가 없을 것 같은 가정의 경우에는 부모의 지나친 관대함이나 과보호로 자녀의 바람직한 인격형성에 장애가 초래되는 경우가 많았다.

---

4) <우리 아이가 달라졌어요>는 매주 화 6시 50분에 방영되는 육아관련 교양프로그램으로 2006년 11월 7일 첫 방영 이후 2007년 4월 24일까지 모두 23회 방영되었다. 이 프로그램의 기획 의도는 신세대 부모들에게 자녀양육 방법을 터득하게 도와줌으로써 궁극적으로 아동이 한 인격체로 거듭날 수 있도록 도와주는 것이다.
<긴급출동 SOS24>는 매주 화 11시 5분에 방영되며, 주로 가정폭력에 관한 내용을 선정하여 방송하고 있다. 2005년 11월 1일 첫 방영 이후 2007년 4월 24일까지 70회 방영되었다.

이에 따라 아동은 스트레스로 폭력적 성향을 보이기도 한다.

맞벌이로 자녀와 함께할 여유가 없는 부모들은 자녀들에 대한 미안함 때문에 자녀의 잘못된 행동을 방관하거나 엄격하게 꾸짖지 못하는 경우가 많다. 이러한 경우 자녀들은 자기 고집만을 내세우거나 통제가 어려운 상태가 되기도 한다. 극단적으로는 충동조절장애나 또는 집착형 분리불안 증세를 보이기도 하는 것으로 나타났다.

그런가 하면 할머니나 할아버지에 의해 양육되는 조손(祖孫)가정과 부모가 신체적·정신적 장애를 지니고 있는 경우에는 자녀들이 방임상태에 놓이게 되는 경우도 많아서, 결국에는 자녀들의 발달장애로 이어지는 경우가 많다는 점을 보여주었다.

이처럼 아동의 발달과정에서 부모나 가족에 의해 적절한 관심과 교육을 받지 못한 아동들의 경우는 향후 성장과정에서 정신적으로 여러 가지 장애를 갖게 되거나 주변사람들과의 관계 형성을 위한 능력을 배양하는 것이 어렵다. 그러므로 결과적으로는 사회생활에서 많은 어려움이 예상된다.

<긴급출동 SOS24>

이 프로그램은 타이틀이 시사하는 바와 같이 아동에서 성인, 심지어 노인에 이르기까지 사회부적응에 관한 다양한 사례와 해결책을 제시하고 있다. <긴급출동 SOS24>에서는 2005년 11월 1일부터 2007년 4월 24일까지 70회에 걸쳐 매회당 1, 2편의 사례를 방영하였다. 방송 내용을 중심으로 나타난 사회부적응의 유형을 보면 가정폭력, 아동 및 청소년 학대, 노인 학대, 장애인 학대, 약물중독, 기타 등 6가지로 분류할 수 있다. 물론 이러한 사회부적응 사례는 특정 유형이 독립적으로 나타나는 것이

<긴급출동 SOS24>에 나타난 사회부적응의 유형

유형	가정폭력	아동 및 청소년 학대	노인 학대	장애인 학대	약물중독	기타
내용	가족구성원에 의한 폭력	방임, 착취, 폭력	방임, 폭력	방임, 착취, 폭력	본드, 알코올	게임, 도박, 쇼핑중독, 스토킹
빈도	36	35	8	10	5	9

아니라 몇 가지 현상이 중복적으로 나타나기도 한다. 예를 들면, 본드나 알코올 중독 및 게임 중독은 가정폭력으로 이어지는 경우가 많았으며, 아동 학대나 노인 학대의 경우에도 가정폭력이 수반되는 경우가 많았다. 특징적인 현상을 중심으로 개별 사례를 표로 정리하면 위와 같다.

가정폭력의 경우는 그 양상이 매우 다양하게 나타났다. 가정폭력의 가해자는 가장인 경우가 일반적이지만, 방송 내용으로 보면 가장에 의한 폭력은 물론 아내, 자녀, 형제자매, 할머니 등 다양하게 나타났다. 성별의 경우에도 남성에 의한 폭력 못지않게 여성에 의한 폭력의 사례(15회, 22회)도 많이 보도되었다. 연령별로 볼 때도 청·장년기 성인에 의한 폭력은 물론 노년기나 청소년기의 가족 구성원에 의한 폭력사례도 적지 않았다. 심지어 초등학교 5학년생 아들이 부모를 폭행한 사례(8회)와 초등학생 손자가 할머니, 이웃, 교사 등을 폭행한 사례(69회)도 있었으며, 10대 소녀가 할머니나 엄마 등 가족을 폭행한 사례(15회, 52회)도 있었다. 청소년기의 가정폭력은 대개 자녀들에 대한 부모의 관심 부족이나 적절한 교육의 부족에서 기인하는 경우가 많았고, 청·장년기의 부모 폭행의 대부분은 과거 부모의 가정폭력에 반사작용으로 나타나는 경우(52회)가 많았다. 뿐만 아니라 학교폭력의 피해자였던 15세 아들이 54세의 어머니를 폭행한 사례(56회)는 학교폭력의 문제점을 그대로 보여준 사건이었다.

아동 및 청소년 학대의 경우는 대부분 방임이나 착취 등의 형태로 나타났다. 우선 생활고에 찌들어 미처 자녀들에 대한 관심과 애정을 쏟을 수 없거나 부모의 그릇된 자녀교육 관점 때문에 자녀들이 방임 상태에 놓이게 되거나 학대한 경우(3회, 6회, 14회, 21회, 35회, 36회, 46회, 50회)가 있었다. 또 장애를 가진 자녀를 환경이 열악한 별도의 장소에서 양육하는 안타까운 경우(54회)도 있었지만, 부모가 정신지체 장애를 겪고 있어서 자녀를 방치하거나 학대한 사례(12회, 16회, 18회, 21회, 25회, 28회, 41회, 67회, 70회)도 있었다. 특히 심한 경우는 자녀나 아동을 앵벌이(구걸)나 물품판매 등의 행위를 시켜 착취하는 사례(13회, 61회, 65회)로 많은 시청자들의 분노를 유발하기도 하였다.

노인 학대는 방임과 착취 및 가정폭력의 형태로 나타났다. 노인 학대 역시 생활고로 가족들이 관심을 가지지 못하여 방치하는 경우(8회, 11회, 34회, 38회)가 많았지만, 50년간 노예와 같은 생활에서 해방된 할아버지의 사례(24회)도 방송되어 노인 학대에 대한 관심을 증폭시켰다. 노인 학대는 과거 부모의 가정폭력을 경험하면서 성장한 자녀들에 의해 질병으로 어려움에 처해 있는 노령의 부모에 대한 보복성 가정폭력으로 나타나는 경우(50회, 52회)도 많았다. 이와 함께 할머니에 의한 할아버지 학대의 사례(66회)도 방송되어 가정폭력 문제의 심각성을 일깨워주는 계기가 되었다.

장애인 학대와 관련해서는 장애인이 방임은 물론 착취나 폭력의 대상이 되고 있음을 보여주어 우리 사회의 장애인에 대한 삐뚤어진 시각을 지적했다. 장애인 학대는 장애인 며느리에 대한 시어머니의 상습적인 폭행의 경우와 같이 가족이나 친지에 의한 경우(16회, 30회, 45회, 58회)도 있었지만, 정신지체 모자에 대한 이웃(통장)의 생계비 및 교통사고 보상금 착취사례와 같이 이웃에 의한 장애인 착취사례(29회, 32회, 33회, 39회, 60회, 67회)도 많이 보도됐다. 특히 50년째 노예와 같은 생활을 하면서 착취당한 노인의 사례(24회)는 많은 사람들의 이목을 집중시켰다. 뿐만 아니라 섬 지역으로 끌려가 10년이 넘게 착취당한 청년의 사례(29회) 역시 시청자들의 분노를 일으키기에 충분했다. 29회의 사례를 계기로 국회의원들로 구성된 진상규 명위원회가 해당 지역을 방문하여 조사를 실시한 것은 방송의 역할과 위력을 보여준 것이라고 할 수 있다.

한편, 주변의 변화에 적응하지 못하여 본드나 알코올 등 약물중독(4회, 13회, 55회, 59회), 도박 및 게임중독(27회, 44회), 쇼핑중독(51회), 스토킹(2회, 6회, 20회) 등의 사회부적응 행동으로 가족이나 이웃사람들에게 불편을 초래한 사례도 많이 보도되었다. 이와 같은 특정 물질이나 활동에 중독된 사람들에 의한 사회부적응 현상의 경우는 대부분 가정폭력으로 이어지는 경향이 있다.

2) 사회부적응 사례의 시사점

이들 프로그램의 내용분석을 통한 사회부적응자들의 특성 및 행농유형 을 몇 가지로 정리하면 다음과 같다.

첫째, 사회성이 현저히 저하되어 있다. 자기영역을 고집하여 주위와 전혀 교감이 이루어지지 않는다.

둘째, 자신의 처지에 대해 전혀 문제의식이 없다. 그러므로 외부의 도움마저도 거부한다. 특히 <긴급출동 SOS24>를 통해 방영된 사례는 거의 대부분이 이웃주민이나 친지 등 가족 이이이 사람들에 의해 제보되었 다는 사실이 이를 증명한다.

셋째, 지능수준이 낮은 사람들의 경우는 대체로 온순한 성격으로 남들에게 이용당하는 경우가 많지만, 지능이 높은 사람들의 경우는 때때로 폭력적 성향을 드러내는 경우도 많은 것으로 나타났다.

넷째, 사회부적응의 정도가 부모 등 가족에 의해 유발되어 심화되는 경우가 많다. <우리 아이가 달라졌어요>의 방송 내용에서 살펴본 바와 같이 자녀에 대한 부모의 지나친 집착이나 애정 때문에 자녀의 사회부적응이 나타난다. 또한 부모 역할을 수행하기 곤란한 정신적·경제적 어려움에 처해 있는 경우에 그 자녀들의 사회부적응 현상이 심화되기도 한다. 지나친 음주나 폭행 등 과거 부모의 언행이 자녀의 성장과정에서 사회부적응을 유발하여 심화시킴으로써 성장 후 가정폭력이 대물림되는 경우도 여러 사례에서 나타났다.

3. 사회부적응에 대한 방송의 역할

오늘날 변화의 중요성이 강조되면서 변화에서 살아남기 위한 방안에 대해서는 학계나 재계 및 언론계에서 많은 논의가 진행된 바가 있다. 그러나 여러 가지 여건이나 개인의 능력에 비추어볼 때 도저히 그러한 변화에 적응해나가기 어려운 사람들도 많다. 강자만이 살아남는 환경에서 이처럼 어려운 처지의 사람들을 도외시하는 것은 결코 바람직하다고 할 수 없다. 어쩌면 이제 자기의 능력과는 상관없이 그와 같이 어려운 처지에 놓인 사람들에 대한 배려가 필요한 때라고 판단된다.

이와 같은 의미에서 SBS의 <우리 아이가 달라졌어요>와 <긴급출동 SOS24> 프로그램의 방영은 시의적절한 선택이었으며, 방송의 역할을 톡톡히 수행했다고 할 수 있을 것이다.

첫째, 무엇보다도 SBS의 이 두 가지 선도적인 프로그램을 통해 사회부적응 현상 내지 사회부적응자에 대한 사회적 관심을 촉진시키는 계기가 되었다. 이는 최근에 KBS2에서 <빅마마>라는 프로그램을 통해 자녀양육에 관한 다양한 노하우를 주요 내용으로 방송을 시작한 것에서 증명되고 있다.

둘째, 본 방송은 물론 많은 관심을 모았던 사례에 대해 후속편을 편성하여 방송함으로써 시청자들의 알권리를 충족시켜주는 역할을 수행하고 있다(7회, 8회, 26회, 62회). 또한 홈페이지를 통해 최근 방송된 내용을 포함하여 방송 내용에 대한 추가적인 정보를 제공하고 있는 것도 긍정적으로 평가할 수 있을 것이다.

셋째, 방송에 소개된 어려운 사람들을 체계적으로 지원하기 위한 시스템을 홈페이지를 통해 갖추고 지속적으로 관리하며, 특집방송을 통해 사회부적응의 문제를 관심 있는 모든 사람들이 함께 해결할 수 있도록 참여의 계기를 제공(53회)하고 있는 점 역시 긍정적으로 평가되는 부분이다.

넷째, SBS의 두 프로그램은 일단 사회부적응에 대한 문제제기 및 여론조성의 성과를 거둔 것으로 판단된다. 자기의 의지와는 달리 외딴섬에 끌려가 10여 년간 노예와 같은 생활을 하다가 풀려난 청년의 사례(29회)와 관련한 국회진상조사위원회의 활동에서 보듯이 정치권에서도 사회부적응자에 대해 적극적인 관심을 가지도록 하는 데 성공했다고 볼 수 있다.

다섯째, 향후에는 정부 및 지역사회로 하여금 사회부적응 현상에 적절히 대응하기 위한 정책대안을 창출하여 수립하도록 촉구하는 역할을 전개하여야 할 것이다. 예를 들면, 자녀양육 등 가족생활과 관련한 상선 상담기관의 설치, 요구호자 및 가정 지원을 위한 관련 법령의 수정 등에 관한 적극적인 대응의 필요성 및 당위성을 적극적으로 개진하여야 할 것이다.

4. 맺는 말

사람들이 가정을 이루어 부모가 되면 당연히 자녀양육방법을 알고 있을 것 같지만, 방송의 내용을 보면 실제로는 그렇지 못한 경우가 많다. 자녀양육을 가족이나 기관에게 위탁함으로써 자녀들이 여러 가지 문제에 노출되기도 한다. 대부분의 부모들은 자녀들을 좋은 대학에 보내어 출세시키기 위해 몸을 사리지 않고 있다. 그러면서도 정작 자녀들이 이웃을 위해, 사회를 위해, 국가를 위해 어떻게 헌신하여야 할지에 대해서는 별로 고민하지 않는 것 같다.

과거 자녀들의 훈육을 위해 애쓴 유대인 어머니들이나 신사임당이 추앙받았던 것은 자녀들이 국가와 사회에 공헌할 수 있도록 훌륭하게 키우려는 부모의 역할 및 자세를 높이 평가했기 때문일 것이다. 자녀들이 어렸을 때부터 사회 환경에 잘 적응하여 폭넓고 바람직한 관계를 형성하도록 돕는 것은 누구보다도 1차적으로 부모의 책임이다. 좋은 대학에 가도록 양육하는 것보다 어느 누구와도 잘 어울리며, 주위 사람들을 도와줄 수 있는 아량과 배려의 마음씨를 가르치는 것이 무엇보다도 중요한 것일지도 모른다. 물론 국가와 사회의 역할도 중요하지만, 가장 중요한 것은 부모로서의 책임을 다하는 것이라 생각된다.

MBC 드라마 〈주몽〉,
과연 컴퓨터가 만들어낸 드라마인가?

문상철

소설을 쓰는 컴퓨터가 개발됐다. 주제와 인물, 상황에 대한 간략한 설명만 입력하면 한편의 그럴 듯한 소설을 만들어낸다고 하니 놀라운 일이다. 인간의 고유영역이라고 자부했던 예술창작의 능력까지 컴퓨터가 넘보고 있는 것이다. 그러나 분명 컴퓨터가 만들어내는 창작물에는 한계가 있다. 재미있는 이야기를 만들어낼지언정 프로그래머의 설계를 뛰어넘는 기대 이상의 것은 만들어내지 못하기 때문이다.

드라마 <주몽>을 보면 우리도 모르는 사이 드라마를 만드는 컴퓨터까지 개발된 것이 아닌가 하는 의문을 갖게 된다. 시청자를 끌어들이는 재미가 잘 짜여진 설계의 결과물이라는 생각을 떨쳐버리기 어렵다.

그렇다면 분명 사람들일, 드라마 <주몽>의 제작자를 컴퓨터로 의심하게끔 하는 가장 큰 이유는 무엇일까? 이 글은 그 이유에 대한 분석인 동시에 프로그램의 설계도를 밝히는 데 주목적을 두고자 힌다.

신화적 구조의 늪에서 헤엄치기

가장 큰 이유로 꼽을 수 있는 것은 드라마 <주몽>이 그대로 차용하고 있는 '주몽신화'의 신화적 구조이다. 프랑스의 구조주의학자 레비스트로스의 설명에 따르면 신화의 기본 구조는 이항대립(Binary Opposition)이다. 예를 들어 '선'과 '악'의 대립, '자연'과 '문명'의 대립, '우리'와 '너희'의 대립, '감성적인' 것과 '냉혈적인' 것의 대립을 뜻한다. 이는 드라마 주몽의 이야기를 이끌어가는 근간이다. 선으로 대변되는 주몽 세력과 악으로 대변되는 대소 세력 간의 대립을 이야기의 기본 틀로 삼고 있기 때문이다.

'주몽신화'라는 단어에서 드러나는 것처럼 신화 구조를 바탕으로 만들어진 드라마 <주몽>의 태생적 한계를 전제하더라도 이 점은 드라마 <주몽>의 큰 문제점이 된다. 그 이유는 드라마 <주몽>이 이항대립 구조를 선택해서가 아니라 이항대립 구조를 바탕으로 이야기를 풀어가는 과정에서 발생한다. 즉, 60부작이라는 대작의 기본 틀을 양 축의 대립으로 삼아 긴장감 있게 유지해야 한다는 욕심에서 양 축의 평화적인 접점을 의도적으로 최소화하고, 개연성 없는 대립만을 부각시키고 있는 것이다. 이와 같은 설정은 사전에 프로그래머에 의해 짜여진 설계를 약간의 유연성도 발휘하지 못하고, 그대로 따라야 하는 기계적 특성과 닮았다.

예를 들어 드라마 <주몽>에서 드러나는 주몽은 고구려 건국을 눈앞에 둔 예비 왕으로서 정치적 비전이 전혀 없다. 대소와의 권력싸움에서도 오로지 자신과 어머니를 지키기 위해 나선다. 반면, 대소는 강대국으로 묘사되는 한나라와의 화친을 통해 부여의 국가적 안녕을 꾀한다. 또한 철검 제조기술을 얻기 위해 권력으로 차지할 수 있었던 소서노 대신 한나라 왕의 딸과 정략결혼을 하는 등 주몽과 대조되는 행보를 보인다(위에 열거한 사건들이 실제 역사상 일어났던 일이라면 비평의 대상이 될 수 없겠지만, 위의 사건들은 모두 실제 역사에 기반하지 않은 드라마 <주몽>에서 창조된 것들이다).

이와 같은 내용들은 주몽이 대소보다 인간적인 면은 강해도 왕으로서의 능력이 부족함을 여실히 드러내준다. 주몽이 드라마의 주인공임을 감안할 때 대소의 능력 있는 면이 부각되는 것이 의아스러울 수도 있다. 그러나 이러한 내용은 주몽의 제작진이 레비스트로스가 제기한 신화의 짝패 구조를 그대로 따르려 한 의도적인 설정에서 비롯된 뜻하지 않은 결과물인 것이다. 즉, '선'과 '악'의 대결을 '감성적인 : 냉혈적인', '인정 있는 : 인정 없는' 구도로 설정하는 신화의 짝패 구조처럼 주몽과 대소의 대결을 그리다 보니 대소의 이성적이고 차갑게 느껴지는 행동들이 대소를 능력 있는 예비 왕으로 비춰지게 한 것이다.

결과적으로 대소의 능력 있는 면모들이 비춰진 데 대해 의도한 결과이건, 의도하지 않은 결과이건 간에 제작진은 표면적으로 드러난 결과들을 수긍하고, 그 결과에 의한 개연성 있는 극의 흐름을 끌고 갔어야 했다. 적어도 왜 능력이 부족한 주몽이 극의 주인공으로서 시청자들에게 박수를 받아야 하는지 정도는 일리 있는 설명을 해줘야 하는 것이다. 그럼에도 주몽의 제작진은 사람들이 흥미 있어 하는 신화의 공식만을 충실히 따를 뿐 이에 대한 일말의 설명도 해주지 않는다. 주몽이 인간적이고 인정 있는 사람이기에, 그를 응원하고 따라야 함을 강요할 뿐이다.

제작진의 신화 공식에 따른 강요는 드라마 <주몽>의 전반적인 극의 흐름에서 고구려 개국 왕으로서 주몽의 정치적 능력은 배제한 채 그의 화려한 무술만을 강조해 보여주는 데서도 쉽게 드러난다. 나라를 이끌 정치 철학보다는 화려한 무술로 적을 제압히는 모습만이 반복되어 방영될 뿐이다. 최소한의 논리적 타당성 없이 억지로 주몽의 편을 들어주려는 이와 같은 극 흐름은 이분법 구도를 어떻게든 끝까지 유도하려는 제작자의 욕심으로밖에 보이지 않는다. 만약 한껏 치달았던 대립이 쉽게 끝나게 되면 시청자는 갈등이 해소됨과 동시에 이야기가 끝났음을 인지하고, 새로운 갈등을 찾아 채널을 돌리기 때문이다(이와 같은 시청자의 시청 행태는 그 동안 "이야기=갈등"이라는 공식을 오랜 시간 학습시켜온 방송 제작자들의 잘못에서 비롯된 것이지만 이를 관행처럼 스스로 습관화한 시청자의 잘못도 일부 무시할 수 없다).

드라마 <주몽>이 신화를 바탕으로 한 드라마라는 사실을 차치하더라도 제작자 스스로가 드라마의 재미를 위해 신화적 구조의 늪에 빠져 벗어나지 못하는 점은 제작자와 시청자 모두 고려해볼 문제다. 컴퓨터처럼 설계의 틀 안에서 자유롭게 벗어날 수는 없는 것인지, 컴퓨터를 통해 나온 작품을 인간이 아무런 비판적 생각 없이 즐겨야 하는 것인지 등 생각해볼 문제는 많다.

만약, 영포의 역할을 단순히 코믹적인 요소에서 그치는 것이 아니라 비중 있는 역할로 격상시켜서 주몽과 대소의 일대일 대립이 아닌 영포가 가세한 삼각구도를 만들어 긴장감 있는 상황을 조성하거나, 또는 주몽이 왕이 되어야 하는 이유에 대해 좀 더 설득적인 내용들을 첨가해준다면 매끄럽지 못한 이항대립 구조에서는 벗어날 수 있을 거라고 생각해본다.

재미있는 이야기는 모두 주몽 안으로

드라마 <주몽>의 설계도에 대해 살펴봤다면 이제는 잘 짜여진 설계도에 입력되는 값들을 알아봐야 한다. 시청률 44.9%(TNS 미디어 코리아 10월 3일 방송 조사)가 증명하는 흥미로운 아웃풋이 결코 치밀한 설계도에 의해

서만 이루어질 수 있는 것이 아니기 때문이다.

그렇다면 드라마 <주몽>의 입력 값은 무엇인가? 바로 '성공 이야기', '신데렐라 이야기', '핏줄에 얽힌 이야기' 등이다. 이와 같은 입력 값과 더불어 일각에서는 '비극적 영웅인 아버지와 그의 못다 이룬 꿈', '미모의 남장 여인', '기인을 만나 무술을 전수받는 설정' 등 인기 무협지의 요소들이 충실하게 포함되어 있다고 말하기도 한다. 즉, 드라마 <주몽>의 입력 값들 대부분이 대중의 인기를 받을 만한 소재들을 모두 포함하고 있다는 것을 의미하는 것이다.

이와 같은 입력 값들에 대해 드라마 <주몽>의 작가는 시청자들이 아무리 비판하고 부정한다 해도, 드라마에서 사람들이 좋아하는 모티브는 쉽게 변하지 않고, 자신은 이러한 법칙을 따라 시청자들을 매료시킬 뿐이라고 말한다.

시청자가 흥미있어 할 만한 뻔한 소재들의 입력, 그리고 쉽게 선택할 수 있고, 너무나 보편화된 소재들을 사용하는 작가의 일상화된 행위 양식은 포퓰리즘에 소구하는 드라마 <주몽>의 한 단면을 여실히 드러내주는 대목이다. 결국 뻔한 이야기를 선택해야 인기를 끈다는 작가의 이야기는 앞으로도 상당기간 40%대가 넘는 인기 드라마의 경우 이와 같은 소재들이 반복되어 사용될 것임을 암시해준다.

드라마 주몽이 이와 같이 포퓰리즘적 소재를 아무런 거리낌 없이 사용하는 데는 시청자들의 시청행태가 한 이유이겠지만, 그보다는 시청자들이 뻔한 이야기에 재미있어 하고, 열광하게 한 드라마 제작자들의 학습 효과도 컸다고 평가할 수 있다. 그렇다면 포퓰리즘적 소재를 사용한 드라마들이 지금까지도 많았고, 현재도 분분한 상황에서 굳이 드라마 <주몽>의 포퓰리즘적 소재에 관해 문제 삼는 이유는 무엇인가? 그 이유는 드라마

<주몽>이 포퓰리즘적 소재를 차용하고 풀어가는 과정에서 쉬운 선택을 한 만큼, 노력 또한 부실했음을 드라마 곳곳에서 드러내고 있기 때문이다.

예를 들어 샤머니즘적 인물인 여미을의 역할을 살펴볼 수 있다. 초인적인 신통력을 지닌 여미을은 시청자들의 원초적인 호기심을 자극하고, 어려울 때마다 선인(극중의 주몽)의 진영을 돕는 호감형 인물이다. 대중이 좋아하고, 흥미로워하는 인물인 것이다. 드라마 <주몽>은 위에서 살펴본 바와 같이 철저히 대중의 인기에 호소하는 드라마인 동시에 고대신화를 기반으로 했다는 점에서 여미을의 등장이 문제될 것은 없다. 그러나 제작진이 여미을을 이야기의 개연성이 부족해졌을 때 해결사로 사용한다는 점에 문제점을 제기하고자 한다. 이에 대해서는 주몽의 작가 최완규도 언급한 바 있는 내용이다. 신문과의 인터뷰에서 작가 최완규는 "여미을은 할 이야기가 떨어졌을 때 비빌 언덕"이라고 표현한 적이 있다(≪매거진 T≫와의 2006년 6월 15일자 인터뷰).

주몽이 실종되어 모두가 죽었다고 생각할 때 여미을과 그녀의 일행인 신녀들이 주몽을 상징하는 삼족오가 다시 보인다고 말하며 주몽이 있는 곳으로 사람들을 보낸다거나(주몽 36회 - 9월25일 방송) 어의도 포기한 금와왕을 여미을이 신통력으로 살려내는 내용(주몽 35회 - 9월 19일 방송) 등은 극의 흐름상 가장 중요한 상황의 해결이 모두 샤머니즘에 의존한 방법을 통해 이루어졌음을 의미한다. 극의 흐름에 대한 깊이 있는 고민 없이 어려운 순간마다 여미을을 등장시켜 너무도 시시하게 사건을 매듭지어버리는 것이다.

이러한 현상은 드라마의 개연성 있는 흐름에 대해 깊이 있는 고민이 전혀 이루어지지 않았고, 오로지 쉽게 가려는 편의위주식 드라마 제작 관행이 드러나는 것이다. 창작자로서의 조금의 고민도 없이 편의위주식 관행에 기대어 드라마를 만드는 행위를 보면서, 과연 이 드라마가 40%대라는 높은 시청률을 가질 만한 창작물로서의 최소한의 윤리적 가치를 내포하고 있는가를 생각해보게 된다.

창작자의 혼이라기보다는 인기 영합주의의 소재들로 그럴듯한 결과물을 만들어낸 드라마 <주몽>의 성공을 보며 윤리적 성찰로 자유로운 기계의 한 단면을 보았다면 지나친 논리적 비약일까? 씁쓸한 고민을 해보게 된다.

여미을의 신통력 사용을 최대한 줄이고, 대신 이해하기 어렵지 않은 수준에서 복선을 제시한다거나 소서노와 유화부인 등의 여성의 역할을 확대시켜 남성에 편향된 영웅이야기를 여성에게도 일부 할애해주는 등의 대안은 인기 영합주의 소재들의 강도를 낮추면서도 흥미를 유지할 수 있는 방안의 한 모습이라고 할 수 있겠다. 즉, 포퓰리즘적 소재를 사용하면서도 그 사용빈도를 최대한 줄이고, 그 공백에 사회적으로 소외된 이야기들을 집어넣어 균형을 맞추는 것이다.

인간만이 만들어낼 수 있는 드라마

컴퓨터가 만들어낸 듯한 드라마 <주몽>이 '신화적 구조'와 '포퓰리즘적 소재'를 고민 없이 쉽게 사용한 내용들을 살펴보았다. 깊이 있는 고민 없이 만들어낸 드라마가 끼치는 영향력은 크다. 게다가 그 드라마가 40%대의 높은 시청률을 기록하고 있다면 그 영향력은 기대보다 훨씬 큰 파급력을 갖는다. 시청자가 이해하기 어려운 코드를 줄이고, 모든 계층의 사람들이 70분만 할애하면 쉽게 즐길 수 있는 드라마를 두 가지 큰 요인에 의해 만들어가고 있다는 점에서 영향력에 대한 깊이 있는 고찰이 필요한 시점이다.

만약 앞으로도 제2, 제3의 드라마 <주몽>이 제작된다면 우리 사회는 갈등이 없는 구조의 이야기와 사람들로부터 소외된 가치 및 문화들을 자연히 사회의 일탈된 것들로 규정해버릴 것이다. 일정하게 프로그래밍되지 않고, 인풋으로 선정되지 않는 사회 문화적 요소들은 우리가 존재하는 세상의 바깥에 위치하는 것들로 인식되는 것이다.

위에서 언급했듯이 기계는 윤리적 성찰로부터 자유롭다. 만약 주몽이 지닌 구조적·내용적 문제점들이 지금까지 반복되어왔듯 앞으로도 지속적으로 반복된다면 이는 드라마를 만드는 컴퓨터가 개발되었음을 인정하는 시발점이 될 것이다.

부디, 드라마를 만드는 창작의 영역만큼은 인간들만의 전유물로 남기를 소망해본다.

'지식'에게 말을 걸다, "내게 있어 당신은…."

EBS <지식채널e>

신경아

"똑딱, 똑딱, 탁." 결국 펜이 책상 아래로 떨어지고 말았다. 사방의 칸막이 너머 누군가의 신경이 곤두설 것을 알면서, 볼펜의 끄트머리를 쉴새없이 누른다. 스물네 살, 졸업한 지 두 달째. 도서관 4층 240번은 안락한 도피처이자 희망의 창구라고 되뇌고 되뇐다. 4권의 토익문제집과 4권의 노트, 낱장의 학원 프린트물이 좁은 공간을 장식한다. 시선은 떨어진 펜에서 올라와 오늘 복습해야 하는 문법 파트에 놓여진다.

"난 멍청한가? 아니다. 뭐 하고 싶은 거 있어? 뭐 알고 싶은 거라도? 궁금한 건 있어……?"

있다. 생각해보니 있다. 엊그제 TV에서 공익광고 같은 그런 거였는데……, EBS였지. 신난다. 슬리퍼를 잽싸게 끌고 대출실로 향한다. 책 이름이 뭐였더라. 인터넷을 검색하고 다시보기를 통한 끝에 책 한 권을 빌렸다. 그리고는 다시 240번이다

— 2007년 4월 9일 월요일 일기 중에서

1. '지식' 단순한 미디어적 접근을 넘어 새로운 의미로 해석하다

'지식.'

오늘날 지식이란 단순히 앎의 차원 이상의 고급스럽고 전문적인 차원의 것으로 인식된다. 과학기술의 발전과 경제적 성장에 의해 지식은 다수의 경험에서, 소수의 전문적 연구에 의한 완벽한 수치와 논리로 변모했고 그들에 의한 것 혹은 그러한 과정에 의한 것이 아니면 지식이란 타이틀에 모자란 것인 양 취급되고 있다.

과거 '지식'은 가령, 농사를 짓다 우연찮게 농작물은 더 많이 수확할 수 있었을 때 옆집에 전하고 마을에 알렸던 경험에 의해 얻어진 이야기였고 함께하는 것이며 그로 인해 모두가 더 나은 방법을 생각하고 실천하는 것이었다. 다시 말해, 알고 생각하고 행동하는 것이 하나이며 모두가 함께 하는 것이 지식이었다.

현대사회에서 소수에 의한 지식의 독점을 막는 중요한 수단이 미디어다. 그 중에서도 TV는 대중에게 가장 쉽고 편리하게 다가갈 수 있는 매체로 가장 폭넓은 지식 전달의 기능을 한다. 하지만 TV 속 많은 프로그램들은 다수에게 지식에 대한 왜곡되고 맹목적인 성향을 가져오기도 한다. 그것은 곧 지식에 대한 접근목적과 보급방법에 문제가 있다는 것을 의미한다. 자극적인 정보거리들로 유행만을 조장하고 맹신할 것을 요구하는 프로그램들로 인해 지식은 훼손되고 본질적인 의미를 잃는다. 요즘 이러한 세태가 팽배해지고 있음은 안타까울 따름이다.

이에 대해서 EBS의 <지식채널e>는 새로운 해석을 내놓는다. 영상과 음악과 메시지가 가득하지만 결코 버겁지 않은 5분의 짧은 이야기. 몇 분의 시간으로 몇 배 분량의 생각할 여지를 마련한다. 처음에는 광고와 같은 시각적인 끌림에 멈추게 되고, 다음에는 이야기의 흐름에 이끌리고, 마지막으로 생각이 머무는 자신만의 시간에 멈춰 서게 된다.

KBS의 <TV동화 행복한 세상>을 비롯해 짧은 시간 안에 시청자에게 무언가를 전달하고 여운을 남기려는 프로그램들이 등장하고 있는 추세지만, <지식채널e>는 보다 넓은 의미에서의 지식을 창출한다. 지식에 대한 새로운 정의는 그 자체로 각박한 현대사회에 꿋꿋한 발언이며 기특한 도발이다.

 ······ ebs가 말하는 지식은 승자가 말하는 게임의 법칙이 아니라 패자의 침묵 속 삶의 이야기입니다. 높은 곳에서 바라보는 관망이 아니라 낮은 곳에서 부대끼는 치열함입니다. 칸을 메우는 숫자가 아니라 숫자에 담긴 사람들의 이름입니다. 역사책에 기록된 100년이 아니라 우리가 살고 있는 하루입니다. 전쟁을 위한 명분이 아니라 평화를 위한 미래입니다. 흠 없이 완벽한 논리가 아니라 어설프고 불완전한 마음입니다. 부조리에 대한 원망이 아니라 부조리에 침묵하는 부끄러움입니다. 그래서 우리가 사는 세상이 tv에 비추어지는 것이 아니라 우리가 만들어가는 세상을 tv에 담을 뿐이라는 작은 믿음 ······

 ― <지식채널e> 19회, 네 번째 이야기 중에서

단순한 미디어적 접근은 결코 지식을 발전적이게 하지 않는다. 보편성과 창조성을 두루 갖춘 접근이야말로 지식을 온전히 성장하게 한다. 인간 존중의 마음을 바탕으로 시청자에게 생각할 수 있는 여백을 마련하고 새로운 지식탐구의 가능성을 제공하는 것이야말로 방송이 올바른 지식 접근이라 할 수 있다.

2. <지식채널e>, people, society, nature, true, education ……

다양성은 현대사회에서 가장 가치 있는 조건으로 받아들여지고 있는 개성과 같은 의미다. 다양성 속에 각각의 본질적인 의미가 개성인 것이다.

<지식채널e>는 다양한 소재, 메시지, 다채로운 영상, 기법, 음악 등을 보여준다. 사람, 사회적 문제, 자연, 예술, 역사, 신화, 삶 등의 소재들을 나름의 시각으로 아름답게, 슬프게, 혹은 냉혹하게 이야기한다. 서로 다른 말투지만 한 가지 공통점을 발견할 수 있는데 바로 인간에 대한 존중이다. 이야기의 주제에 따라 적당한 거리를 유지하여 시청자에게 생각할 수 있는 공간을 비워두면서, 어떤 이야기를 하더라도 휴먼을 놓치지 않는다.

현대인들은 정보의 홍수가 범람하는 시대에 살면서 수많은 정보와 마주치고 흡수하고 방출한다. 하지만 때때로 오히려 정보에 철저히 고립되기도 한다. 자신이 필요한 정보가 무엇인지, 어떻게 찾아야 하는지 갈피를 못 잡고 방황하게 될 때가 많아서다.

시청자는 <지식채널e>의 다양한 정보 속에서도 헤엄치게 된다. <지식채널e>의 화려한 영상은 시선을 고정시키고 여태껏 쉽게 접하지 못했던 세련되고 감각적인 느낌으로 매혹시킨다. 하지만 가끔은 그로 인하여 너무 드라마틱하지 않은가, 시각적 유혹에만 집중하고 있지 않은가라는 의문을 갖게 한다. 또 가끔은 다양한 소재들 중 감수성 짙은 추상적인 이야기에 이해하기 어려워 멈칫하기도 한다.

시청자는 다양하다. 세대, 직업, 사회적 지위 등 많은 차이를 가진 시청자 모두에게 맞출 수는 없다. 하지만 정보의 바다에서 허우적대는 많은 대중들을 위해 휴먼과 함께 공감에도 주의를 기울여야 한다. 신세대적이고 세련된 감각도 철학적인 감성도 멋있지만, 배려와 공감이 <지식채널e>가

추구하는 지식 접근에 더욱 어울릴 것이다.

3. 참고문헌, 지식의 한계를 긋지 않다

자료의 출처를 밝히는 프로그램이 몇이나 될까? 기껏해야 전문가와 전문기관의 이름을 밝히는 것이 고작이다. 시청하고 있는 정보의 근원지, 그것은 생경한 것이었지만 또 다른 미디어로의 연결고리이며 지식의 확장이다. 나만을 예로 들어도 그렇다. 전날 보았던 방송이 인상 깊어, 하단의 참고문헌을 기억해내서 인터넷 검색을 하고 도서관을 뒤졌다.

<지식채널e>에서 매 이야기마다 밝히는 자료의 출처는 의미 있는 시도로서 고기를 낚는 방법을 가르쳐주는 아버지와 같이 그들의 이야기뿐만 아니라 나아가 또 다른 지식을 낚는 방법에 대한 인도이다. 또한 시청자들에게 지식에 대한 폭넓은 선택을 할 수 있는 기회를 제공하는 것이다.

4. 5분, 현란한 수사로 그치지 않기를 바란다

'지식'에게 말을 걸다.

내게 있어서 당신은 다른 의미라고 외친다.

"내게 있어서 당신은 암기하는 정보가 아니라 생각하는 힘이고, 현학적인 수사가 아니라 마음을 움직이는 메시지이고, 빈틈없는 논리가 아니라 비어 있는 공간. 그래서 우리의 사고를 구속하는 것이 아니라 더욱 자유롭게 하는 것입니다"라고.

— www.ebs.co.kr 지식채널e 홈페이지에서

이 글을 읽으며 '지식이라는 것이 참 거창하지 않은 거구나'라는 생각을 했다. 인간적인 배려와 공감이 담긴 지식은 분명히 사람과 사회와 자연을 이롭게 한다.

<지식채널e>는 이러한 가치를 꽤 충실히 실천하고 있다. 5분 내내 눈을 즐겁게 하고 진심과 호기심을 자아낸다. 그렇기에 매 5분이 감각적인 영상에만 쫓기지 않기를 바란다. 분별없는 상식의 나열이 되지 않기를 바란다. 억지로 무언가를 전해야만 한다는 강박관념을 갖지 않기를 바란다. 단지 소소하고 편안한 지식의 장이자 대화상대가 되기를 바란다.

'지식'에게 끊임없이 말을 걸며 성찰하는 순간순간에 시청자들 또한 지식에게 말을 걸고 있다는 사실을 기억해야 하겠다.

TV 재발견, 낭독의 발견

장석원

별이 진화하고 인간이 진화하고 과학이 진화하듯 모든 매체도 진화한다. 목소리만 들을 수 있었던 전화는 상대방의 얼굴을 볼 수 있는 화상통화가 가능하게 되었고, 신문활자를 통해 접했던 뉴스는 인터넷 동영상을 통해 직접 눈으로 확인할 수 있게 되었다. 현관문을 두드리는 자가 누구인지 굳이 문을 열지 않아도 비디오폰으로 알 수 있다. TV만 가능했던 '본다'라는 개념이 모든 매체로 녹아들고 있는 것이다.

이런 시대의 흐름에 라디오도 편승했다. 지지직거리는 소음을 뚫고 다이얼을 돌려가며 낯익은 디제이의 목소리를 찾아다니는 건 정말 옛날이야기가 되었다. 웹페이지를 찾아 클릭만 하면 잡음 없는 깨끗한 방송을 들을 수 있는 것은 물론, 디제이가 있는 스튜디오 안의 모습까지 생생하게 볼 수 있다. '보는 라디오'라니! 정말 상상도 못했던 일이다.

이렇게 볼 것은 점점 넘쳐나지만 안타깝게도 인간에게 눈은 딱 두 개뿐인지라, 이 눈을 사로잡기 위한 경쟁은 엄청나게 치열하다. 그래서 모든 영상은 좀 더 자극적이고 좀 더 화려하고 좀 더 강렬한 것으로 우리의 눈을 유혹한다. 물론 그 선두주자는 당연히 TV다. 과도한 자막, 연예인의 엽기적인 모습, 방송 불가를 넘나드는 섹시코드가 주류를 이루는 TV프로그램들이 얼마나 많은가.

그래서 <낭독의 발견>이 눈에 띄었다. 모두들 신기록 달성을 위해 뛰는 마라톤 대회에 그저 완주를 목표로 뛰는 묵묵한 선수 같아서, 새빨간 장미들이 서로 가시를 세우며 자리다툼을 하는 정원에 혼자 고요하게 피어 있는 새하얀 작은 들꽃 같아서, <낭독의 발견>은 그래서 눈에 띄었다. 어찌 보면 이 스피드 시대에 <낭독의 발견>은 혼자 느릿느릿 뒤로 걷고 있는 듯 보인다.

매력의 발견

2003년에 시작했으니 낭독의 발견은 제법 오래된 프로그램이다. 그 사이 상도 여러 개 탔다. 마니아라고 불러도 될 만한 팬들도 있다. 하지만 높지 않은 시청률이 말해주듯이 대부분의 사람들은 이 프로그램을 꼬박꼬박 찾아보지 않는다. 아니, 알고나 있을지 의문이 갈 만큼 유명세가 없다. 가장 큰 이유는 편성시간 때문일 것이다. 평일 밤, 그것도 자정 넘어서 하는 프로그램을 본다는 건 솔직히 쉽지 않다. 게다가 TV 특유의 자극적인 포맷도 아니다. '책을 읽어주고 음악을 듣는 것.' 과거, 음악다방에 모인 책 읽는 동아리 학생들의 모토같이 느껴질 정도로 단순하고 고전적이다. 하지만 그 때문에 <낭독의 발견>은 오히려 빛을 발한다. 음악은 있지만 <KBS 쇼! 뮤직뱅크>나 <SBS 인기가요>, <MBC 음악중심>처럼 아이돌 스타가 나와 격렬한 춤과 퍼포먼스를 보여주는 모습은 없으며, 책은

읽지만 <TV, 책을 말하다> 같은 진지한 토론의 모습이나 평론가들의 별점을 보여주는 일도 없다. 아침뉴스의 한 꼭지처럼 이 주의 베스트셀러를 소개한다거나 신간, 혹은 신보를 소개하는 일은 더더욱 없다. 그저 조용히 연주하고 노래하고, 나지막하게 낭독할 뿐이다. 낭독하는 책의 내용에 어울리는 컴퓨터 그래픽 화면이나 재연, 하다못해 편집된 자연의 영상도 없다. 배경음악이 깔리고 조명이 잦아들면 오로지 낭독만이 있을 뿐이다. 덕분에 모든 것을 그려볼 수 있고 무엇이든 상상할 수 있다. 현란한 화면 없이 오직 소리만 있기 때문에 가능한 일이다. 이것이 바로 <낭독의 발견>의 매력이다. 아주 오래전 트랜지스터라디오를 통해 느꼈던 것들을 TV를 통해서도 느낄 수 있다는 것! 라디오가 보여주는 쪽으로 관심을 돌린 사이, 듣는 TV가 생겨났다고 생각하면, 더욱 매력적일 수밖에 없다.

교감의 발견

<낭독의 발견>엔 많으면 두세 명의 초대 손님이 나온다. 초대 손님의 폭은 아주 넓다. 인기가수와 유명 배우도 있고 시인과 소설가도 있으며, 방송인이 아닌 사람도 많다. 이런 다양한 사람들의 단 한 가지 공통점은 책 한 권에 대한 소중한 기억이 있다는 것뿐이다.

초대 손님이 있는데 인터뷰가 없을 리 없다. 어떻게 지냈는지, 어떻게 지낼 것인지와 같은 소소한 잡담들도 있다. 하지만 이것이 주가 아니다. 근황에 대한 간략한 이야기가 끝나면 마지막까지 왜 이 책을 좋아하는지, 왜 이 부분을 낭독하는지에 대한 인터뷰가 대부분이다. 인터뷰에 응하는 초대 손님은 일기장에 적어두었던 특별한 느낌을 비밀스럽게 얘기해주는

듯 아련한 표정으로 기억을 꺼내든다. 잠깐의 낭독 이후엔 그 여운을 깨지 않는 노래나 연주가 이어진다. 그 시간 동안 낭독자는 책에 얽힌 기억을 더 뚜렷이 만들 수 있을 테고, 방청객이나 시청자는 자연스럽게 비슷한 기억을 더듬거리거나 그 상황을 상상할 수 있게 될 것이다. 낭독이 낭독으로 끝나는 것이 아니라 교감을 이끌어내는 것이다.

그것을 백 배 느꼈던 편이 있었다. 러시아 태생으로 한국으로 귀화한 박노자 씨가 출연했을 때였다. 그는 임제 시인의 '청초 우거진 골에'에 이어 백석 시인의 '북방에서'를 낭독했다. 성우 같은 좋은 목소리도 아니고 아나운서 같은 반듯한 발음도 아니었지만 그가 낭독한 '북방에서'는 그 어느 때보다도 가슴에 와닿았다. 낭독 중간 중간마다 가볍게 눈을 감은 모습이나 낭독 후 시의 철학적 의미에 대해 얘기하는 모습에서 그의 한국 사랑이 느껴졌기 때문일지도 모르겠다. TV였기 때문에 가능한 일이었다.

최근 개편 후 첫 손님으로 나온 이현우, 이외수 편도 잊을 수 없다. 먼 강원도에서 이외수 씨가 한 연을 읽으면, 스튜디오 안의 황수경 아나운서가 바통을 이어받고, 느릿느릿 길을 걷는 이외수 씨가 그 다음 연을 읽고 나면, 다시 스튜디오에서 낭독을 이어가는 형식이었다. 제법 긴 시를 한 목소리로 낭독하다간 자칫 지루해질까봐 생각해낸 구성일까? 형식은 다채로워졌지만 과하지 않았다. 눈을 현혹시키려는 시도가 아니라 귀를 더 크게 열게 하려는 의도로 보였다. 너무나 적절했다고밖에 표현할 수 없다. 이현우 씨가 자신이 읽은 감명 깊은 책을 소개하는 시간은 아침방송 에 나와 구구절절 자신의 사생활을 떠드는 것보다 더 인간적이었다. 만화 가 이우일 씨는 이런 말을 한 적이 있다. "책을 쓰고 책을 읽는다는 것. 책을 추천하고 책을 추천받는다는 것. 책을 선물하고 책을 선물받는다는 것. 그것만큼 서로를 이해할 수 있는 것이 또 있을까?" 감히 말하지만,

아마도 없을 것이다. 그래서 <낭독의 발견>에 나온 출연자들은 더욱 친근한 느낌이 든다. 한 번도 만난 적이 없는 사람들을 이해하게 되는 기분이 드는 것, 책 한 권과 노래 하나로 소통되었다는 느낌을 들게 만드는 것. <낭독의 발견>이 이루어준 것이다.

듣는 TV의 발견

왜 꼭 보아야만 하는가? 소리를 듣고 마음으로 느끼고 머리로 상상하는 것만으로는 만족할 수 없는 것일까? TV는 기본이 영상매체인데 어떻게 보이는 것에 신경을 안 쓸 수가 있냐고 한다면 할 말이 없다. 하지만 인간에겐 오감이 있다. TV 프로그램이 향기를 내뿜을 수 없으므로 후각을 제외하고, 뜯어먹을 수 없으므로 미각을 제외하고, 만져서 느낄 수 없으므로 촉각을 제외하면 남는 것은 시각과 청각이다. 시각만 사용하는 것이 아니라 청각도 있다는 얘기다. 거실에서 TV를 없애는 가정이 늘고 있다고 한다. 그만큼 TV가 끼치는 악영향이 많다는 뜻일 것이다. 상상할 여유를 갖지 못하게 이미 모든 것이 보여지고, 생각할 시간이 없게 마구 공격해대는 화면 때문이 아닐까 생각한다. 만약 <낭독의 발견> 같은 프로그램만 방영된다면, 그래도 TV를 창고로 내몰까? TV를 봄으로써 머릿속에 더 많은 여유가 생긴다고 한대도 TV를 버릴까? 물론 모든 프로그램이 <낭독의 발견>이 되길 바라는 건 아니다. 그리고 그래서도 안 된다. 하지만 TV가 처음 세상에 나왔을 때, 그것은 단순히 킬링타임용으로만 사용하기 위해 개발된 것은 아닐 것이다. 인간의 눈을 사로잡기 위한 자극적인 영상을 연구하는 대신에, 왜 TV는 화면이 보이지 않으면 소음으로밖에 들리지 않는지, 왜 많은 사람들이 TV를 멀리하길 권고하는지에 대해

한 번 더 생각해주길 바랄뿐이다. 그래서 백문이 불여일견이라는 말이 무색해지도록 <듣는 TV>가 좀 더 많아지길 바랄 뿐이다. <낭독의 발견>처럼 말이다.

가족 속에 현존하는 여성 권력의 에피소드

<거침없이 하이킥>의 캐릭터의 시의성과 한계

바이올렛(성지혜)

대부분의 드라마나 시트콤에 등장하는 인물들은 항상 (말 그대로의) 캐릭터, 그것 자체만을 표상해왔다. 가난하지만 이웃과 어우러져 이타적으로 사는 사람, 마음까지 가난하여 물욕으로 자멸하는 사람, 부자이지만 타락하지 않은 사람, 인생에서 돈 외엔 모든 것이 결여된 사람……. 가장 손쉬운 지표로 (경제적) 생활수준에 의해 주요 인물들은 크게 네 가지 부류로 나뉘고, 거기에 다시 문화적 계층과 성별, 그리고 나이 등의 조건으로 다시 한 번 잘게 나뉜다. 자세히 살펴보면 의외로 세분화되는 인물 유형들에도 불구하고, 텔레비전이 발현하는 인간 유형은 언제나 뭉뚱그려지고, 석연치 않은 모순들에 둘러싸여 있어 현실감을 잃거나, 진부해지는 경향이 있다. 그들은 실제적 사회나 관계에 놓이기보다는 순진한 로맨스나 의식 없는 편견, 소통 없이 질주하는 성공에의 권력욕 속에, 성스러운 환상 속에 거주한다. 현대의 많은 사상가들이 대중문화가 현실 비판적 경향을 몰살시키고 망각시킨다고 질타했듯이 우리 가장 가까운 곳에서 시도 때도 없이 한 개인의 프라이버시처럼 까발려지는 드라마, 그리고 시트콤 속 인물들은 '사회현상'을 반영하고는 있지만, 그것들을 충분히 흡수하고 있기보다는 왜곡시켜 반사시키는 면이 더 컸다.

오늘날의 시트콤 <거치없이 하이킥>에는 재미있고 귀여운 '어른'들이 등장한다. '야동 순재(비굴 순재)', '주몽 혜미(사육 혜미)', '식신 준하(방귀 준하)', '까칠 민용', '꽈당 민정' ……. 그 중에서도 쟁점적인 인물은 단연 '이순재'와 '박혜미', 그리고 '이민용'이다. 그들은 하이킥 세상의 실세를 잡고, 다양한 형태로 경합하며 웃음과 재미를 준다.

집안 최고 연장자인 '이순재'는 그가 지닌 권위의 경외(敬畏)를 뒤집는 행태로서 그 캐릭터의 주요 구성성분을 구성한다. 그는 가령 유아기적 질투나 심술을 어른의 권력 ― 전통이나 질서 ― 이라는 상징을 빌려 풀어내며 에피소드를 전개한다. 사실상 하이킥 실권자인 '박혜미'는 극 초반부터 "오케이~"를 남발하며, 개성 있는 제스처로 사람들을 선두 지휘하려 든다. 대부분의 경우에 그는 교묘한 책략보다는 정면승부를 좋아하지만, 극적 재미를 위하여 최근 그 역시 정치적 술책을 이용하는 캐릭터로 변모하고, '망가지게' 되었다. 변방 '다락방'에서 주변부적 존재로서 하이킥의 핵심 공간을 배회하는 캐릭터인 '이민용'은 성공확률은 낮은 편이지만, 기회가 있을 때마다 그 특유의 날카로운 관찰력으로 짚어낸 집안의 실세 '박혜미'와 겨룬다. 물론 그는 아버지에게도 고분고분한 아들은 아니다. 하지만 그가 아버지에 반대함에는 형수님에 대한 반대와는 큰 차이가 있다. 아버지에 대한 그의 반기는 반항이지만, 형수에 대한 반기는 단순한 불쾌나 반대의사 표시라기보다는 진지한 경쟁의식에서 나타나는 감정적인 면이 크다. 하지만 이 시트콤이 근본적으로 방향 삼는 것은 권력 암투가 아닌, 사적인 관계에서 발생하는 크고 작은 에피소드에서 현실 우리 자신의 모습을 보게 함이기 때문에 거부감을 자아내지 않는다. 이런 저런 오해나 다툼도 있지만, 근본적으로 서로에 대한 인간적인 애정을 기반으로 하는 하이킥 세상에는 무엇보다 비교적 가공처리법이 덜 사용된 현존하는 인물들이 존재한다.

여자, 하이킥을 날리다

기존 방송극에서 쉽게 찾아보기 힘든 하이킥만의 매력을 꼽는다면 그 중 하나는 단연 여성 등장인물들의 활약일 것이다. 가부장적 질서의 충실한 협력자로 등장하거나, 일방적인 억압을 받으면서도 그 자신이 무엇 때문에 고통받는지도 모른 채(혹은 생각지도 않은 채) 시든 꽃처럼 병들어 가는 가련한 인생이 바로 매체가 전달하고 확산시켜온 여성의 이미지다. 매체가 방사하는 여성의 고정된 이미지는 현실 사회의 변동에는 그다지 영향을 받지 않는 것처럼 보인다. 어떤 사람들은 "아직도 저런 식으로 여성을 그리다니 시대착오적"이라고도 평가한다. 물론 그런 역행적인 발상과 상황설정에는 주 시청 연령층 일반에 대한 감안이 작용한 까닭이겠지만, 어떤 면에서는 시대와 연령을 넘어서 지극히 사회 보편적 현상으로서 다루어지는 여성억압이 우리 안에 만연해 있기 때문인지도 모른다. 여성의 사회 진출률은 이전에 비해 나아졌지만, 그들이 한 사회의 구성원으로서, 성별 이분법에 근거하지 않은 인간 존재로서 차별 앞에 당당할 수 있다는 의식은 아직도 초기 단계에 머물러 있기만 하다.

하이킥에 등장하는 '혜미', '문희', '신지', '민정'은 일반 사회와 여성사회 내부에서 각기 다른 위치를 점한다(물론 기본적으로 하이킥은 중산층 여성을 일반인으로 상정하기는 한다). 러시아어도 일주일 만에 마스터하는 막강 '혜미'는 파워풀하고, 직선적이며, 지배적이다. 그런 그녀에게 '민정'은 존경을 표시하지만, '문희'와 '신지'는 울분을 감추지 못한다. 이유는 명확하다. 그들은 '이씨 집안'과 관련하여 한 가족 집단에서 각기 다른 서열과 권력을 갖고 겨루고 있기 때문이다. 그들은 조직적인 가족 공간에서 남성과는 조금 다른 방식으로 서열화된다. 이제 더 이상 시어머니라고 해서 며느리에게 일방적이고 비논리적인 강요는 할 수 없게 되었다. 여성의 자아실현을 위한 행위들은 아이나 남편, 혹은 그의 가족에게 책임을 다하는 선에서라면 긍정된다. 하이킥의 경우에 심지어 아이를 두고 러시아로 떠나버린 '신지'에 대해서도 극 내부에서 도덕적으로 처벌되지는 않음으로써, 여성이라 해도 모성보다 자기애가 더 중요할 수 있음을 보여주기도 한다. 의지를 관철시키는 방법에도 차이가 있고, 권력에는 더 큰 차이가 있지만, 하이킥이 보여주는 현실은 이 시대에는 누구나 비교적 자유로운 존재로 살아갈 수 있는 것처럼, 모든 차이를 희석하는 현실 사회의 표면적인 제스처와 유사하다. 그러나 하이킥은 거기에서 멈추지 않는다. 사적인 영역에서도 가장 큰 무게를 갖고 기능하는 권력 관계를 재치 있는 뉘앙스로 펼쳐놓는다.

여성의 이름으로 권력관계를 그려내다

'문희'는 '혜미'를 '싹퉁바가지'라고 부른다. '혜미'는 지적 수준이나 사회 지위에서 하이클래스에 속하는 존재이다. 그는 단순히 부자이거나 예쁜 것이 아니라, 올곧고 진취적인 태도로 명예로운 삶을 산다. 그는 순종하지 않으며, 어떤 때에는 지나치게 군림하려 든다. 하지만 그보다 '문희'라는 캐릭터는, '나는 저렇게 살지 않았는데, 저렇게 할 수 없는 데……'라는 생각 때문에 더더욱 며느리가 눈엣가시처럼 느껴지는 것일 게다. 자신의 딸이었으면 그 뛰어난 생존 능력을 자랑스러워했을 '혜미'에 대해 그토록 부정적인 까닭은 자신의 삶에 대해 갖고 있는 불만을 며느리의 특이하고 건방진 성격에서 그 원인을 찾기 때문이다. 집에 하루 종일 있으면서도 손 하나 까딱하지 않는 큰아들이나, 자기 아이는 어머니에게 맡겨놓고 개인플레이에 열중하는 둘째 아들도 문제지만, 평생 아내의 수고로움 따위는 모르는 남편 '영감탱이'의 시종일관 지속되는 무시와 강압에서 더 큰 이유를 찾을 수도 있을 텐데, 평범한 할머니인 '문희'는 자신이 받는 스트레스를 며느리는 받지 않는다는 것이 못내 못마땅하다. 자신은 아무 잘못이 없는데, 혼자만 이렇게 사는 것 같아 억울하기 때문이다. '신지'의 경우는 조금 다르다. 그는 처음 하이킥 가문에 인사 왔을 때부터 학벌에서 소득 정도까지 뭐 하나 빠질 것 없이 우월한 '혜미'의 상대를 내려다보는 듯한 태도에 화가 난다. 그는 '혜미'에게서 계급적인 억압과 유사한 우/열의 가치판단을 감지한다. 하이킥은 현실에 존재하는 관계의 지배와 종속에 관한 정치적인 통찰을 유머러스하게 풀어내는 점에서 가장 평가될 만하다.

한계와 문제점

그러나 여기에도 문제는 있다. '이씨 집안'의 핵심 현장에서 이루어지는 갖가지 쟁탈전에 대해서 비교적 신선한 감각을 유지하고 있는 이 시트콤이 극이 진행될수록 다시 비사회적/비역사적 캐릭터 상징으로 돌아가고 있다. '순재'는 우리 사회의 가부장의 전형이다. 명령하는 대로 모든 것을 이루어 야 직성이 풀릴 만큼 강력한 존재이지만, 모든 위대한 정언(正言) 속에 자신의 불합리함을 끼워넣어(가령 아들과 손자들에게 억지로 번호 붙은 운동복을 입혀 끌고 다니며 자기 마음대로 하면서도, 명분은 늘 가족의 화목과 단결을 위함이라고 소리 높여 주장하는 것) 비굴함을 감춘다. 그러나 최근 그의 캐릭터는 그저 나이 들어 힘없는 노인의 지지부진한 일상, 과장된 실수나 맥락 없는 야비함에 자리를 내주고 있다. '혜미'의 경우도 마찬가지다. 그가 극 초반에 보여줬던 모습은 많은 젊은 여성들이 그에게 호감을 갖기에 충분하였다. 권력적이긴 하지만 인간적이고(가령 어려운 사람이나 도와야 할 부분에 대해서 유세를 떨지 않는 태도들), 관습적 편견에서는 자유롭지만 지극히 상식적인 힘 있고 건강한 여성이었다. 그런데 극이 진행될수록 그의 캐릭터도 그가 드러내고 있는 인간 유형의 좌표와는 상관없이 '박혜미도 사람이니 구린 구석이 있다'는 식으로 전후 상황과 관계없이 교활하게 꾸며져 있다.

갈등의 부각은 진중해야 캐릭터가 죽지 않는다

인물이 가지고 있는 여러 가지 요소들 - 문화/사회/계급/개인적 감수성 등 - 을 종합한 전제로부터 한 인간의 숨겨진 나약함이나 모순을 드러내야만 끊임없이 살아 움직이는 인물과 사회를 적절하게 표현할 수 있다. 여타 방송극에서 보여지는 사회관계와의 연결을 배제한 관념적 캐릭터의 무분별한 양산은 하이킥이 피해가야 할 가장 중요한 숙제이다. 그것은 극의 흐름을 망쳐놓아 재미를 상실하게 만들 뿐 아니라, 인간 사회의 구조적인 흐름에서 읽혀지는 비판적 시각을 일상과 관계없는 것으로 점점 더 멀리 위치시키기 때문에 책임 소지가 있다. 그것은 개인적인 것과 사회적인 것의 구분을 더더욱 공고하게 만든다. 그것은 현실의 고통이나 억압을 인간 사회에 '자연적으로' 간주한다. 그러한 방송극의 내부에 갈등 상황에 대한 대안은 언제나 힘이 약하거나, 더 열망'할 수밖에 없는' 사람의 희생으로 제기되기 때문에 퇴행적인 것이다.

불어닥친 하이킥의 인기몰이는 어떻게 보면 자연스러운 것이다. 하이킥은 코미디보다 더 재기 발랄한 언어로 뒤틀린 현실을 비추어 웃음을 주고, 드라마보다 더 사실적이고 폭넓게 인간을 관망한다. 그렇기 때문에 지금의 미덕을 이어나가기 위해서라도, 그들 캐릭터의 문화적 구별점과 특성을 연구해내어, 배열이 아닌 상호 경합을 내러티브 안에서 끊임없이 드러내어야 할 것이다.

거침없이 하이킥, 가족을 재구성하다

김철현

<순풍 산부인과>, <웬만해선 그들을 막을 수 없다>, <똑바로 살아라>를 연출하며 자신만의 독특한 시트콤 스타일을 구축했던 김병욱 감독이 시트콤 <거침없이 하이킥>으로 돌아온다는 소식을 들었을 때, 기대보다는 우려가 앞섰던 것은 그의 전작 <귀엽거나 미치거나>의 실패 때문만은 아니었다.

오히려 그가 창조했던 독특한 캐릭터들의 충실한 욕망이 이제는 방송에서 더 이상 참신한 시도로 분류되지 않는다는 점과 즉각적으로 반응하고 상호작용하는 요즘의 시청문화와 그의 작품은 잘 맞지 않는다는 생각이 <거침없이 하이킥>에 대한 기대를 불식시킨 것이다. 하지만 예고된 종영을 두 달 정도 앞둔 현재, <거침없이 하이킥>은 초반의 우려와는 달리 많은 시청자들의 사랑을 받고 있다. 그렇다면 <거침없이 하이킥>의 어떤 점에 시청자들은 주목하고 있을까?

<거침없이 하이킥>은 시트콤이지만 타 방송에서는 일일드라마를 방

영하는 8시 20분에 방영되고 있다. 온 가족이 시청하는 지상파 방송 일일드라마의 성공요건이 '가족중심'에 있어왔음은 주지의 사실이다. 동 시간대에 방송되는 KBS의 일일드라마 <하늘만큼 땅만큼> 행복한 가족, 즐거운 가족, 소중한 가족 등을 보여주겠다고 표방하고 있는 것 역시 일일드라마의 성공이 '가족'에 달려 있음을 잘 보여주고 있다. 그런데 이 시간에 '가족'을 보여주는 정극이 아닌 시트콤을 편성하는 것은 일종의 모험으로 해석될 수 있는 일이었다. 또한 이 시간대 드라마의 성공 여부는 각 방송사의 메인뉴스 시청률에 영향을 준다는 점에서 MBC의 선택은 파격이 아닐 수 없었다.

그러나 <거침없이 하이킥>도 가족을 보여주고 있다. 그것도 여타의 드라마에서 미화하기에 바쁜 가족의 진면목을 코믹하게 우화하여 보여주고 있다. 우리 가족의 삶은 이렇지 않은데, 일일드라마의 예쁘고 다정하기만 한 가족의 모습에 슬슬 지친 시청자들은 가족의 일상에 하이킥을 날리는 시트콤 앞에 모여 앉았다. 그렇다면 <거침없이 하이킥>이 보여주는 가족상은 무엇일까? 그리고 이 시트콤이 아프지 않게 꼬집는 가족의 현실은 무엇일까?

가부장제의 해체

<거침없이 하이킥>이 보여주는 가족의 모습 중 가장 먼저 눈에 띄는 것은 전통적인 가부장제가 해체되어가는 모습이다. 그것도 핵가족이니 하는 거주의 구분으로 해체되는 것이 아니라 3대가 함께 모여 사는 집에서, 생활 속에서 해체되고 있는 것이다. <거침없이 하이킥>의 이순재는 그렇게 해체되는 가부장의 모습을 잘 표현해주고 있다.

순재는 경제능력이 있는 한의사지만, 실제로는 며느리의 덕으로 한의원을 운영하고 있고, 야동을 몰래보다가 들켜서 놀림을 받으며, 영어 못한다고 무시당하고, 가족들의 방해에 첫사랑도 제대로 만나지 못한다. 그는 늘 집안에서 호통을 치며 권위를 내세우지만 인정받지는 못하는 상황이다. 매회 순재는 식구들을 향해 소리를 지르지만 그 소리는 인정받지 못하고 해체되어가는 가부장의 메아리처럼 쓸쓸하게 울린다. 결정적으로 순재는 새로 산 구두를 친구 대근에게 뺏기고 돌아와 아들 준하를 찾고 아들은 아버지의 구두를 찾아준다. 가족 내에서 신성시되었던 가부장의 권위가 유아적인 것으로 취급당하는 극단적인 상황인 것이다. 이런 그의 모습은 김병욱 감독의 전작에서도 자주 표현되었었다. <웬만해선 그들을 막을 수 없다>의 신구나 <똑바로 살아라>의 노주현 역시 해체되고 상식을 전복하는 가부장의 모습과 능력 있는 여성에 의지하는 무능력함을 보여준 바 있다.

이렇게 권위를 상실한 순재가 가족 내의 남자들에게만 유니폼을 입혀 주말을 같이 보내려 하는 에피소드는 집단 내의 남성적 질서를 재확립하여 본인의 실추된 권위를 회복하려는 최후의 기도로 보인다. 하지만 이런 시도는 늘 가족들에게 '부끄러운' 이벤트로 취급받는다. <거침없이 하이킥> 속 가족의 모습은 이렇게 전통적 가부장을 조롱하고 남성을 중심으로 서열화했던 과거의 가족제도를 공개적으로 비웃는다.

이런 식으로 해체되고 권위를 실추한 가부장이 경제적 능력까지 상실한다면 어떤 모습이 될까? 순재의 큰 아들 준하는 이렇게 권위도 능력도 없는 현대 남성의 현주소를 보여준다. 그는 식탐 때문에 직장에서 해고되고 아버지의 재산으로 주식투자로 소일하는 전형적인 실직자 백수이다. 능력 있고 당당한 아내, 친구 같은 아들들 사이에 선 그의 모습에서 전통적 가부장인 우리네 아버지의 모습을 떠올리기는 힘들다. 우리는 이렇게 시트콤을 통해서 가부장제의 예고된 쓸쓸한 퇴장을 목격하고 있다.

극단적으로 대비되는 가정 내 여성의 위치

<거침없이 하이킥>의 가족에서 또 하나 주목할 점은 해체되는 가부장제 못지않게 양극화되어가는 여성의 위치다. <거침없이 하이킥>에서 순재의 부인 문희는 남편의 따뜻한 사랑이나 배려도 모르고 평생을 살아오며 가족들을 뒷바라지했던 우리네 어머니의 전형적인 모습이다. 문희는 평생 동안 가사노동을 해왔지만 가족들은 그것을 당연한 것으로 안다. 뿐만 아니라 대책 없이 이혼한 둘째 아들 민용의 어린 아들을 키우는 것도 문희의 몫이다. 이렇게 한없이 베풀기만 하는 어머니지만 <거침없이 하이킥>에서 가사노동의 크기는 가사 도우미로 대체되고 육아의 책임 역시 육아 도우미로 대신할 수 있는 것이다. 평생 가족을 위해 헌신하였지만 인정받지 못하는 우리 어머니의 모습이 <거침없이 하이킥> 문희의 역할에 그대로 비춰지고 있다.

이런 문희가 미워하는 며느리 해미는 그녀와는 정반대의 삶을 살아오며 가족 내에 확고한 위치를 차지하고 있는 캐릭터이다. 유능한 한의사인 그녀는 시아버지의 병원을 거의 혼자 운영하다시피 하며 능력 없는 남편을 돌본다. 이렇게 당당한 현대여성으로 그려지는 해미는 가족 내에서도 시어머니 문희나 남편인 준하보다 우월한 지위를 누리고 있다. 이 두 여성의 대비되는 모습, 그리고 순재와 준하가 보여주는 해체되는 가부장제의 모습들은 우리에게 시사하는 바가 적지 않다.

우리는, 혹은 우리 곁의 수많은 여성들은 오랜 세월 동안 누군가의 어머니로, 아내로, 그리고 딸로서 이름 없이 살아왔다. 현재에도 역시, 여성의 사회 진출이 과거와는 비교할 수 없을 정도로 활발하고 다양해졌지만 다수의 인식 저변에는 여성 본연의 역할이 우리의 어머니이고 아내이고 누이이며 딸이라고 믿으며 공공연히 가족으로의 회귀를 강요하기도 한다. 여전히 여성을 사회의 동등한 구성원이자 동반자로 인정하지 않는 시각들이 많은 것이다. 이것은 여성만이 가지고 있는 고유의 특성인 '생산과 모성'이 완전 사회화되지 못한 것이 주된 원인이라고 말할 수도 있다. 하지만 한국 사회의 경우에는, 성원의 대다수가 가부장적 가족제도 속에서 교육을 받으며 1차 사회화의 과정을 거쳤고, 현재 많은 비판을 받음에도 불구하고 여전히 가부장제가 굳건히 존속되고 있는 특수성에서 보다 근본적인 이유를 찾을 수 있다.

그렇다면 이렇듯 여성을 억압하고 때로는 착취하는 구조를 고수하는 가부장적 가족제도를 어떻게 볼 것이며 과연 이를 대체할 가족의 모습은 무엇일까? 혹시 이런 의문에 <거침없이 하이킥>은 나름의 대답을 하고 있는지도 모른다. <거침없이 하이킥>은 문희나 해미 중 누군가를 긍정하지 않는다. 그것은 어차피 우리가 삶에서 부딪히는 모습들의 극단적인 형태일 뿐이다. 다만 중요한 것은 이 양극화되어 있는 두 여성이 만나서 시도하는 이해의 폭이다.

우리 사회의 성적 구조는 여성 일방에 지나칠 정도로 불평등하게 유지되어왔다. 하지만 이러한 성적 불평등은 오랫동안 존재해왔기 때문에 의식 속에 깊게 자리 잡아 간단하게 해소되지는 않는다. 때문에 우리 사회의 시각은 정당한 권리를 찾으려는 여성들의 저항과 요구도 옳지 않은 것이라고 쉽게 판단 내리고, 심지어 가부장적 이데올로기를 주입시키려 하기도 한다. 이것은 오랫동안 가부장제 안에서 생활해왔던 여성들의 경우도 마찬가지다. '가족의 소중함'을 전가의 보도처럼 휘두르며 여전히 여성이 가족이라는 굴레 밑으로 종속되기를 요구하는 것이 그들의 진심만은 아닐 것이다.

<거침없이 하이킥>이 코믹하게 보여주는 삶의 모습과 공동체는 모든 것이 뒤섞여 있지만 그 혼돈 속에서 비판과 대안의 조절을 잊지 않고 있다. <거침없이 하이킥>이 제시하는 새로운 가족에 대한 고민은, 오늘날 (신자유주의가 강요하는 무한 경쟁이 남성뿐만 아니라 여성에게도 동일한 경제적 능력을 요구하고, 노동시장의 유연화가 더 이상 성인 남성 노동의 가치를 높게 인정하지 않으며, 이 같은 변화와 함께 호주제의 폐지가 가부장적 가족제도에 새로운 변화를 요구하고 있는 현재) 바로 우리가 고민해야 할 가족의 문제일 것이다.

혈연을 극복하는 가족의 재구성

<거침없이 하이킥>에서는 '객식구'라는 새로운 용어가 등장한다. 식구처럼 순재의 집에 기거하지만 혈연으로 얽히지 않은 말 그대로 '식객'을 말한다. 민호의 친구인 범이와 유미, 윤호의 친구인 찬성이 여기에 해당되는데, 이들은 말 그대로 혈연관계가 없을 뿐, 식구와 다름없다. 함께 식사를 하고 외식도 하며 여행도 함께 다닌다.

현실에는 있을 수 없는 이런 풍경은 <거침없이 하이킥>이 지향하는 가족의 모습이 혈연으로 유지되는 것이 아님을 보여준다. <거침없이 하이킥>은 우리가 능히 상상하는 가족이라는 테두리, 그리고 그 속의 일반성을 모두 부정하고 해체하며 결국 그 가족이 근간인 혈연조차 가족이 이유가 될 수 없다며 이 모든 상황을 한 회, 한 회의 코믹한 에피소드들

속에 녹여내고 있다.

<거침없이 하이킥>이 꿈꾸는 가족의 모습은 어떤 것일까? 종영을 향해 달리는 이 시트콤에서 이것을 짐작하는 것은 쉽지 않다. 어쩌면 이 모든 문제의식들이 시트콤처럼 혼란과 웃음 속에 묻혀버릴 수도 있다. 하지만 분명히 가족을 예찬하던 일일드라마의 방영시간대에 이 시트콤이 보여주는 발칙한 가족의 해체와 재구성은 그것이 본래 목적이 아닐지라도 계속 지켜보게 만드는 힘이 있다.

〈위기탈출 넘버원〉이 진정한 위기탈출 프로그램이 되기 위해서

이현령

1. 위험이 일상화된 삶

우리의 삶은 항상 위험과 연관되어 있다. 하루 24시간 가운데 위험으로부터 온전히 벗어났다고 자신 있게 말할 수 있는 시간이 얼마나 있겠는가. 먹고, 자고, 움직이는 모든 우리의 활동은 위험요소로 가득 차 있는 것이 현실이다. 길을 걷다가 자동차 사고가 날 수도 있고, 부심코 먹은 식당의 음식 때문에 식중독에 걸릴 수도 있으며, 자고 있는데 가스누출 사고가 날 수도 있다. 물론 이런 예들이 극단적인 경우이기는 하지만, 위험이 우리의 일상이 되었다는 점에 대해서는 부인하기 힘들다. 그리고 우리는 그것의 피해자 혹은 공모자로 살아가고 있다.

하지만 우리는 계속 이러한 사회 속에서 한 명의 구성원으로 살아가야만 한다. 이에 사회조직 차원에서는 이러한 위험요소에 대한 해결책을 끊임없이 제시하고자 한다. 그래야만 사회조직이 온전히 작동할 수 있기 때문이다. 예컨대 수해보도를 생각해보자. 심각한 수해가 발생했고 이에 따라 엄청난 재산, 인명 피해가 발생했다는 보도가 나오고, 이와 함께 정부 차원의, 혹은 사회단체 차원의 지원 약속들이 줄을 잇는다는 보도가 따라 나온다. 마을회관 등에 모여 있는 주민들을 정부 인사들이 찾아가 격려하고 대책 마련을 약속하는 보도를 TV를 통해 보여주면, 시청자들은 '사회에서 문제 해결을 하려고 노력을 하는구나'와 같은 생각을 하게 된다. 이것을 위험이 상존해 있는 우리 사회가 조직을 유지하기 위해 취하고 있는 행동 양식이라 할 수도 있을 것이다.

2. 위험 극복 프로그램 <위기탈출 넘버원>

이러한 위험 사회를 일상의 차원에서 제대로 헤쳐나가는 법을 알려주겠다는 것을 목표로 내세운 프로그램이 있다. KBS 2TV의 <위기탈출 넘버원>이 그것이다. 이 프로그램은 "안전상식에서 생존 노하우까지!" 알려주고, "재난, 재해 등의 위기상황뿐 아니라 생활 속에서 흔히 일어날 수 있는 각종 위험, 사고에 대한 대처법과 예방법 등을 소개!"한다고 밝히고 있다.[1]

우리가 전혀 생각하지 못했던 것의 위험성을 지적하고 그것으로 인한 피해사례를 소개하며, 실험을 통해 그것이 과장된 것이 아니라 실제로 상당히 위험한 것임을 보여준다. 그리고 그 위험을 극복하기 위해서는 어떠한 생활태도를 지녀야 하는가에 대한 답을 제시하는 것이다. 하지만 이 프로그램이 위험 사회를 극복하기 위해 제대로 된 해결책을 제시해

---

1) <위기탈출 넘버원> 기획의도 http://www.kbs.co.kr/2tv/enter/no1/about/index.html.

주고 있을까? 이 글에서는 미세먼지의 위험성에 대해서 알려준 69회(2006년 12월 9일) 방송분을 중심으로 이 프로그램의 한계점을 지적해보고자 한다.

1) 단순한 '보여주기'를 통한 위험의 조장과 해결책 제시

69회의 방송 내용은 산업현장에서 각종 미세먼지들이 존재하는데 그로 인해 진폐증이 발생할 수도 있다는 점을 지적하고, 그것이 직업병 1위라는 사실을 알리면서 '먼지로 인한 피해'를 간과해서는 안 될 문제라고 말했다. 먼저 이러한 위험성을 알리기 위해 우리 생활에 얼마나 많은 먼지나 미세가루가 있는가를 보여주는 영상들이 제시되었다. 집안에서 발생하는 먼지, 학교에서의 분필가루, 작업장에서 발생하는 돌가루나 나무의 가루, 프린터의 토너 가루 등 주변에서 별 위험을 느끼지 않고 생활하는 것들도 문제가 될 수 있다는 것을 지적한다.

그리고 먼지가 쌓인 폐의 X-Ray 사진을 보여주면서, 먼지를 간과할 경우에 얼마나 심각한 상황에 이를 수 있는가를 나타냈다. 또한 10만 배로 확대가 가능한 주사전자현미경을 통해 미세먼지들을 관찰한 사진들을 보여주면서 그것들이 머리카락의 굵기와 비교해서 얼마나 작은지 보여주어, 호흡기를 통해서 쉽게 들어올 수 있다는 위험성을 다시금 알려주고 있다. 그리고 그 위험을 극복할 수 있는 대안으로 '방진 마스크'를 제안하면서 먼지를 걸러내는 능력이 일반 손수건에 비해 훨씬 더 좋다는 것을 실험을 통해 제시한다. 중간 중간에 먼지가 쌓인 폐의 X-Ray 사진이나 방진 마스크의 우수한 능력을 보여주는 실험 결과 등을 보고 놀라는 출연자들의 모습, 방청객들의 소리 등을 통해 현상의 심각힘을 배가시킨다.

이 방송에서 문제를 제시하는 방식은 단순한 보여주기다. 단적인 예가 폐의 X-Ray 사진이다. 무엇이 정상인지, 얼마나 먼지가 보여야 심각한 상태인지에 대해서 시청자들이나 출연자들은 알지 못한다. 그저 성우가 '먼지가 쌓인 폐의 사진'이라고 설명하고, 검게 나타난 부분에 동그라미로 표시되어 있어서 그것이 폐이고, 먼지가 쌓였다는 정도만 추측할 수 있을 뿐이다. 하지만 여기에 깜짝 놀라는 출연자들의 표정이 삽입되고, 방청객의 비명소리 같은 효과음이 삽입되면서 상당히 심각한 수준이라는 것을 느끼게 된다. 그 사진이 누구의 것인지, 어떤 과정을 통해 그런 상태에 이르렀는지 등에 대해서는 전혀 설명되지 않는다. 다시 말해, 미세 가루에 대해 아무런 대응도 하지 않은 채 생활했던 일반적인 사람의 폐 사진인지, 아니면 몇 년 동안 탄광에서 일을 했던 광부의 폐 사진인지 알려주지도 않는다. 그저 '심각한 상태'라는 것을 보여주면 그만이다.

또한 미세먼지들을 10만 배로 확대한 사진을 보여줌으로써 그것이 얼마나 작으며, 그래서 큰 위험이 될 가능성이 있다는 것을 눈으로 확실히 볼 수 있도록 한다. '작다'는 것을 '호흡기에 들어올 수 있다'는 것과 동일시해, 미세먼지들의 작은 부피가 갖는 위험성을 시각적으로 증명하는 것이다. 그러면 사람들은 이제 미세 가루들이 상당히 위험한 것이라고 인식하게 되고 해결책을 찾게 된다.

이러한 요구에 부합해 본 프로그램에서는 곧바로 '방진마스크'라는 해결책을 제시한다. 그리고 이것의 안전성 역시 '과학적 실험'을 통해 충실하게 재현해 보여준다. 흡입기를 사용해 쏟아져 있는 복사기 토너 가루를 빨아들이는데, 손수건을 필터로 사용해 빨아들인 공기에는 토너 가루가 그대로 묻어오는 반면, 방진 마스크를 통한 공기에는 조금의 토너 가루도 묻어 있지 않다. 그러면서 깨끗한 방진 마스크의 안 쪽 면과 손수건의 더러운 면을 비교해 보여준다. 이러한 극단적인 대비를 통해 자신들이 제시한 해결책이 갖는 우수함을 나타낸다. 그래서 많은 사람들이 먼지로 인한 피해를 막기 위해서는 방진 마스크 하나 정도는 가져야 할 것 같은 인상을 준다.

그렇다면 만약 이들이 '보여주는 것' 없이 방송을 진행했다면 어떤 결과를 낼 수 있었을까. 위의 내용들은 통계자료나 수치 등을 말로써 설명함을 통해서도 전달할 수 있다. 미세먼지로 인한 호흡기 질환의 사례들을 설명하고, 방진 마스크를 착용하고 일을 할 때와 그렇지 않을 때 어떤 차이를 느끼는가 등에 대해 사람들을 인터뷰하는 것 등, 다른 방식으로도 내용 전달을 할 수 있다. 하지만 이러한 형식으로 시청자들을 설득하기는 어려울 것이다. 이러한 위험 사례들은 대체로 극단적인 상황에서나 나올 법한 것이기 때문이다.

예컨대, 방진마스크의 효능이 제대로 발휘될 것이라고 생각하는 탄광 노동자들에게 마스크를 착용했을 때와 그렇지 않았을 때 어떤 차이를 느꼈는가 묻는다면 제작진이 의도한 대답, 즉 "마스크를 썼을 때 더 좋다"라는 말을 들을 수 있을 것이다. 그렇지만 만약 이러한 형식으로 방송이 제작될 경우에는 뉴스 보도의 사례처럼 특수한 경우일 가능성이 높기 때문에, 시청자들은 위험을 타자화시키게 되고, 남의 일로 인식하게 될 가능성이 높아지게 된다. '생활 속의' 위험과 대처법을 알려주고자 하는 프로그램에서 시청자들이 특수성을 인식하게 되면 안 되기에, 친근한 시각 매체를 풍부하게 사용해 일반화시킬 수밖에 없는 것이다.

즉, 이 프로그램은 비가시적인 위험을 가시적인 것으로 시각화해 놓은 후에 억지로 해결하는 과정을 보여주는 것으로 읽을 수도 있다. 그런 후에 '눈에 보이는 위험'에서는 탈피했기 때문에 '위기를 탈출했다'고 과장광고하는지도 모른다. 이것이 과학만이 갖고 있는 힘이다. 누구의 기준으로 정해졌는지 모르는 황사경보의 수치 기준, 대기오염의 심각성 평가기준 등은 과학이라는 폐쇄적인 영역 내에서 만들어져서 사람들에게 '진실'인 것처럼 알려진 것에 불과하다. 그리고 그러한 '진실'은 과학자들이 전문가화되면서 점점 더 큰 힘을 발휘할 수 있게 된다. <위기탈출 넘버원>은 이러한 과학의 힘을 적극적으로 이용해 일상 속에서 위험을 찾아내고 그것을 가공해 보여주고 있다. 그것이 정말 위험한 것인가에 대한 진지한 고민은 하지 않은 채로 말이다.

2) 문제의 근원은 침묵하는 해결책

이와 함께 이들이 제시하고 있는 해결책도 진정한 대안이 될 수 없다. 단지 피상적인 해결책만을 제시할 뿐이다. 이들이 제기하는 문제들은 모두 인간에 의해 만들어진 것이다. 문제가 인간의 과학에 의해 만들어진 것이기 때문에, 이들이 제시할 수 있는 해결책 역시 인간의 과학 영역 안에서 나올 수밖에 없다. 즉, 과학적 현상에 의해 생성된 문제들을 다시 과학적 과정을 통해서만 해결하고자 한다는 것이다. 그래서 인간의 과학의 힘으로 할 수 있는 '방진마스크'가 최종 해결책이 될 수밖에 없는 것이다. 물론 마지막 장면에서는 환기의 필요성을 제시하지만, 그로 인해 발생할 수밖에 없는 야외의 매연, 공사 현장 등에서 들어오는 먼지 등의 피해는 어떻게 대처할 것인가에 대해서는 침묵한다. 결국 각종 문제의 근원에 내재되어 있는 전제들, 예컨대 근대성, 진보 등에 대한 문제제기는 하지 않고 그저 현상의 문제 해결에 만족한다. 그래서 이것은 어쩌면 '거짓된' 해결인지도 모른다.

울리히 벡은 현대를 위험사회로 보며 지금의 위험은 기존 사회의 위험과 상당히 다른 특성을 갖는다고 설명한다. 현대사회의 위험은 전 지구적으로

네트워크화되어 있으며, 비가시적이고 만성적이며 보편적으로 편재해 있다. 그리고 위험을 막는 장치들은 다시 위험이 되는 자기원인적 성격을 갖는다.[2]

<위기탈출 넘버원>에서 제시하는 위험 역시 전형적인 현대 위험 사회의 위험들이다. 먼지로 인한 위험은 보이지 않으며, 만성적으로 존재해 왔던 것이고, 어디에서건 맞닥뜨릴 수 있는 위험이며, 먼지에서 보호해 주기 위한 장치들이 또 다른 문제 ─ 예컨대 방진마스크의 화학 성분에 의한 호흡기 문제 등 ─ 를 낳을 수도 있다. 그래서 이러한 위험을 극복하기 위해서는 위험사회의 근본적인 원인을 찾고 그것을 풀어내야 하는데, 그러한 노력은 이뤄지지 않는다. 그래서 이 프로그램을 단지 문제의 부각과 그것의 피상적인 해결에 그친다고 보는 것이다.

이러한 설명은 비단 69회 방송분에만 해당되는 것이 아니다. 몸을 조이는 것 ─ 스타킹, 넥타이, 스키니 진 등 ─ 의 위험성을 실험을 통해 보여주고 신체에 얼마나 무리가 가는지 설명한 것(67회), 불법 입간판들에 의한 피해를 보여준 것(67회), 각질제거를 위한 스크럽 제품들로 인한 위험성(66회) 등 방송의 거의 모든 소재들이 위험사회에 존재하는 위험의 특징들을 그대로 갖고 있는 것들이다. 하지만 이러한 모든 방송에서 한 번도 그 위험의 근본적인 원인을 문제시하지 않는다. 단지 일상적으로 생각하던 것들이 얼마나 위험한가에 대해 각종 과학 기구들을 통해 측정하고 그 결과들을 시청자들에게 보여주면서, 언 발에 오줌누기 식의 해결책만을 제시하고 있다. 하지만 시청자들은 '영향력이 큰' TV에서 하는 내용이고, 평범한 사람들은 범접할 수 없을 듯한 각종 과학기구들을 통해 측정한

---

2) 울리히 벡, 『위험사회 : 새로운 근대(성)을 향하여』, 홍성태 역(새물결, 1997).

결과들이 일목요연하게 정리되어 '시각적'으로 설득력 있게 제시되기에
별다른 의심 없이 믿게 되는 것이다. 그만큼 우리가 '보는 것=옳은 것'이라
는 사고에 길들여져 있고, 그만큼 사회의 위기와 무의식적으로 공존하고
있다.

물론 이 방송이 새로운 정보를 알려준다는 측면에서는 긍정적인 부분이
많다. 그리고 특정 사건을 시의성에만 의존해 보도하는 피상적인 뉴스보도
가 아닌, 우리가 간과하고 오해하고 있던 부분을 지적해 큰 위험에서
벗어날 수 있도록 하는 것도 사실이다. 하지만 이를 통한 위험 조장의
측면 역시 인식해야만 한다. 정확히 알지 못함에도 '과학적'인 장치에
의해 검증된 결과이기 때문에 받아들이게 되는 오류를 범하고 있는지도
모른다는 것이다.[3]

3. 위험을 제대로 인식하고 해결하기

일상 속에서 흔히 벌어질 수 있는 사건들, 하지만 모르고 넘어갔던
사건들을 인식하고 사고를 예방하는 것은 중요하다. 하지만 그것과 함께
필수적으로 이뤄져야 하는 일은 위험의 근본적인 원인이 무엇인가에 대해
알아보는 것이다. 코끼리의 다리, 몸통, 코만을 만져보고 "코끼리의 생김새
는 이렇다"라고 말하는 것은 얼마나 우스운 행동인가.

---

[3] 이처럼 '과학'의 힘과 '방송의 영상'의 힘을 빌려 시청자들에게 어필하는 방송은 비단
이 프로그램만이 아니다. 시청자들의 궁금증과 제보를 해결한다는 명목으로 각종 실험
과 증거 사진을 보여주는 <스펀지>, 각종 건강 정보를 전문가들을 모셔놓고 연예인들
의 생활 패턴을 점검하고 건강 상태를 살펴보며 각종 건강 상식을 알려주는 <비타민>
등이 있다.

앞으로 <위기탈출 넘버원>에서는 간과하기 쉬운 일상 속의 위험을 지적해줌과 함께, 우리가 왜 이렇게 많은 위험 속에서 살 수밖에 없게 되었는가에 대한 분석도 함께 해주기를 바란다. 이러한 자세를 갖게 될 때, 피상적이고 일회적인 해결책을 제시하는 프로그램에서 한 발 더 나아가 좀 더 거시적인 차원의 사회 안전 프로그램으로 성장할 수 있을 것이다.

페미니즘 시각에서 본 드라마 〈고맙습니다〉

김보경

최근 방영되는 드라마를 보면 성공 여부와 상관없이 막대한 제작비부터 들이는 블록버스터가 쏟아지고 있다. 스타 캐스팅과 빼어난 영상미가 강조되며, 스케일은 작더라도 로맨틱 코미디나 트렌디드라마가 성공하는 추세다.

이런 분위기 속에서 오롯이 휴머니즘만을 안고 등장한 드라마가 있었는데 바로 MBC 〈고맙습니다〉이다. 미혼모, 치매 노인, 에이즈 환자로 구성된 가족이 살아가는 모습을 보여주며, 우리들에게 사회적 약자를 생각해볼 기회를 주었던 귀한 드라마다. 〈고맙습니다〉라는 제목과 '푸른 도'라는 배경에서 오는 소소함 덕에 방영 초기엔 드라마에 대한 기대치가 그리 높지 않았던 게 사실이다. 하지만 회를 거듭할수록 시청자의 마음 깊숙이 휴머니즘이 파고들더니 결국 성공적인 드라마로 평가받으며 종영했다.

이 드라마에는 '영신'이라는 미혼모가 등장한다. 생계를 책임지기 위해

직접 돈을 벌어야 한다는 점과 한번쯤 결혼을 진지하게 고민해봤다는
점에서 전형적인 미혼모의 모습을 하고 있다. 그러나 할아버지는 치매에
걸리고 딸은 에이즈에 걸렸다는 점에서 그녀의 시련은 전형적이지 않다.
영신은 스스로의 힘으로 가족을 지켜나간다. 그 고통을 대신해줄 사람은
없고 그녀도 대신해줄 사람을 찾지 않는다. 이것이 <고맙습니다>가 미혼
모 드라마가 아님에도 미혼모를 이야기하게끔 하는 이유다.

드라마가 미혼모를 다루는 방식

드라마 속에서 일과 사랑을 동시에 쟁취하는 여성의 모습이 이제 낯설지
않다. 그러나 여전히 여성을 가부장제 안에서 바라보고 그 틀에 맞추어
해결하려는 성향이 강하다. 드라마 <고맙습니다>는 미혼모 영신을 통해
기존 방식에서 벗어난 페미니즘을 이야기하고 있다.

"그렇게 정 많고, 헤프고, 착해 빠져 가지고 이 험한 세상 어떻게 살아가
려고 그러니?" 영신은 종종 이렇게 말하길 좋아하지만 정작 자신이 얼마나
착해 빠졌는지는 모른다. 예쁜 얼굴만큼 마음도 예뻐, 내 것을 남에게
주는 데 인색하지 않고 도움이 필요한 곳이면 어디든 달려간다. 일할
땐 부지런하고 성실하지만 그렇다고 악착같이 내 것만 챙기는 사람도
아니다.

남들 쉴 때 일해 거둬들인 작물은 이웃들이 한 줌 두 줌 들고 가버리면
그만이고, 힘들게 잡은 낙지를 달라고 하는 얄미운 소리에도 영신은 웃으
며 고개를 끄덕인다. 조금 바보스럽긴 해도 세상을 바라보는 시선은 밝고
긍정적이다. 석현모가 그녀 가슴에 비수를 꽂는 말을 쏟아붓고 가도, 진심
은 안 그러시겠지, 툭툭 털어버리는 씩씩한 사람이다. 그러나 그런 그녀를

바라보는 마을 사람들의 시선은 하나같이 측은하고 가엾다. 그녀가 미혼모이기 때문이다. 홀로 자식을 돌보고 생계를 이어나가야 하는 그녀에게 남자 그늘이 있어야 한다고 이야기한다.

일반적으로 드라마에서 미혼모는 신데렐라로 그려지는 경우가 많다. 너무나 아름답고 착한 그녀는 사랑하는 남자의 죽음이나 변심으로 어쩔 수 없이 미혼모가 된다. 그리고 가족을 부양하기 위해 생계전선에 뛰어드는 과정에서 경제적으로 든든한 남자를 만나 사랑에 빠진다. 그와 결혼을 하기까지는 주변의 반대가 만만치 않다. 그 과정에서 구시대적이고 권위적으로 표현되는 부모님에 맞서는 신세대적인 아들 덕에 갈등이 고조되기도 한다. 이혼녀에 대한 이야기도 이와 비슷하다. 홀로 된 여자는 경제적인 독립을 가장 우선시하며 새로운 남자를 만나는 것으로 결말을 맺는 경우가 많다.

이런 드라마에서 미혼모나 이혼녀에게 경제력을 강요하는 것은 남자의 빈자리를 채우기 위함이다. 즉, 남자의 빈자리를 가장 큰 문제로 삼고 있다는 것이다. 그래서 자식을 핑계로 사랑을 핑계로 결혼을 선택하고, 결국 그녀는 미혼모도 이혼녀도 아닌 사람으로 거듭난다. 가부장적 제도 밖의 여성을 다시 가부장적 제도 안으로 끌어들이고 마는 것이다. 멜로드라마에서 신분차를 갈등요소로 이용하는 것도 식상하지만, 미혼모라는 요소까지 적용해 하나의 장애요소로 활용하는 것도 썩 좋게 보이진 않는다.

많은 사람들이 <고맙습니다>의 특징으로 꼽는 것으로 미혼모가 갈등요소로 적용되지 않았다는 것이다. 영신이 마을 사람들에게 미움을 받는 때도 있지만 자극적인 대사가 나오거나 갈등이 증폭되진 않았다. 게다가 영신은 사랑을 결혼으로 연결 짓지 않으며 끝까지 미혼모로 남는 여유를 보인다. 영신이 기서의 프러포즈를 거절한 것이 열린 결말을 지향하는 작가의 의도였다고 해도, 그녀의 선택은 충분히 신선했다.

그녀에게 남자가 필요한가

우리는 미혼모에게 끊임없이 결혼하라고 한다. 드라마는 그녀에게 백마 탄 왕자를 소개시켜주며 그간 겪었던 고생을 보상해주려고도 한다. 그러나 영신은 신데렐라가 되기를 거부한다.

영신네 가족의 가장 커다란 특징은 남자가 부재하다는 것이다. 먼저 가장이 없다. 영신은 결혼한 적이 없으니 남편이 없고 부모는 모두 바다에서 목숨을 잃었다. '미스터 리'라 부르는 할아버지가 있지만 손녀도 알아보지 못하는 치매환자다. 장성한 남동생이 있지만 서울에서 공부하며 푸른도에는 거의 내려오지도 않고 연락을 자주 주고받지도 않는다. 어려운 일이 있을 때 상의하거나 의지할 수 있는 존재가 아니다.

상황이 이렇다보니 영신에게 결혼을 권하는 이들이 많다. 그녀는 별 생각이 없는데 봄이에겐 아빠가 필요하다며 남동생이 나서서 닦달이다. 석현모를 통해 간간이 선이 들어오기도 한다. 하지만 영신의 가족을 이해해줄 마땅한 남자도 없는데다, 평소 영신을 마음에 두고 있던 박씨마저 미스터 리는 감당할 엄두가 안 난다며 포기해버리는 바람에 당분간 결혼은 어려워 보인다.

이때 영신을 그윽한 눈길로 바라보는 두 남자가 있었으니 석현과 기서다. 석현은 영신의 첫사랑인 동시에 봄이의 친부로 그녀의 남자가 되기에 가장 이상적인 인물이다. 석현모가 두 사람을 열렬히 반대하기는 하겠지만 평소에 석현모가 언뜻언뜻 보여주는 진심은 그렇지 않은 것 같다. 영신이 석현과 결혼한다면 봄이에게도 핏줄을 찾아주는 일이 되므로 가장 안정적인 가정을 이룰 수 있을 것이다. 하지만 영신은 석현에게 너무 늦게 왔다고 말한다. 석현은 에이즈에 걸린 봄이도 사랑하고 정신이 오락가락한 미스터리도 사랑하지만 그들을 가족으로 받아들이는 데는 박씨가 그랬던 것처럼 부담감이 컸을 것이다. 뒤늦게 그들을 받아들이겠다고 다짐하지만 그 시간이 너무 오래 걸리고 말았다.

석현이 밀려난 영신의 마음속에는 기서가 자리 잡는다. 기서는 석현과는 정반대의 인물이다. 터프하게 생긴 외모나 쉽게 흥분하는 불 같은 성격부터 그렇다. 석현은 자신의 아이를 책임지고 가정을 지켜야 한다는 생각이 강하지만 기서는 부모와의 갈등에 집을 나와 섬으로 도망치기도 한다. 기서의 직업은 의사다. 푸른도 사람들에겐 위기가 닥칠 때마다 나타나 응급조치를 취하는 선생님이고, 영신의 가족에겐 에이즈라는 병을 정확히 알고 있는 응원군이다.

문제가 생겼을 때마다 나타나 해결사 역할을 한다는 점에서 기서는 신데렐라의 왕자 같은 존재다. 집안도 재벌집안인데다 유능한 의사였으니 돈은 또 얼마나 많겠는가. 그러나 영신은 기서 앞에서 신데렐라가 되지 않는다. 기서가 왕자라는 사실을 모르기 때문은 아니다. 영신이 기서와 사랑을 키운다고 해서 그녀에게 어떤 변화가 찾아올 것이라고 예상하기 힘들기 때문이다. 영신은 자신이 조금만 부지런하면 가족을 부양하는 데 아무런 문제가 없기에 경제력이 간절하지 않다. 치매나 에이즈는 현대 의학이 치료할 수 없는 부분이므로 기서가 물리적인 도움을 줄 수도 없다. 그리고 무엇보다 영신은 푸른도를 떠날 생각이 없다. 영신은 오히려 덤덤한데 기서 혼자서 유리 구두를 들고 와서는 신어달라고 졸라대는 것 같다. 그녀의 가족이 되고 싶다고 말하며 편의점도 없는 시골에서 팔자에도 없는 장작이나 패고 있는 것이다. 기서와 잘 되든 안 되든 상관없이 영신은 언제까지나 지금 모습 그대로 푸른도에 살고 있을 것 같다.

완벽한 가족

이혼, 독신, 입양 등을 통해 우리 주변에 전통적 가족구조에서 벗어난 다양한 가족이 탄생하고 있다. 이런 변화 속에서 과연 정상적인 가족이라는 기준이 존재할 수 있을까?

영신이 기서에게 마음을 열었다고 해서 그와의 결혼까지 결심한 것은 아니다. 기서를 향한 애틋한 마음도 점점 커지고 그녀의 삶 일부를 조금씩 의지해가기 시작한다. 그러나 결국 그를 가족으로 받아들이는 문제에 있어서는 고개를 젓는다. '오른쪽 눈이 작은 사람이 있고 키가 큰 사람이 있고 검지가 중지보다 긴 사람이 있는 것처럼' 미혼모는 크게 잘못하거나 불행한 것이 아닌 단지 차이일 뿐이라는 사실을 깨달았기 때문이다.

미혼모가 남자를 배제하고 하나의 가족을 구성할 수 있다는 이런 생각은 기존 가족으로부터의 독립으로 이야기할 수도 있다. 앞서 이야기했듯이 영신은 석현과의 결혼을 통해서 안정적인 가족을 이룰 기회가 있었다. 봄이에게 아버지를 찾아주고 할머니를 찾아주는 일인데 그것을 거부할 이유가 없다. 우리나라 정서상 떨어진 핏줄이 그토록 가까이에 사는데도 남으로 지낸다는 것은 상식에 어긋난다. 하지만 영신은 석현의 가족이 되지 않는다. 미혼모가 되는 순간에 이미 그녀는 그들의 가족이 되지 않을 것이라고 생각했을 것이다. 미혼모는 결혼이라는 전통적 제도 밖에 존재하기 때문에 애초에 가족 해체성을 띨 수밖에 없다. 그래서 봄이가 친부나 친조모가 누군지 깨달아야 할 이유가 없고 그들의 가정으로 되돌아 가야 할 이유가 없다. 미혼모 가족도 타인이 간섭하거나 소유할 수 없는 하나의 가족이기 때문이다.

영신의 가족이 전통적 가족에서 벗어나 가장 불안정한 구성을 하고 있음에도 그들은 충분히 행복한 모습을 보여주고 있다. 사람들은 치매에 걸려 바지에 실례도 하는 미스터 리를 부담스러워하지만 영신과 봄이에겐 사랑을 나누는 가족이고 정신적으로 의지하는 존재다. 그리고 에이즈라는 병에 대한 편견으로 많은 상처를 입은 봄이도, 실제론 그저 8살 난 명랑한 아이일 뿐이다. 마을 사람들이 보건소로 달려가 에이즈 검사를 해달라고 화를 낼 때 영신의 가족은 하얀 밀가루를 서로에게 집어던지며 행복한 저녁식사를 준비한다. 그들은 어느 가족보다 행복하고 완벽하다. 다만 타인의 시각이 개입되어 불행해질 따름이다.

최근 드라마에서 경제력 있는 싱글맘을 쉽게 찾아볼 수 있다. 여성의 경제적 지위 상승을 무시할 수 없는데다 결혼제도에 반대하지만 아이는 갖고 싶어 하는 자발적 미혼모가 느는 추세를 반영한 것이다. 드라마 속 미혼모는 커리어우먼으로 변했고 자신의 삶을 여유 있게 살아가게 되었다. 하지만 이런 반영은 아직 사라지지 않은 미혼모에 대한 편견과 따가운 시선을 간과하고 있다는 지적을 받고 있다. 미혼모에게 경제력을 주고 나머지 문제는 없는 것처럼 왜곡한다는 것이다.

반대의 시각으로 바라볼 때의 문제점도 존재한다. 우리 사회는 약자 앞에서 안타까움을 표하는 동시에 반드시 도움의 손길을 내밀어야 한다는 부담감을 안고 있다. 그래서 다수의 드라마가 약자들이 스스로 알아서 현실과 꿋꿋이 싸우기를 바라고, 더 나아가 보통의 사람들보다 더욱 성공하기를 바란다. 그게 현실적으로 불가능한 일인데도 말이다.

미디어의 잘못된 관심이 때로는 독이 될 수도 있다는 사실을 깨달아야 한다. 미혼모를 지나치게 앞선 시각으로 봤을 땐 현실의 미혼모와 괴리감을 조장할 수 있고, 지나친 안타까움과 온정의 눈길로 바라봤을 땐 그들을 동정하게 될 수도 있다. 미디어가 미혼모를 향해 "미혼모가 돼서 참 슬프시겠어요"라고 말해서는 안 되는 것이다.

미혼모를 다루는 많은 드라마가 그녀가 보통 여자와 다르지 않으며 보통 남자의 경제력에 뒤처지지 않는다는 점을 설득시키는 과정에 초점을 두고 있다. 그래서 여성을 여성으로 그리지 못하고 남편이 없는 여성으로 그리게 되는 것이다. 드라마 <고맙습니다>는 에이즈 환자나 미혼모로 살아가며 겪는 물리적인 어려움보다는, 그것을 차이로 받아들이지 못하는 사회 속에서 겪는 정신적인 어려움이 더 크다는 것을 이야기하고 있다. 그리고 영신이 결혼을 거부함으로써 그동안 그녀가 지켰던 가정이 소중했고 앞으로 더욱 소중할 것이라는 것을 느낄 수 있었다. 영신의 독립은 미혼모 가족을 부정하지 않는다는 데 의미가 있다. 앞으로도 우리 주변에 다양한 가치들이 존재한다는 것을 인지하고 그 차이를 폭 넓게 이해해 나가는 것이 바로 미디어의 지향점이 아닌가 한다.

'홍길동'의 재현 혹은, 어설픈 시대극의 재현
MBC 드라마 <문희>

김은경

2007년, 홍길동의 삶을 살고자 했던 '문희'

"아버지를 아버지라 부르지 못하고, 형을 형이라 부르지 못하는……."
홍길동은 참으로 외로웠다더라. 문희(극중 인물)는 그런 길동에게서 동병상
련의 감정을 느꼈을 법도 하다. 사생아로 태어나 아버지와 본처 사이에서
지내는 길을 택했던 문희가 얼마나 험난하고 굴곡진 인생을 살았을지는
짐작해보지 않아도 알 수 있다. 그나마 아버지를 아버지라 부르고 오빠를
오빠라 부를 수 있었지만 가정 내에서 완전한 가족 구성원으로 인정받지는
못했다. 이쯤 보면 서자여서 겪은 온갖 구박과 멸시를 받았던 길동과
서녀인 문희는 많은 부분 닮아 있음을 알 수 있다.

그간 재벌 2세나 출생의 비밀이 중심축이 되는 드라마들이 판을 치다가,
이후 불륜을 소재로 한 드라마들이 쏟아져나왔다. 이제 불륜 드라마의
시대가 어느 정도 자리를 잡자 그 뒤를 이을 새로운 패턴의 드라마들이

줄을 서고 있다. 그 중 하나가 바로 <문희>로, 불륜의 결실인 서녀 문희를 드라마 전면에 세우고 그녀를 중심으로 극이 전개된다. 즉, <문희>는 불륜의 산실이자 그 기준을 뛰어넘는 새로운 드라마 패턴이라 할 수 있으나, 내용상으로 보면 조선시대 '홍길동전'의 뿌리를 그대로 유지하고 있으며, 70년대에 흥행했던 영화 '홍길동'의 재현이라고 볼 수 있다. 단지 주인공의 성별을 남성에서 여성으로 바꾸고, 집에서 받았던 설움을 사회적으로 풀었던 것에서 복수의 화살이 설움을 준 집으로 향하는 것으로 바꾸었으며, 2007년 시청자의 입맛을 고려해 사랑이라는 요소를 좀 더 부각시켰을 뿐이다.

그렇다면 <문희>는 홍길동의 삶을 재현함으로써 무엇을 창출하고자 했을까. 지난날의 향수를 자극해 7080세대의 시선을 잡고자 했는가, 아니면 옛이야기를 현대적으로 풀어내 복고 유행처럼 새로운 문화 트렌드를 선도하고자 했는가. 두 마리 토끼를 잡기 위해 문희는 부단히 살아왔다. 그러나 20회를 훌쩍 넘긴 <문희>는 어설픈 시대극을 표방한 드라마가 됐다. 홍길동의 삶을 살고자 했던 문희는 그것에 너무 집중한 나머지 어설픈 시대극을 재현하는 데 만족해야 했다. 차라리 홍길동의 삶을 모방하지 않았다면 좀 더 신선하지 않았을까.

서녀가 결심한 복수, 신선함 혹은 명분 없는 발악

불과 5, 6년 전만 해도 서자나 서녀는 본처 자식들에게 구박받고 미움을 사지만, 절대 나쁜 감정 따위는 품지 않았다. SBS 드라마 <아름다운 날들>에서만 보아도 둘째 부인이 자녀인 류시원은 본처 자식들인 이병헌과 신민아에게 시기·질투의 대상이었다. 죽은 본처 자리에 앉은 류시원의 엄마 역시 본처 자식들에게 엄마다운 대접 한 번 받지 못했다. 그러나 극중 서자였던 류시원은 '복수'라는 카드를 품지 않았다.

지금은 어떠한가. 둘째 부인이 본처에게 스스럼없이 자신의 목소리를 높이는 판국에 문희가 더 이상 착하고 고분고분한 서녀이기만을 바라는 건 무리다. 모욕과 멸시를 당했다면 당사자가 잘못을 했을지언정 마땅히 기분이 나쁠 것이고, 그렇다면 단지 자신의 의지와 상관없이 서녀가 된 문희가 복수의 칼날을 품은 것은 이해할 수 있다. 본처의 자녀가 아닌 서녀가 주인공이 되어 복수를 한다는 것 자체가 신선하면서도 '홍길동'에 익숙한 우리에게는 서녀의 복수가 조금은 익숙하게 느껴질 법도 하다.

하지만 정작 문희의 복수를 보면서 홍길동에서와 같은 쾌감은 찾아볼 수가 없다. 양반사회에 편입될 수 없었던 길동이 부조리한 양반들을 수탈하는 것은 타당한 명분이 있었기에 '홍길동'을 보며 쾌감을 느낄 수 있었다. 반면 <문희>에서는 복수의 마땅한 명분을 찾기 힘들다. 문희가 복수의 칼날을 품게 된 이유에는 크게 두 가지가 있다. 둘째부인이라는 이유로 본처에게 모욕을 당하는 엄마, 그리고 그런 엄마의 수술비를 빌려주지 않은 본처로 인해 죽게 된 엄마에게 무릎 꿇고 사과하게 하기 위해서였다.

그런데 이 두 가지 명분은 극히 개인적이며 복수의 명분으로 보기엔 타당성이 결여돼 있다. 그 이유로는 우선 문희의 엄마는 둘째부인이라는 것이다. 문희의 엄마가 문 회장을 정말 사랑하는 마음에 저지른 일이라 할지라도 문 회장은 유부남이었고, 때문에 법적으로나 사회적으로 불륜은 불륜이다. 본처로서는 남편의 외도가 용납될 리 만무했을 테고, 남편의 외도 대상인 문희의 엄마를 비난하는 것은 충분히 이해될 만하다. 또한 문희의 엄마가 수술을 해야 할 때, 본처가 이를 외면한 것은 인도적 차원에서는 비난의 여지가 있지만 문희에게 복수를 받을 만큼 잘못된 행동도 아니었다. 이를 가지고 문희가 복수를 결심했다는 것은 '남이 하면 불륜, 자기들이 하면 로맨스요, 사랑이다'라는 얼토당토않은 논리 속에서나 설득될 것이다. 만약 본처가 화를 못 이겨 문희의 엄마를 살해했다거나 하는 극한의 상황이라면 이야기가 달라지겠지만 말이다. 문희의 입장에서는 그럴 수밖에 없다 할지라도 복수의 명분을 시청자에게 납득시키지 못하는 한 그녀의 복수는 극적 개연성이나 구성의 짜임새를 찾아볼 수 없는 억지스런 행동에 불과하다.

문희의 복수는 본처의 첫째 아들인 문호의 사장 취임식을 무산시키는 것으로 시작된다. 본처는 인생 최대 꿈이었던 아들의 사장 취임이 물거품 되어 뒤로 넘어갔고, 이와 함께 자신을 구박하고 무시했던 시누이와 동생에게도 '한 방'을 선사했다. 문희의 복수는 그렇게 이루어졌다. 그러나 명분 없는 복수의 칼날은 이내 무뎌지고, 칼자루를 쥐고 있던 손의 힘도 풀리기 마련이다. 본래 문희의 복수의 목적에는 본처가 엄마에게 무릎을 꿇고 사과를 빌게 하는 것이었지만 그것마저 어느새 실종된 듯하다.

명분 없는 발악에 브레이크 건 순결 이데올로기와 모성애

문희의 복수가 멈춰진 데는 여러 가지 이유가 있다. 복수를 목적으로 들어온 집이라지만 몇 십 년 동안 함께 살아오면서 자신을 차별 없이 대해줬던 아버지인 문 회장과 오빠인 문호에게는 적어도 정이란 게 남아 있었을 것이다. 실제로 본처에게 복수를 하기 위해 오빠 문호의 사장 취임을 막았을 때 오빠에게만큼은 어느 정도 미안해했다. 이러한 내면의 변화로 복수라는 칼자루를 놓쳤을 터이지만, 순결 이데올로기와 모성애가 복수에 제동을 거는 데 일조했다. 물론 명분 없는 복수는 언젠가는 결국

소리 없이 사라질 테지만 말이다.

대한민국 드라마 단골 소재 중 하나인 순결 이데올로기는 과거 없는 깨끗한 여자를 원하는 가부장적인 사회문화의 폐해다. 홍길동의 시대에서는 순결이 여성의 덕목 중 하나일 만큼 중요한 것이었지만, 지금까지 여성에게 순결을 강요하는 것은 남녀평등의 시대에 어긋나는 일이다. 전문직에 있고, 그에 따라 자신의 커리어를 높여나가는 여성들에게 순결을 깨뜨리는 과거가 있다면 그녀들은 남성들(혹은 그의 가족들)에게 죄인처럼 고개를 조아려야만 한다. 문희도 예외는 아니었다. 극중에서 복수의 비중을 줄이면서까지 문희의 순결 이데올로기를 통해 갈등상황이 이루어지고 있다.

사생아라는 이유로 자신을 인정하지 않으려 했던 아버지, 매몰차게 대했던 본처와 자녀. 이러한 복합적인 요소들이 18세 문희에게는 충분히 충격적이었으리라. 문희는 기댈 곳이 필요했을 테고, 동거를 하고 아이까지 낳았다. 이 모든 것들이 지금의 문희에게 과거가 되어 순결 이데올로기에 부합하지 못하는 여성이 되었다. 물론 결혼을 약속한 유진에게 과거를 숨기려 한 것이 올바른 것은 아니다. 하지만 문희의 과거에 충격을 받고 그 과거로 인해 그들의 앞날에 장애가 있다는 식의 극 전개는 자칫 순결하지 못한 여자에 대한 사회적 응징으로 이어질 수 있으며, 현재 우리는 암묵적으로 그 응징을 수용하고 있다.

순결 이데올로기와 함께 문희의 복수에 브레이크를 건 것은 모성애다. 사실 <문희>의 기획의도를 보면 모성애가 중심을 이루고 있음을 알 수 있다. 그렇다면 <문희>가 홍길동의 삶을 살고자 했던 것도, 그녀의 복수를 흐지부지 만들었던 순결 이데올로기까지도 문희의 모성애를 위한 주변 이야기로 전락해버린다. 그러나 모성애마저도 주변 이야기가 되어버린 듯, 문희에게서 문희만의 모성애를 찾아보기는 어려웠다.

<문희>에서 모성애는 바로 기른 정과 낳은 정으로 나타난다. 열여덟 어린 나이에 하늘이를 출산해 입양 보내야만 했던 문희의 낳은 정, 그리고 아들을 원하던 집안의 기대와 맞물려 상상임신을 해 하늘이를 데려와야 했던 장한나의 기른 정. 이 두 모성애는 극 중반에 다다르면서 극의 중심이 되고 있다. 그런데 <문희>에서 이야기되고 있는 모성애는 낳은 정과 기른 정의 불꽃 튀는 대결만 있을 뿐이었다. 홍길동의 시대에도 모성애는 있었고, 다른 드라마에도 모성애는 있다.

따라서 모성애가 <문희>라는 드라마에서 부각될 만한 고유한 가치는 아니라는 것이다. 즉, 문희의 모성애가 뚜렷하게 드러나지 않는다는 것이다. 문희의 모성애라고 보여지는 부분은 하늘이를 보내야만 했던 지난날의 아픔과 아이를 한 번이라도 보고 싶어하는 갈망이다. 그 갈망이라는 것도 보통의 어머니보다 좀 더 깊을 뿐이고, 그마저도 내내 눈물바람을 하며 장한나에게 매달리기 일쑤인 70년대 신파극을 보는 듯한 어색함을 준다.

그러나 이마저도 하늘이가 아들이 아니라는 것이 드러날까 노심초사하는 장한나에게 밀려 문희의 모성애가 뚜렷하게 부각되지 않는다. 생모의 등장으로 지금까지 이룬 가정의 행복이 위태롭게 된 장한나가 겪는 혼란과 두려움과 맞물려 이를 숨기고 하늘이를 대해야 하는 장한나만의 모성애가 나오는 것이다. 이를 바탕으로 제작진의 기회의도를 고려해본다면 드라마의 제목이 <문희>가 아니라 '장한나'가 돼도 어색하지 않을 듯하다.

가부장적인 세 집안, 아이몰·통주상회·거산병원

홍길동의 삶을 살고자 했던 문희는 여자라는 것으로 인해 여러모로 제약이 따랐던 것 같다. 여자라는 이유도 이유지만 그것이 '홍길동'의 시대에서나 설득력 있는 것들만 모아 문희의 이야기로 편입하려 한 것도 이유다. 앞서 살펴본 순결 이데올로기나 문희의 70년대 모성애는 문희의 발목을 잡고 문희가 풀어내려고 했던 진짜 이야기를 흩트려버렸다. 그러나 문희뿐만 아니라 드라마 <문희>의 발목까지 잡고 있는 또 다른 것이 있다. 바로 가부장적인 세 집안, 아이몰·통주상회·거산병원이다.

아이몰 그룹은 가부장제의 극치를 달리고 있다. 식사시간을 남자들과 여자들이 달리해 먹으며, 식탁도 따로 있다. 언젠가 문 회장이 문희를 자신과 같은 시간대에 같은 식탁에서 밥을 먹게 하자 다른 여자들이 반발한 사건이 있었다. 이를 볼 때 식사시간과 식탁은 단순히 시간과 사물의 개념이 아니라 남성 우월주의와 가부장제를 통해 남자와 여자를 가르는 기준으로서 기능한다. 더욱이 남자들이 밥을 먹을 때 여자들은 곁에서 그들의 식사를 바라보고만 있어야 하고, 두 남자의 아내들은 손수 고기를 발라 친절하게 그들의 밥 위에 얹어준다. 그 모습을 보고 있자니 실소를 머금지 않을 수 없었다. 차라리 시대상황이 홍길동의 시대였다면 그나마 이해할 수 있으련만, 2007년에 이러한 극적 구성은 참으로 아이러니하고 이해되지 않는 상황이었다.

장한나의 가족이 있는 통주상회는 그래도 식사는 같이 하니 문 회장의 가족보다 나은 듯하다. 한복집을 운영하는 것을 보면 통주상회가 70년대 잔존이니 가부장제가 나타나 있다기보단 예를 중요시하는 요즘에 보기 드문 집안 같다. 그러나 하늘이를 보면 이야기가 좀 달라진다. 하늘이가 통주상회의 대를 잇는 아들로 들어온 이유가 무엇이었는가. 바로 아들 손주를 원했던 장한나의 시어머니가 있었기 때문에 가능했던 것이다. 통주상회에는 남아선호사상의 잔재가 남아 있었다. 남아선호사상이 없었다면 하늘이로 인한 장한나와 문희의 모성애 표출이 아예 나타나지 않았을 테다. 그러나 아직까지 가부장제의 그늘에서 벗어나지 못한 통주상회는 <문희>를 보는 내내 현대극인지 시대극인지 헛갈리게 하는 소지가 될 수 있다.

그나마 거산병원 내외 가족은 가장 현대적인 집이다. 이 집에서는 여자가 왕이다. 유진과 유진의 아버지는 유진의 어머니의 기분에 따라 각종 이벤트나 쇼를 준비한다. 여기에서만큼은 가부장제의 그늘이 비켜나갈 것만 같지만, 그 그늘에서 완전히 자유로울 수 없었다. 유진의 어머니의 모습은 완전히 의존적인 모습이다. 두 남자가 없으면 아무것도 못하는 나약한 존재로 묘사된다. 유진의 어머니는 감성적으로 눈에 보이는 것에만 흥분하고 좋아한다. 이러한 모습은 문희와 유진의 결혼 승낙 과정에서 두드러지는데, 서녀인 문희를 인정하지 않으려 했던 유진의 어머니는 문희에게 싫은 감정을 여과 없이 드러냈다. 반면 유진의 아버지는 문희를 인정하지 않지만 아들이 사랑하는 여자이기 때문에 아내의 무례를 감싸며 최선의 대우를 해줬다. 거산병원 내외 가정에서 여자는 감성적이며 의존적으로 남자는 이성적으로 묘사해, 은연중에 남성을 여성보다 우월한 존재로 표현하고 있다.

<문희>, 이제 시대를 거슬러 올라 2007년으로 돌아오라!

<문희>는 홍길동의 삶에서 서자를 전면에 내세워 이야기를 풀어나가는 모티브는 닮아 있으나, 그 외에 닮지 않아도 될 가부장적인 모습들까지 닮아버렸다. 무늬만 2007년대 현대극이지 인물이 감정을 드러내는 것이나 배경들까지 가부장제의 속박에 갇혀 6, 70년대를 표방하는 어설픈 시대극

으로 보인다. 물론 가부장제, 여성차별 등과 같은 논란은 비단 <문희>에
만 국한되는 게 아니라 대한민국 드라마의 고질병적인 폐해일 것이다.
그런데 굳이 <문희>를 가지고 홍길동의 시대니 6, 70년대를 표방하는
어설픈 시대극이라는 질타를 하는 이유는 다른 드라마와 차별되는 문희만
의 삶을 펼칠 가능성이 있었기 때문이다. '홍길동'을 문희와 비교해 드러낸
까닭도 이와 다르지 않다.

<문희>가 서녀를 주인공으로 내세웠다는 점에서 재벌 2세와의 사랑,
불륜 등과 같은 기존 드라마들과는 다른 이야기를 충분히 끌어낼 수 있었
다. 지금까지는 1인자들 ― 흔히 우리가 말하는 정상 범위에 있거나 사회적으로
인정하는 사람들 ― 만이 드라마의 주인공이 될 수 있었다. 그러나 이제는
불륜드라마에서도 둘째 부인이 본처와 대등한 위치에서 역할을 하는 상황
에서 문희도 조연에서 주연급으로 이야기를 이끌어나가는 주인공으로
설 수 있게 된 것이다. 때문에 서녀의 복수와 사랑, 모성애까지도 다른
사람들의 그것들보다 더 특별하게 이야기될 수 있었다. 하지만 타당성
없는 복수의 명분이나 구식 시대논리에 갇혀 문희만의 이야기를 풀어내는
데 한계를 보였다.

<문희>는 20회를 넘기며 종영을 향해 부단히 달려가고 있다. 이제라도
늦지 않았다. 서자의 설움에서 벗어나 결국 율도국을 건설한 홍길동의
영웅적 삶을 살고자 한다면 <문희>는 시대를 거슬러 올라 2007년으로
되돌아와야 한다. 그리고 그 속에서 문희만의 사랑과 모성애를 통해 더욱
현실적이고 시대를 반영한 인물을 만들어내야 할 것이다. 어떻게 하면
문희만의 사랑과 모성애를 구축할 것인지에 대한 제작자들의 고민이 하루
빨리 이루어져야 하겠다.

〈열린채널〉, 진정 열리는 길

손주영

들어가며 - 공익방송의 공익성

매체환경이 급속도로 변화하고 있다. 케이블 방송으론 부족해서 IPTV, DMB까지 속속들이 등장한다. 이제 명실 공히 다매체, 다채널 시대이다. 가족이 둘러앉아 지상파 방송 채널을 고정하며 보던 시대는 지났다.

변화하는 환경 속에서 지상파, 특히 공익방송의 변화는 숙명에 가깝다. 공익방송의 이념이라고 할 수 있는 '공익성'이 흔들리고 있는 실정이다. 이를 뒷받침해주던 전파의 희소성의 '아우라'가 파괴된 것이다. 다채널시대에서 공익방송의 '공익성'은 더 이상 불필요하거나 있으나마나한 존재처럼 보인다. 그러나 여전히 공익방송의 '공익성'은 유효하다. 아니, 오히려 중요하다.

시청자의 입맛에 맞춰진 가양각색의 채널은 오히려 시청자를 파편화시킬 수 있다. 또한 시청자를 소비자로 전락시킬 가능성도 갖고 있다. 이런 상황에서 '시청자가 주체가 되는 방송'을 만들 수 있는 희망은 공익방송의 공익성에 있다.

공익방송은 시청자의 목소리를 대변함으로써 시청자의 권익을 보호하는 임무를 안고 있는 것이다. 여기서 시청자의 목소리를 담을 수 있는 가장 효과적인 방안은 시청자가 직접 방송제작에 참여하는 방안이다. 즉, 퍼블릭액세스이다.

1. 방송이 열린다

퍼블릭액세스의 필요성에 동의한 탓일까? 지상파에서 퍼블릭액세스를 시행한 것이 벌써 6년째이다. KBS 1TV 토요일 오후 1시 10분, 방송법 제69조에 의해 제작된 프로그램, 퍼블릭액세스 프로그램인 <열린채널>이 그것이다.

학기가 시작될 무렵, <열린채널>을 통해서 과선배의 영상이 공중파를 탔다는 소식이 들려왔다. 방송을 탄 선배의 영상은 대학생을 얘기하고 있었다. 내용인즉 신자유주의에 빠진 대학생들에 대한 반성과 자각이었다. 대학생이 대학생에 대해 얘기하는 것, 메시지도 메시지이지만 낯익은 사람의 영상이 텔레비전에 직접 나온다는 것은 잔잔한 파장이었다.

대학생만큼 대학생의 고민과 문제를 잘 풀어낼 사람은 없다. 기존의 방송에서 대학생은 뉴스의 자료화면으로 흘러나오거나 시트콤의 소재로서 활용될 뿐이다.

퍼블릭액세스의 강점은 자신의 이야기를 스스로 할 수 있다는 것이다. 시청자 스스로 자신의 이야기를 함으로써 프로그램의 주도권을 시청자가 갖는다. 이는 기존 미디어에서 비춰지지 않은 소수의 목소리를 낼 수 있는 창구가 될 수 있다.

<열린채널>은 2001년 방영을 시작한 이래 이러한 퍼블릭액세스의 장점을 구현하기 위해 노력해왔다. 6년간의 편성내용을 통해서도 알 수 있듯 여성, 농민, 철거민, 파업노동자, 장애인과 같은 약자의 목소리에 귀 기울여왔다. 기존 뉴스에서 몇 초, 혹은 아예 다뤄지지 않은 이야기를 당사자들이 적극 나서서 말하고 있는 것이다.

하지만 그렇다고 해서 <열린채널>이 시청자에게 친근하게 다가온 것은 아니다. 여전히 시청자에게 <열린채널>의 문턱은 높기만 하다.

2. 열린채널은 닫혀 있다

KBS는 <열린채널>을 통해 PD들에게만 열려 있던 방송문을 열어놓았다. 하지만 어찌된 일인지 열기만 하면 물밀듯 들어올 것 같던 방송문을 바라보는 시청자의 반응은 뜨뜻미지근하다. 영상은 생각만큼 쇄도하지 않고 논쟁의 장이 되어야 마땅한 시청자 게시판은 한 달에 한 번 꼴로 글이 올라온다. 그동안 프로그램 제작에 참여한 시청자만 끌어모아도 미드 일드 족은 아니어도 웬만한 팬덤쯤은 형성되어야 하는 것이 아닌가.

그렇다면 <열린채널>이 열어놓은 출입문은 어딘가 고장났거나 진정으로 열려 있지 않은 것은 아닌가? <열린채널>은 정말 열려 있는가? 질문해본다.

히말라야 산에 열려 있는 문

방영 초반, <열린채널>은 주로 시민단체들의 영상에 의존하였다 그러던 영상 제작층이 독립영화인, 학생들, 시민제작자로 확대되어왔다. 어찌

보면 참여가 다양하고 활발해졌다고 볼 수 있을 것이다. 하지만 그런 흐름은 여전히 미약하다.

<열린채널>은 시청자가 기획에서 편집까지 직접 만든 영상을 심사를 거쳐 방송하게 된다. 제작을 할 수 있는 시청자는 누구나 참여 가능하다. 하지만 이는 달리 말하면 '제작을 할 수 없는' 시청자는 참여가 불가능하다는 얘기다.

결국 <열린채널>은 영상을 다룰 기술이 없는 시청자에게 닫혀 있다. 사회적으로 할 말이 많은 사람도 영상기술 능력이 없으면 <열린채널>의 문을 통과하지 못한다. 영상기술이 있는 사람에겐 <열린채널>의 문이 3층 건물에 열려 있다면 그렇지 못한 사람에게는 히말라야 산에 열려 있다. 퍼블릭액세스 채널이 지향해야 하는 형평성에 어긋난다. 결국 영상기술 능력이 없는 시청자들이 느끼기에 <열린채널>은 여타 다른 프로그램과 다를 바 없는 것이다.

일례로 올해 들어 <열린채널>에 방송된 스무 편 남짓의 작품 중 아홉 편이 대학생, 대학원생에 의해 만들어졌다. 이들 영상은 인도의 불편함에 대해 고발하기도 하고, 청소년들의 또래 상담에 대한 소개를 하기도 한다. 정신지체장애인을 다루며, 전통 숲과 호스피스에 관해 얘기하기도 한다. 대학생들이 만들었지만 정작 내용은 대학생에 관한 이야기라 보기 어렵다. 작품 안에서 제작자인 대학생 또한 기존의 미디어처럼 타자의 입장에서 타자의 이야기를 하고 있다. 나머지 작품들 또한 시민단체와 영상제작자, 독립영화인들처럼 기존 영상작업을 해왔던 사람들이 만든 것이 대부분이다.

결국 <열린채널> 또한 일부 의식 있는 VJ들의 고발프로그램에 그치고 마는 것이다. VJ의 범위를 조금 넓힌 것뿐 그 이상의 의미를 찾기 힘들다.

시청자는 없는 시청자 참여방송

<열린채널>은 시청자가 만든 시청자 참여프로그램이다. 그런데 정작 이를 보는 시청자는 관심이 없다. 텔레비전은 영화와 달리 일상적으로 접하는 매체이다. 밥을 먹으면서, 이를 닦으면서 보는 것이 텔레비전이다. 텔레비전을 가부좌를 틀고 집중해보는 사람은 거의 없다.

시청자들은 이미 방송에 익숙해져 있다. 쇼와 오락 프로그램, 드라마, 다큐멘터리 등 방송에서 보여주는 틀을 받아들이는 데 익숙하다. 프로그램이 아무리 심오한 뜻을 지녔다고 해도 프로그램의 틀이 친절하지 않을 때 시청자는 채널을 돌린다.

그런데 <열린채널>은 불친절하다. 일주일에 한 번 토요일 낮 25분, 별 정보 없이 들쑥날쑥한 영상을 보는 시청자는 당황스럽다. 시민제작자들의 영상은 각각 담고 있는 메시지나 형식면에서나 일관성이 없다. 시민제작자들은 영상을 업으로 삼지 않은 사람들이기에 구성면에도 큰 기대를 할 수 없다. 구성이 잘 되어 있지 않은 프로그램은 한마디로 재미가 없다. 방송을 보는 시청자들의 흥미를 끌 만한 거리를 찾기 힘들다. 그런 의미에서 시청자에게 <열린채널>은 닫혀 있다.

3. <열린채널>, 방관하는 KBS

<열린채널>을 처음 알게 된 것은 다름 아닌 작년 9월 신문기사를 통해서였다. <열린채널>에서 영상을 열린채널 정상화를 촉구하는 시민제작자들의 모임 '닫힌채널'의 활동이 한창 뜨거웠던 시기였다.

닫힌채널은 <열린채널>에서 지행되는, 제작지의 상의 없이 행해지는 가위질과 이중심의에 대해 제동을 걸었다. <열린채널>에 방송되는 작품

은 시청자 소위원회에서 심사되고 방송위원회에서 다시 한 번 심사된다. 이 과정에서 이미 방영하기로 결정된 작품까지 수정하기를 요구한다는 것이다.

닫힌채널은 <열린채널>에서 행해지는 무단 가위질과 이중심의가 방송 측의 권위주의라고 말하고 있다. 이런 이중심의 논란은 <열린채널>이 직면하고 있는 상황을 단적으로 보여준다. 퍼블릭액세스에 대한 KBS의 태도, 더 나아가 방송철학과 밀접하게 닿아 있다. 닫힌채널의 이중심의에 대한 항의에 <열린채널> 측은 'KBS의 전파를 타기에 어쩔 수 없이 방송위원회의 심의를 거쳐야 한다'고 밝힌다.

단순히 <열린채널>의 세력싸움처럼 보이는 논의는 더 깊은 쟁점을 지니고 있다. 바로 '프로페셔널리즘과 아마추어리즘'에 대한 방송철학이다. 프로는 '기성세대', 아마추어는 '새로운 세대'라는 잣대다.

이분법적 방송철학 속에서 새로운 세대는 곧 '순수성'과 '진실성'을 대변한다. 아마추어의 영역에 프로가 끼어드는 것은 억압이며 아마추어가 프로와 타협하는 것은 아마추어의 정신에 어긋나는 것이다. 결국 '순수성'과 '진실성'이 강조되어야 하는 퍼블릭액세스는 아마추어적이어야 한다는 결론이 나온다. 이 때문에 KBS는 <열린채널> 운영에 관해 시종일관 방관하면서 다른 한편으로는 이중심의를 통해 개입하고 있는 것이다.

하지만 <열린채널>을 내보냄에 있어서 KBS가 지금과 같이 송출자, 중간 통로 역할에 멈추는 것이 정당한가. 또한 가능한가.

틀에 맞춰진 아마추어의 '진정성'의 이미지에 기대어 스스로 '진정성'을 포기하고 있는 것은 아닐까. KBS는 방송법에 의해 마지못해 <열린채널>을 억지춘향이 식으로 진행하고 있는 것은 아닌지 스스로 반성해볼 필요가 있다.

<열린채널>의 시민제작자를 대하는 KBS의 태도는 마치 '외주'를 대하는 듯하다. 퍼블릭액세스를 방송시간을 채우는 '콘텐츠'로 접근하고 있다는 느낌을 씻을 수 없다. 이 느낌이 진정이라면 <열린채널>은 10년이 지나도 지금과 똑같을 것이다. 그것이야말로 지상파의 전파낭비일 것이다.

4. 열고자 한다면 고민해라

퍼블릭액세스을 대하는 태도는 분명 외주와 달라야 한다. 아직 퍼블릭액세스의 활동이 미비한 상황에서 달랑 프로그램 하나 열어놓고 들어올 사람은 들어와보라는 태도는 공익방송이 지향해야 할 공익성에 어긋난다.

지금과 같이 기획에서 촬영, 편집까지 시청자가 제작하고 공모를 통해 방영하는 <열린채널>의 선정 시스템을 재검토할 필요가 있다. 영상에 대한 아이디어가 있는 시민과 <열린채널>을 담당하는 전문 PD와 시민사회단체의 영상 제작자들 간의 연계가 필요할 것이다. 연계를 통해, 좁게는 시민제작자의 영상을 보충 촬영해 영상의 질을 높일 수 있을 것이다. 넓게는 영상에 대한 아이디어를 가진 시청자와 PD, 시민 영상제작자 사이의 공동프로젝트도 가능할 것이다.

또한 KBS는 각 지역의 시민사회단체와 미디어센터를 이용하여 시청자들이 영상을 만들 수 있는 창구를 지원해야 한다. 대안은 풀뿌리에서 시작하기 때문이다. 단순히 일주일에 한 번 방송에서 그치는 것이 아니라 직접적인 제작지원이 필요하다.

대안은 프로와 아마추어의 화합에서 찾을 수 있다. KBS는 <열린채널>에 방관이 아닌 지지의 입장을 견지해야 한다. 그 동안의 관성적 운영에서 벗어나 퍼블릭액세스의 필요성과 의미를 되새기는 작업이 급선무다.

나오며

퍼블릭액세스의 궁극적 의미는 미디어의 생성 과정에 시청자의 목소리가 반영되어 시청자의 권익을 높이는 데 있다. 따라서 <열린채널>에서 가장 먼저 고민할 것은 '어떻게 하면 시청자의 목소리가 더 잘 전달될 것인가'이다.

약자의 목소리, 시청자의 목소리를 내보내는 방송. 어쩌면 <열린채널>은 그 정도로 만족할 수도 있을 것이다. 그러나 그 목소리가 허공에 울리기만 한다면 퍼블릭액세스 채널을 운영한다는 사실, 그 자체는 무의미하다.

장기적으로 봤을 때 퍼블릭액세스의 성장은 공익방송의 힘이 될 수 있다. 분명 <열린채널>로 구축된 시민제작자 층은 KBS의 토양이 될 것이다.

토요일 낮 시간 25분. 방송법에 의거해 만들어지는, KBS의 견해와 다르다는 문구와 함께 시작하는 <열린채널>. 시청자의 한 사람으로서 KBS가 좀 더 사려 깊어지길 바란다.

헛되이 무너져버릴 욕망의
노예가 되어버린 사람들

MBC 드라마 <하얀 거탑>

조수빈

1. 드라마, 비로소 인간의 욕망과 마주하다

우리에게 욕망이란 늘 감추어야 하는 대상이었다. 권력, 명예, 돈에 욕심을 내는 것은 다소 추악한 것으로 여겨졌다. 그럼에도 불구하고, 우리가 살아가는 대부분의 삶은 이러한 것들에 따라 움직이고 있다. 욕망을 바탕으로 하는 삶이 추악하다기보다는 우리가 살아가는 이유가 되는 것이다. 혹은 그것이 도드라지게 드러나지 않는다 하더라도, 많은 사람들은 자신이 가지고 있는 자리를 지키기 위해서 분투한다. 그 자리를 지키기 위한 하나의 방편으로 우리는 또 욕망을 택하게 되곤 하는 것이다.

우리 삶의 중요한 부분들을 차지하고 있음에도 불구하고, TV 드라마는 그러한 이야기를 본격적으로 다루기를 꺼렸다. 최대한 가벼이 즐길 수 있는 것, 자극적인 것을 추구했던 TV는 그러한 것들에 대해 관심을 기울이고자 하지 않았다. 인간 심리의 본질을 보는 것, 우리 TV가 외면해온 것들 중 하나였음은 부인하기 어려울 것이다. 영화와는 달리 TV에서 '거장'이라 불릴 만한 사람이 거의 없다는 것은 그런 이유에서다. 시청자들의 주목을 끄는 데만 신경을 썼을 뿐, 사람들의 마음과 본질을 꿰뚫어 마음을 뒤흔들 생각은 하지 못했던 것이다.

그러한 와중에 한 드라마가 등장했고, 이 드라마는 사람들의 마음을 흔들었다. 전형적인 드라마의 이야기들을 따르지 않고도 사람들의 이목을 끌 수 있다는 것을 한 드라마가 증명해낸 것이다.

2. 의학 드라마이면서도, 의학 드라마적이지 않은 드라마

외국 의학 드라마의 인기에 편승해 국내에서도 몇 가지 의학 드라마가 기획되었다. 삶과 죽음이 교차하는 공간이라는 점에서, 그리고 일반인들은 확실하게 알기 어려운 공간이라는 점에서 병원은 드라마의 좋은 소재가 된다. 이러한 배경을 기반으로, 비슷한 시기에 두 의학 드라마가 선을 보였다.

SBS의 <외과의사 봉달희>와 MBC의 <하얀 거탑>은 같은 소재를 차용했음에도 전혀 다른 방식으로 이야기를 풀어냈다. 이 두 드라마는 '병원'을 배경으로 했다는 것만 제외한다면 전혀 접점이 없다고 생각될 정도로 다른 길을 걸었다.

<외과의사 봉달희>는 기존 한국에서 선보였던 '의학 드라마'의 틀을 비교적 충실히 따랐다. 병원에서 벌어지는 드라마틱한 사건을 몇 가지 중심으로 배치하고, 전공의 과정에 있는 의사들을 주인공으로 내세움으로써 '성장'을 주 코드로 내세웠다. 거기다 주인공들의 연애 라인을 전면으로 드러내 기존의 트렌디 드라마 공식을 충실히 따랐다.

반면, <하얀 거탑>은 병원을 소재로 사용하되 전혀 다른 방식의 이야기를 꾸려갔다. '장준혁'이라는 유능한 외과의사 한 명을 내세우고, 이 인물이 정상에 올라서서 몰락하기까지의 과정을 서서히 그려낸 것이다. 드라마의 시선은 '장준혁' 중심으로 철저히 돌아갔다. 이 인물이 어떻게 욕망을 향해 달려가고, 그 자리를 쟁취하며, 그 이후 어떻게 무너져내리기 시작하는가에 대해서 집중적으로 이야기하기 시작했다. 그와 함께 그 주변 인물들의 심리가 어떻게 흘러가는지에 중심을 두면서, 이야기는 병원과 의학을 소재로 하되 어쩌면 그와는 전혀 상관없는 사람들의 심리 내면을 보기 시작한 것이다.

<하얀 거탑>은 보통 사람들이 의학 드라마에서 기대하는 것들에 대해서는 보여주지 않았다. 동시에 의사가 사람을 어떻게 살리고, 사람들이 어떻게 감동을 받는가를 버렸다는 점에서 굳이 의학 드라마일 필요가 없는 드라마이기도 했다. 대신 드라마는 사람들의 심리 속에 숨은 욕망을 드러냈다. 사회를 살아가는, 어느 한 조직에 속해 살아가는 사람들이라면 누구나 겪을 만한 권력과 명예에 대한 집착을 보여줬다는 점에서 누구나 공감할 수 있었고, 인물들에게 지지를 보낼 수 있었다.

3. '욕망의 노예'가 된 주인공들

<하얀 거탑>의 주인공 '장준혁'은 여타의 드라마에서는 항상 주변부에 머물 수밖에 없는 '악역'이었다. 다른 드라마의 '악역'들이 그랬듯, 자신의 욕망―그것이 사랑이든 성공이든―을 위해서 인간미를 버리는 인간이었다. '외과과장' 자리를 바라보며 그는 자신이 해야 하는 일과 할 수 있는 일은 모두 다했다. 그 과정이 결코 정의롭다고만 할 수도 없었다.

오로지 '외과 과장', 그리고 그 자리가 가진 명예를 원했던 '장준혁'의 모습은 전형적인 '악역'이었다. 정의를 위해 자신의 욕망을 포기하기 보다는, 욕망을 위해 정의를 포기하기도 했던 것이다. 그렇다고 그가 하는 그 모든 것들이 헛되이 보이지만은 않는 이유는 그가 그 욕망을 가지고 싶을 만큼 뛰어난 능력을 지니고 있었기 때문이기도 하다.

그런가 하면 '장준혁'과 갈등의 대척점에 서 있던 '이주완'의 모습도 다르지는 않았다. 물러나는 자였으나, 그도 결국은 자신이 가진 욕망에 치우쳐 '장준혁'과의 갈등을 만들어내고 만다. 그 또한 자신이 원하는 것을 위해서 누군가의 앞에서 무릎을 꿇는 일도 마다하지 않으며, 모략을 하는 일도 마다하지 않았다. 누군가의 앞에서 자신의 권력이 힘을 잃어간 다고 느낀 순간 그는 끝나는 순간까지 그 자리를 지키기 위해서 안간힘을 쓰는 것이다. 곧 죽게 되는 걸 너무나도 잘 알면서도 죽는 순간까지 자신의 죽음을 부인할 수밖에 없는 인간이었던 셈이다.

자칫 '욕망의 노예'처럼 보일 수 있었던 이들이 시청자들로부터 지지를 받을 수 있었던 것은 이들의 심리가 다층적으로 그려졌기 때문이었다. 가지고 싶은 무언가에 대해 욕망을 드러내고 달려가는 이들의 모습이 결코 '나빠서'가 아니라는 점을 드라마는 잘 설득해냈다. 그것이 결국 시청자들의 숨어 있던 심리를 건드렸던 것이다. 그토록 설득적일 수밖에 없었던 것은 우리들 모두가 스스로에게 '도덕적'이라는 평가를 내리며 그에 대해 자기 최면을 걸고 있음에도, 동시에 우리 모두 이러한 '욕망'들을 가지고 있기 때문이다. 그리고 그러한 심리를 건드리면서, <하얀 거탑>과 '장준혁'은 사람들의 지지를 얻게 된 것이다.

4. 불편한 욕망의 실체를 드러냈던 드라마

사실, <하얀 거탑>을 보면서 상당히 불편한 모습을 드러내기도 했다. '외과 과장'이라는 자리가 여러 모로 대단한 권력과 명예를 지닌 자리이기는 했으나, 오로지 그 한 자리를 위해 싸우기를 마다하지 않는 이들의 모습이 소위 말하는 '쿨(Cool)'함과는 거리가 멀었기 때문이다. 갖은 뇌물과 모략들이 오가는 과정들이 보는 이들에게 썩 유쾌할 수는 없었던 것은 어떻게 표현하더라도 이러한 것들이 '올바른 그림'은 아니었기 때문이다.

드라마는 욕망의 실체를 드러냄에 있어 '쿨(Cool)'해지려 하지 않았다. 어떠한 이들이 자신들의 것을 지키기 위해서 분투하는 과정에서 '쿨'해진다는 것이 불가능하다는 것을 깨달았기 때문일 것이다. 유치해질 수도 있으며, 때로는 비굴해질 수 있다는 것을 여과 없이 보여줌으로써 다소 불편하기도 했다. '그깟 외과 과장 자리가 얼마나 대단하기에' 인물들이 저러한 행동을 보여줄 수밖에 없는지 불편했던 것이다.

욕망의 실체에 대해 이 드라마는 거리낌 없이 드러냈다. 소위 '배울 만큼 배운 인물'들이라 하더라도 원하는 것을 지키거나 갖기 위해서는 별반 다를 것이 없었던 것이다. 체면 불구하고 뛰어야 하며, 때로는 자존심을 버리고 매달리기도 해야 하는 것이다. 살기 위해 이들이 하는 행동은 결코 대단하지 않았다. 이처럼 우리가 살기 위해서 버려야 했던 자존심들에 대해 솔직하게 드러냈다.

5. 헛되이 무너질 수밖에 없었던 한 인물에 대한 연민

시청자들의 지지를 이끌어낸 유례없는 '악역'이었던 '장준혁'은 결국 원하는 것을 모두 이루어냄에도 불구하고 무너지고 만다. 그것은 단지 '권선징악'에 기초한 교훈이 아니라 누구에게나 다가올 수 있는 욕망의 최후였다. 태어나 살게 되는 순간 죽음을 향해 다가갈 수밖에 없는 것과 같은 것이다. 이루어낸 것들에 안주하지 않고 도약하려 했던 그는 자신의 욕망으로 인해 결국 자멸하게 된다. 의료소송에 휘말리면서도 그는 자신이 가진 것들을 포기하려 하지 않았고, 이로 인해 서서히 무너지기 시작했다.

그리고 그는 결국 죽음을 맞이한다. 그 앞에 서서 그는 출발선으로 돌아간다. 그렇다고 해서 그가 갑작스레 방향을 선회해 모든 것을 포기해 버린 것은 아니었다. 수술을 맞은 순간에도 결국 그는 인간일 수밖에 없었다. 분야의 최고인 자신이 수술을 맡을 수 없다면 그 차선책인 '이주완'을 택했다는 점에서도 그가 결코 죽음을 앞에 두었다고 해서 모든 것을 버리고 달관했다는 것을 의미하지는 않는다. 그는 살고 싶어 했던 것이다. 그것 또한 우리 모두가 가진 욕망과 다르지 않았다. '장준혁'은 자신의 인생에 대해서 후회했을까. 아마 아닐 것이다. 자신의 욕망을 위해 달려야 했던 그 모습들은 자신의 위치에서는 어쩌면 최선의 행동들이었을 테니까.

드라마는 이 인물에 대해 판결을 내리는 대신 연민을 보여줬다. 한 인물이 욕망을 향해 나아가고, 그것을 가지고, 그 이후에 무너지는 모든 과정과 심리를 과장되지 않게 그려내면서, 동시에 그러한 삶을 살아갈 수밖에 없는 인물들과 나아가 그 속에 이입할 수밖에 없는 삶을 사는 우리 모두에게 연민의 시선을 보여준 것이다.

6. <하얀 거탑>이 남긴 것

<하얀 거탑>은 모처럼 발견한 '인물의 심리를 잘 그려낸 드라마'였다.

사건이나 인물을 과장되게 그리는 법 없이 촘촘하게 구성해 뛰어난 완성도로 인물들을 시청자들에게 설득시켰다. 이들이 이렇게 말하고 행동하고 생각할 수밖에 없는 것에 대해 구구절절 설명하지 않고도, 시청자들이 '장준혁'의 팬이 될 수밖에 없도록 만든 것이다.

단순한 인물을 그려, '절대 선인'과 '절대 악인'으로 만들어버리는 기존의 드라마와는 달리 <하얀 거탑>은 그런 면에서 현실적이었다. 그리고 사람들은 이들이 가진 욕망을 바라보면서, 자신들과 다르지 않다는 것을 보고 공감을 가지기 시작했다.

자극적이거나 혹은 가벼운 코미디만 넘쳐나는 드라마들 가운데서 <하얀 거탑>은 새로운 드라마의 한 유형을 보여줬다. 시청률의 굴레에서 벗어나지 못하고, 그 룰에 따라 끼워맞추는 이야기만 넘쳐나는 상황에서 새로운 이야기를 시도했고 시청자들의 호응을 이끌어냈다는 점에서 새로운 비전을 제시한 것이다. 물론 드라마 속의 여성들의 역할이 너무나 작게 그려졌다는 아쉬움도 있지만 적어도 이 드라마가 제시한 것들은 앞으로 만들어질 드라마들에도 영향을 줄 것이다. 그래서, <하얀 거탑>은 충분히 좋은 드라마다.

악역 주인공을 통해 보여준
욕망과 삶의 이중주

한경희

TV에서 악역이 주인공인 드라마는 찾아보기 힘들다. 그 동안 드라마에서 악역은 선한 주인공을 돋보이게 하는 조연에 불과한 경우가 많았다. 악역은 절대적인 악인으로 선한 주인공의 착한 성품을 돋보이게 하는 보조 수단이며, 인과응보의 교훈적 대상일 뿐이었다.

그들은 여주인공의 상사나 연적으로 등장하여 주인공들의 사랑을 방해하고 사사건건 훼방을 놓거나, 주인공과 대치하는 남자 악역으로 등장하여 힘을 무기로, 때론 권력을 이용하여 납치와 폭행을 일삼고 무식한 방법으로 온갖 악행을 저질렀다. 이러한 드라마의 패턴 속에서 악역을 보는 시청자들의 시선은 간단명료했다. 그저 착한 주인공에 대적한 그들을 맘 편히 미워하고 질타하면 그만이었다.

그러나 악역인데도 불구하고 결코 미워할 수 없으며, 어느새 그 인물에 동화되어 잘되길 응원하는 드라마가 있다. MBC 주말기획특별드라마 <하얀 거탑>이다. 외과의사 장준혁은 그 동안 우리가 보아왔던 천편일률적인 악역이 아니다. 악역이면서도 주인공으로 등장하는 것도 흔치 않지만, 그간의 악역들과 달리 시청자들의 뜨거운 공감과 호응을 얻은 것이다.

비주류적 태생이 주는 당위성

그가 악역이면서도 그렇게 사랑받았던 이유는 무엇일까? 장준혁은 잘 나가는 외과의사지만 그의 근본은 비주류, 하층민이다. 드라마는 장준혁이 권력과 야망을 좇을 수밖에 없는 이유와, 선한 인물인 최도영과 수술 중 사망한 권순일 환자 가족에 맞서 싸울 수밖에 없는 당위성을 제시해준다.

그는 시골에서 남편 없이 홀로 아들을 키우는 가난한 어머니 밑에서 성장했다. 배를 곯아가며 장학금을 받고 힘겹게 의대 공부를 한 인물이다. 그의 친구로 나오는 최도영과는 대조적이다. 최도영은 대대로 의사 집안의 유복한 환경에서 자랐기 때문에 가난과 싸워 이겨야 하는 치열함이나 절박함이 없다. 반면, 장준혁은 스스로의 힘으로 성공하기 위해서는 악착같이 공부하고 매사에 전투적인 자세로 임할 수밖에 없었다.

그 동안 드라마에서 가난하고 하층계급에 속해 있는 비주류 주인공이 주류사회로 편입하는 가장 손쉬운 방법은 사랑을 통해서, 즉 결혼을 통해서였다. 가난한 신데렐라 여주인공은 백마 탄 재벌 2세를 만나면서 그 어떤 노력도 없이 오로지 얼굴이 예쁘고 성품이 착하다는 이유 하나만으로 신분 상승을 이룬다. 그도 아니면 출생의 비밀이 풀리면서 부자 부모가 짠하고 나타나든지 말이다. 그러나 <하얀 거탑>에서 장준혁은 주류사회로 들어가기 위해 피나는 노력을 하고 마침내 진입에 성공한다.

최도영이 가난하고 병든 사람들에게 헌신하기 위해 의사의 길을 택했다면, 장준혁은 명예와 권력을 거머쥐기 위해 의사의 길을 택했다. 의술에 임하는 마인드 자체가 다른 것이다. 장준혁에게 '의사'는 그저 돈과 명예가 보장된 하나의 '직업'일 뿐이다. 그러다보니 성공과 출세를 위한 야망이, 환자의 근본적인 아픔을 보듬어주는 휴머니즘적 양심보다 앞선다.

대개 드라마를 보는 시청자들은 드라마 속 인물들에게 감정이입을 하고 대립구조 속에 있는 인물들 중 착한 쪽을 택하여 응원하기 마련이다. 그러나 시청자들은 이타적이며 양심적인 최도영이 아닌, 이기적이고 자신의 성공을 위해 물불을 가리지 않는 장준혁에게 더 많이 공감하게 된다. 그의 비주류적 태생의 한계를 극복하려는 의지와 노력이, 재판과정과 외과과장 선거과정에서 보여준 비열함과 비겁한 행동에 정당성을 심어주는 것이다. 그리고 과연 그가 그렇게 악한 인물인가 하는 점에서도 선뜻 동의가 되지 않는다. 속물적이고 비양심적이기로 따지자면 우용길이나 이주완도 마찬가지이기 때문이다.

선과 악의 모호한 경계선

<하얀 거탑>은 악역과 선한 역의 선을 분명하게 긋고 있지 않다. 나쁜 사람과 착한 사람의 경계가 모호하며, 어느 순간에는 악인이었던 사람이 어느 순간에는 선한 사람으로 바뀐다. 대표적으로 우용길 부원장이나 이주완 과장은 그들의 필요에 따라 술수를 부리고 모함을 일삼기도 하지만, 장준혁이 병에 들었을 때 그를 살리기 위해 노력을 아끼지 않는다.

드라마는 사람이 살면서 온전히 착할 수도, 그렇다고 완벽하게 나쁘지도 않다고 역설하고 있다. 내 입장에서는 옳은 일이 상대방에게는 그릇된 일이며, 나에게는 이익이 되는 일이 어느 누군가에게는 손해가 된다는

삶의 이치, 세상의 사이클을 보여준다. 그러니 결국 선한 사람도 악한 사람도 어느 기준으로, 누구의 입장에서 보느냐에 따라 판단이 달라지는 것이다.

모든 이의 공공의 적이 되는 '절대적 악인'은 이 드마라에서는 존재하지 않는다. 기존 드라마에서 악역은 모든 이들에게 해를 가하는 인물이고 절대 악을 행사하는 인물이었다. 반면, <하얀 거탑>에서는 서로 물고 물리는 관계 속에서 공공의 적이 아닌 '나의 적'이 있을 뿐이다. 등장인물들이 의사라는 점, 즉 사람을 살리는 직업이라는 점 또한, 드라마가 품고 있는 '상대적 악인'의 개념에 충실한 장치가 된다.

또한 <하얀 거탑>에서는 '나의 적' 역시 매 상황에 따라 수시로 바뀐다. 우용길 부원장의 오진을 알아내 그의 체면을 깎아내린 장준혁은 처음에는 우용길의 적이 되지만, 나중에는 동지가 되어 공통의 목표인 '장준혁 외과과장 만들기 프로젝트'를 향해 협력한다.

결국 명인대 병원은 사회의 축소판이며, 드라마는 병원에서 일어나는 에피소드를 통해 사회의 메커니즘을 보여준다. 악역으로 내세운 장준혁이 왜 그럴 수밖에 없었나 하는 타당한 이유를 설명해주고, 악역이지만 결코 절대적 악인은 아닌 장준혁을 통해서, 그리고 그가 몸담고 있는 명인대 병원을 통해서 옳고 그름의 잣대가 얼마나 상대적인지를 보여주는 것이다.

장준혁은 필요에 따라 어제의 적을 오늘의 동지로 만들며 동료를 배척한다. 자신의 성공을 위해서라면 노민국에게 무릎을 꿇고 스승인 이주완 과장의 약점을 잡아 협박하는 등 물불을 가리지 않는다. 그의 신분상승에 대한 욕망은 끝이 보이지 않는다. 어쩌면 그는 가도 가도 잡히지 않는 저 멀리 보이는 신기루를 향해 달려가고 있었는지도 모른다.

주류사회에 대한 욕망과 잃은 것

그는 항상 '아직 갈 길이 멀다'라고 생각한다. 외과과장이 되고 부원장이 되고 원장이 되고, 한국의 외과학계 회장이 되고, 세계 외과학계 회장이 되고……. 이런 그를 보고 있자면 테네시 윌리엄스의 희곡「욕망이라는 이름의 전차」가 생각난다(물론, 희곡의 내용과 드라마의 연관성은 전혀 없지만). 장준혁은 한번 타면 절대 멈출 수 없는 '욕망이라는 이름의 전차'를 탔는지도 모른다.

자기 스스로가 멈추기에는 그 동안의 노력과 성과가 아깝고, 다른 이들에 의해 좌절되기에는 그의 자존심이 허락하지 않는다. 권순일 환자 가족과의 재판사건에서 그는 자신이 쌓아온 공든 탑이 무너질지도 모른다는 위기감을 느낀다. 어떻게 보면 권순일 환자의 사망은 고의성이 전혀 없는 운 나쁜 하나의 '사고'일 뿐이었다. 그가 사망한 권순일 환자의 가족에게 피소되어 재판정에 섰을 때 그가 당당하게 자신의 과오로 환자가 죽지 않았다고 말하는 것은, 힘겹게 올라간 자리를 불운이라는 외적 요인이 무너뜨릴 수 없다는 항변이며, 자존심을 지키기 위한 몸짓이었다. 그에게 있어 환자의 사망이나 유가족이 겪는 애통함보다 더 큰 것은, 자신이 그 동안 밟아온 삶에 대한, 의사라는 직업에 대한 집착과 애착이다.

그렇다면 장준혁이 그토록 바라는 상류사회로의 편입, 주류로의 안착이 그에게 가져다준 것은 무엇일까? 모순되게도 그는 거기서 어떤 위안도 얻지 못한다. 오히려 그가 얻은 것은 더 큰 성공에로의 열망, 채워지지 않는 허기였다.

그가 성공을 향해 거침없는 질주를 하면서 잃은 것은 마음의 허기뿐만이 아니다. 그는 외과과장 선거 이후 스승과는 원수지간이 되며, 재판 이후에는 그의 절친한 친구 최도영을 잃게 된다. 또한 그를 따르던, 장준혁처럼 되고 싶다던 후배 염동일과도 결별하게 된다.

그가 외면적으로 친밀한 관계를 맺고 있는 사람들, 장인과 아내, 의사협회 회장은 그의 욕망을 채워주기 위한 수단일 뿐, 그들에게서 자신의 외로움을 달래거나 마음의 위로를 얻지 못한다. 마음의 휴식을 얻고 싶을 때 그는 시골의 어머니를 찾아가고 애인인 와인바 마담인 강희재를 찾는다. 그들은 모두 비주류며 여전히 음지의 사람들이다. 그가 외롭고 쓸쓸할 때 진정으로 위안을 얻는 곳은 아이러니하게도 그가 그토록 벗어나고자 했던 비주류적 토양에서다. 그에게 진정으로 마음의 안식처가 된 곳은 성공한 그곳이 아닌 어머니와 애인인 것이다.

하나를 얻되 다른 하나는 포기하거나 잃어버리게 되는 삶의 진리 속에 천하의 장준혁도 예외 없이 갇혀버린 것이다. 많은 것을 잃었음에도 불구하고 그는 더 큰 성공을 향한 도전을 멈추지 않는다. 브레이크가 고장난 욕망의 전차는 앞으로만 달릴 뿐이다. 안타깝게도 그를 멈추게 할 수 있는 것은 죽음뿐이었다.

욕망의 좌절과 파국

그는 수많은 환자를 살리고 새로운 수술기법으로 의학계에 공헌한 의사다. 그러나 정작 자신의 몸속에 자라고 있는 암은 모른 채 병마에게 굴복당하고 만다. 장준혁이 무너지는 이유가 그 사람의 악독함 때문이 아니라 질병 때문이라는 사실은, 많은 환자를 살렸음에도 불구하고 정작 자기 자신은 살리지 못하는 인생의 아이러니를 부여준다.

성공을 위해서만 자존심을 굽히던 그가 생명 앞에서는 자존심을 굽히게

된다. 외과과장 선거 이후 원수가 된 이주완을 찾아가 자신의 수술을
부탁하는 것이다. 결국 살기 위해서는 그가 증오하고 싫어하는 이주완
과장의 손을 빌려야 했고 이 과정에서 둘은 무언의 화해를 하게 된다.
또한 그를 외면했던 최도영과 염동일도 그를 만나러 온다. 모두가 장준혁
이 가진 의사로서의 능력만큼은 사랑했으며, 그가 살아온 치열한 삶만큼은
존중해준다. 어쩌면 장준혁은 성공을 위해 야멸치게 몰아냈던 그들과
해후하기 위해서 죽음이란 대가를 치른 건지도 모른다.

　장준혁이 잘못한 것은 오직 하나다. 성공하겠다는 의지 하나로 다른
삶의 가치를 거들떠보지 않았다는 것. 열심히 달리기만 했지 옆사람과
함께 가는 법, 넘어진 동료의 손을 잡아주는 여유를 배척했다. 그의 의지와
상관없이 다리가 꺾여 주저앉은 후에야 비로소 성공을 향한 질주는 멈추게
된다.

　이 드라마를 보는 시청자들은 자신에게 한 번쯤 질문을 던지게 된다.
'과연 내가 장준혁이라면 어떻게 했을까?'라고. 내가 장준혁이라면 외과과
장 선거과정에서, 재판과정에서 깨끗이 자신의 모자람을 인정하고 실수를
인정할 수 있었을까? 어쩌면 많은 사람들은 "나라도 어쩔 수 없었을 것이
다"라고 대답할거 같다.

　그리고 그를 응원한 이유는 그의 완벽하지 않은 모습, 때로는 비열하고
야비하며 외로워하고 괴로워하고 슬퍼하며 눈물짓는, 우리네 보통사람들
의 모습을 보았기 때문이었다. 최고의 외과의사인 그 역시 죽음 앞에서
허무하게 무너지는 어쩔 수 없는 사람이라는 점은 우리네 인생사를 보는
듯하여 한없는 동정과 동질감을 느끼게 한다. 숨 가쁘게 달린 장준혁이
비로소 죽음으로 편히 쉴 수 있다는 위로만이 헛헛한 마음을 달래줄 뿐이
다. 어쩌면 그는 죽어서도 하나님의 주치의가 되어 있을지도 모른다는

쓴웃음과 함께.

　이렇듯 장준혁이라는 매력적이고 동질감을 느끼게 해주는 악역의 등장 만으로도 <하연 거탑>은 큰 성공을 거둔 드라마라고 할 수 있다. 악역 주인공이 왜 그렇게 될 수밖에, 왜 그렇게 할 수밖에 없었는지를 세밀하게 보여주고 탐구함으로써, 결국엔 성공을 향한 질주가 한낱 신기루에 지나지 않을지도 모르며, 또 그걸 알면서도 달려가고 있는 사람들, 아니 우리네 인간 군상들의 쓸쓸한 삶의 모습을 되돌아보게 하는 계기를 만들어주었다.

　드라마는 말한다. 결국 우리들 모두는 하나를 얻되 하나를 잃어가면서도 그 진리를 외면한 채, 발밑에 차이는 수많은 사소한 행복과 웃음들을 뒤로하고 앞으로 앞으로만 전진하고 있는지도 모른다고. 장준혁처럼. 당신 처럼.

권력과 야망, 눈물샘으로 어루만지다

MBC 주말드라마 <하얀 거탑>의 묘약

황순자

현실주의 카리스마와 이상주의 휴머니즘

장준혁 : 난 권력과 실력 둘 다 원해!

이주완 : 넌 인간이 덜 됐으니까!

학회장 : 그 친구는 휴머니즘이 없다니까!

올해 겨울 우리는 멜로 구도가 흐려진 야망과 권력의 액션이 거침없는 새로운 의학정치드라마를 만났었다. MBC TV의 주말드라마 <하얀 거탑>은 현실주의에서 이상주의로 이어지는 포맷이 눈길을 끌면서 우리에게 동상이몽으로 다가왔다. 우리는 <하얀 거탑>의 동상이몽에 빠져들어가며 명인대학교 병원에서 벌어지는 의사들의 명예와 권력을 잡기 위한 치열한 암투를 구경거리로 삼는다. 우리는 천재 외과의사 장준혁이 외과과 장자리를 놓고 대결각을 벌이는 과열된 전문 직업 드라마 시장을 구경하며 차가운 머리를 가진 현실주의자와 따뜻한 마음을 지닌 이상주의자로 양갈래진다. 그 구경꾼 중에 현실주의자는 힘센 장준혁, 우용길, 민충식 무리에게 힘을 실어가며 조직사회에서 살아남는 가르침을 받는다. 이와 달리 이상주의자는 최도영과 환자 권순일의 죽음, 진주의 죽음, 염동일의 연약한 인간미에 휴머니즘을 준다.

하지만 구경꾼들은 장준혁 무리의 뜨악한 인간미와 최도영 무리의 진정한 인간미 중에 어느 쪽에 방점(!)을 찍어야 할지 서성거린다. 우리는 신비스럽고 환상적인 스모그현상이 발하는 드라마의 신비주의에 빠져들기 시작한다. 이런 드라마의 신비주의는 우리를 몽상가로 변하게 할 우려를 자아낸다. 하지만 <하얀 거탑>은 우리를 몽상가가 아닌 현실주의자로 세워주는 리얼리즘의 하얀 탑을 세운다. 의사 장준혁의 리얼리즘 요소는 장준혁이 환자를 수술하는 장면이다. 장준혁이 윤진, 진주, 엘렌을 수술하는 장면과 이주완 원장이 장준혁을 수술하는 장면은 삶과 죽음의 야누스를 잘 드러낸 장면이다.

<하얀 거탑>은 장준혁의 '권력을 향한 야망'을 담은 야누스적인 얼굴을 소재로 우리의 입맛을 맞춘다. 장준혁은 천재적인 의술과 권력을 향해 암투를 벌이는 야누스의 주인공이다. 준혁은 야누스적인 카리스마를 잘 버무려 현실주의자들의 입맛을 맞춘다. 하지만 비열한 준혁의 의술에 염증을 느끼는 이상주의자는 최도영과 염동일에게 입맛을 맞춘다. <하얀 거탑>을 보면서 입맛이 다양한 시청자는 현실주의자와 이상주의자로 양갈래진다. 현실주의자는 장준혁 무리가 벌이는 권력과 야망의 카리스마를 좋아한다. 이상주의자는 휴머니스트 최도영과 환자 권순일의 죽음, 진주의 죽음, 연약한 염동일이 흘려주는 눈물로 애틋한 정을 느낀다.

흔히 카리스마와 휴머니즘이 꿈틀거리며 진실과 거짓을 가려내는 정치

드라마는 법정대결각이 달라붙는다. 장준혁이 환자 권순일을 폐생검을 하지 않은 채 죽게 했다는 단서를 쥐고 법정대결로 이어진다. 장준혁은 이 법정대결에서 염동일의 "내가 아는 모든 걸 말할 거야"라는 진실이 드러나면서 천재의사 장준혁의 <하얀 거탑>은 무너지기 시작한다. 그 무너져가는 <하얀 거탑> 속에 장준혁은 "시신 기증을 하겠다…!"는 유언으로 천재의사 장준혁의 명예를 새롭게 세운다. 이런 의사들의 신성한 휴머니즘으로 매듭짓는 결말론은 이상주의 꿈속에서 깨어나 현실 속으로 들어간다. 그 현실 속에서 의사들의 명예회복을 일으켜 세워주었다는 현실주의가 새롭게 드러난다. 어차피 이 드라마의 결말론이 이상주의로 거슬러 올라가지만 끝내는 따뜻한 현실주의로 매듭을 지을 수밖에 없는 현실론의 끝점에 이른다. 이런 끝점현상은 현실적으로 신성한 의료계를 권력의 암투장으로 오염시킨다는 여론의 따가운 입김(?)이 작용해서일까.

비정한 장준혁이 풀어주는 권력과 야망

장준혁은 야심만만과 영웅주의의 캐릭터다. 그는 야망과 성공에 가치를 두고 실크로드를 달리는 거침없는 간담췌 외과의사다. 병원 조직사회의 암투와 고통의 악성바이러스도 방어하는 면역력이 뛰어난 인간이다. 그의 지존이 나약해질 때마다 시골에 계신 홀어머니와 애인을 찾는다. '불멸의 이순신'에서는 의리 있는 선한 영웅이었지만 이 드라마에서는 천재적인 의료기술로 칭찬을 받지만 오염된 화이트컬러로 손가락질을 받는다. 이기기만 하는 장준혁이 이기지 못하는 이물질이 있다. 바로 법정대결에서 밝혀지는 권순일 가족을 죽게 했다는 '거짓'과 '병마'에 지는 것이다. 인간 생명력의 한계점을 훤히 드러낸 것이다.

힘센 자와 연약한 자의 대립각

천재의사 장준혁 추켜세우기에서 강자 장준혁 비틀기로 나약해지는 장준혁을 담관암으로 죽이는 결말론은 이상주의가 깨어난다. 테마는 전문 직업 무리를 다양성과 안정성에 맞춘 드라마 스펙트럼을 강조한 직업드라마다. 전통적인 드라마에서 보여주는 진실에 가치를 두고 거짓을 오염물로 하는 인간미 되살리기는 따라붙을 수밖에 없는 수식어다.

<하얀 거탑>은 시청자를 치열한 조직사회로 이끌어내며 조직사회의 살아남는 전술을 알려주는 드라마다. 병원조직의 싸움터에서 살아남는 의사들의 기쁨을 포장한다. 장준혁이 신분상승과 부의 가치를 두고 권력을 잡으려다 절망한 드라마다.

그 야망의 하얀 거탑 속에는 팀플레이 대립구도가 뚜렷한 명암대비로 흘러간다. 이런 팀플레이구도는 러닝메이트 구도로 이어진다. 이런 병원기업의 팀플레이 인물구도는 이상주의자들이 바라는 병원조직에는 착한 의사들이 존재한다는 착시현상을 벗겨내며 현실주의자로 탈바꿈한다. 이런 병원기업의 대립구도는 착한 의사들의 카리스마적인 액션이 플롯을 지배하며 시청자를 아이러니한 카리스마의 카타르시즘에 취하게 한다.

후반부에 들어서며 장준혁이 권순일을 폐생검을 하지 않은 채 죽게 했다는 단서를 잡고 법정대결구도가 이어진다. 힘센 장준혁과 착한 염동일, 유미라의 법정대결은 신선한 반전구도를 엮어가며 착한 사람들의 이상주의를 갈망해간다. 강자와 약자의 대결각으로 이어진다. 원고 장준혁 측과 피고 권순일 가족 측의 법정대결에서 꿈틀거리는 진실과 거짓게임에 시 물음표를 느낌표로 캐내는 미로게임을 즐긴다. 진실과 거짓의 미로게임의 해결점은 어디쯤일까? 장준혁이 담관암으로 죽으면서 장기를 기증한다. 드디어 천재적인 의료기술과 권모술수로 쌓은 야망의 하얀 거탑은 무너진다. 거침없는 현실주의의 절망일까? 이상주의의 부활일까!

女心도 권력과 야망의 샘플로 끼어들다

의학정치드라마에는 의사들의 암투에 여자조연들도 야망의 액세서리로 따라붙는다. 일본판 <하얀 거탑>에서는 의사 부인들이 사치와 허영에 들떠서 사회의 물의를 일으킨다. 그러나 이 드라마에서는 장준혁 부인, 이주완 부인, 우용길 부인이 의사 남편들의 권력잡기 암투에 도우미로 등장한다.

의사 가족들의 가족애를 담은 팀플레이 샘플 구도는 명인대학교 병원조직의 암투를 부채질한다. 장준혁 부인, 이주완 부인, 우용길 부인도 암투의 액세서리로 따라붙는다. 현모양처형의 여성주의를 사회조직의 구성원으로 끌어올려 여성지위 상승효과를 도모한 것이다. 장준혁의 모친, 환자 진주, 순임의 남편, 염동일 등이 눈물샘을 자극한다.

그 대결구도 틈새로 가족드라마와 멜로드라마의 구도가 끼어들기도 한다. 이 같은 한민족의 한을 뽑아올리는 여성의 액세서리 효과와 약자의 눈물샘을 우려내는 연기는 일본드라마에는 없는 설정이다. 이런 인간미 담긴 감성적인 샘플구도는 시청률을 움직이는 작은 구성요소로 보인다. AGB닐슨미디어리서치에 따르면 30~50대 여성이 주 시청자였다. 제작진의 남성주의 드라마라는 기획 의도를 뒤엎은 여론조사다. 윤진은 부티나는 여자이지만 진정한 휴머니스트인 시민운동가로 등장한다.

권력과 야망의 출혈시장에 수혈되지 않는 시청자

이런 권력과 암투의 출혈시장의 스모그현상에 맴도는 시청자는 두 패로 양갈래진다. 이기적인 현실주의자는 똑똑한 장준혁, 이주완, 우용길을 지지하고 마음이 따뜻한 이상주의자는 최도영, 염동일, 권순일 가족을 지지한다. 서성거리는 시청자의 머리는 힘센 자의 부와 명예를 좇지만 가슴은 연약한 자들의 가슴과 포용을 하는 듯하다.

시청자의 강자 비틀기와 약자 편들기 현상을 살펴본다. TNS 리서치 조사에 따르면 전반부는 10~20%를 넘나들었지만 중반부터 최종회까지 이르면서 시청률이 20~24%까지 오름세를 탔다는 여론이다. 이런 여론 수치는 시청자가 찾는 드라마 포맷의 재밋거리를 다시 비춘다. 대다수의 시청자는 전반부의 의료 조직사회의 권력을 잡기 위한 암투와 장준혁의 비열한 야망에 길들여지지 않는다는 것이다. 시청자는 사회조직의 출혈시장에 수혈되지 않는다는 여론조사이다. 시청자는 후반부의 장준혁의 권력과 야망이 무너지는 <하얀 거탑>을 보고 눈물을 주룩주룩 흘린다.

명예, 돈, 권력의 액션이 거침없는 전문직 드라마

> 민충식 : "싸움을 잘할 때 제일 중요한 건 힘이야. 명예가 있는 놈한테
> 진짜 돈도 권력도 따라오는 거야!"

요즘 TV드라마 흐름은 현실주의를 강조하며 블루오션을 타고 흘러간다. 그 치열한 경쟁사회의 성공과 야망을 담은 전문직 드라마가 속속 등장하고 있다. 고급인력이 판을 치는 드라마는 <하얀 거탑>, <외과의사

봉달희>, <히트>, <에어시티>, <쩐의 전쟁>이 '레드오션 드라마'로 떠오르고 있다. <쩐의 전쟁>은 아버지 빚 때문에 사채업자가 되는 증권가 애널리스트 금나라(박신양 분)의 이야기를 다룬 드라마다. <에어시티>는 국정원 인천공항 담당요원인 김지성(이정재 분)과 인천국제공항공사 운영 본부 운영처 실장 한도경(최지우 분)이 벌이는 첩보와 액션, 멜로물이다. <히트>는 한국 최초의 여성 강력반장 차수경(고현정 분)과 서울지점 강력부 신입검사 김재윤(하정우 분)이 벌이는 수사와 액션, 멜로를 선보인다.

전문직업 드라마의 특성은 석세스 프로그램을 테마로 사회조직의 치열한 대결구도를 엮어가며 시청자를 치열한 조직사회에 함께 싣는다. 이를테면 잘 나가는 커리어우먼과 커리어맨을 주인공으로 내세우며 일벌들의 로열젤리 모으기 전술을 엮어낸다.

'레드오션 드라마'에는 전문직 노동자가 흘리는 피와 땀 속에서 배어나오는 황금 물질 쩐, 명예, 성공, 권력의 단추가 포맷의 큰 줄기를 타며 시청률의 히트를 치려 한다. 전문직업 드라마는 피땀 흘리는 전문직 노동자의 애환을 히트 상품으로 내건다.

<외과의사 봉달희>는 20~30%까지 시청률 상위권에 머물렀다. <쩐의 전쟁>은 TNS미디어코리아 조사에 따르면 시청률이 30%에 달아오르고 있다. 쩐의 전쟁 4회분은 전국 기준 28.8%로 동시간대 1위를 차지했다. <에어시티>는 27일 방영한 4회에서 전국 기준 12.4%의 시청률을 올리고 있다. 전문직 드라마는 아직 마의 시청률 30% 이상을 넘지 못하고 있다.

권력과 야망의 드라마, 웰빙 드라마로 비추어야

이 두 드라마의 시청률에 견주어볼 때 앞으로 전문직 드라마는 비열한 강자를 추켜세워주는 살벌한 생존전략이 중심이 되어서는 안 된다는 것을 밝혀둔다. 드라마는 치열한 조직사회에서 벗어나 우리가 지친 하루를 쉬어가는 마음의 안식처로 나아가야 한다. '하얀 거탑 속'에서 빛나는 장준혁의 야누스적인 카리스마와 <외과의사 봉달희>의 에로틱한 휴머니즘을 두둥실 실어주는 웰빙 드라마로 나아가야 할 것이다.

나아가 성공과 야망의 냉혈을 담은 전문직 드라마를 애정의 열기를 담은 멜로드라마의 어울림 구도로 이어져가야 한다는 뜻이다. 더 나아가 대중의 다양한 입맛에 맞추어, 차가운 머리싸움으로 좌충우돌 격돌하는 이성 드라마와 눈물이 주룩주룩 흘러내리는 감성 드라마의 융합이 이루어져야 할 것이다.

명인대학교 병원 안에는 눈물이 주룩주룩 흘러내린다. 장준혁 "저의 시신 기증을 청하는 바입니다…… 이 일이 담관암 치료에 있어 조금이나마 보탬이 되고 …… 의학발전의 작은 밑거름으로 써줄 수 있기를 바랍니다!"

희망에 대한 질문

KBS <마왕>이 다다른 갈림길

정미지

　무겁고도 지리한 싸움과 같은 드라마 <마왕>이 얼마 전 막을 내렸다. 이 드라마를 본 많은 사람들은 복수극이나 추리극이라는 장르의 틀을 빌려 해석하거나 종교적·신화적 상징에 대한 다양한 시각을 제시하고 있다. 하지만 무엇보다도 <마왕>은 다른 누구도 아닌 김지우 작가의 작품이라는 점에 주목하여 분석될 필요가 있다.

　제목만큼이나 오묘한 이 드라마에 대해 논하기 위해, 먼저 '끝은 곧 시작입니다'라는 <마왕>의 마지막 장면 속 자막대로 끝에서 처음으로 가는 작업을 해보자. 결말 부분에서 드디어 오수(엄태웅)와 정면으로 마주한 승하(주지훈)의 표정은 그야말로 괴기하기 짝이 없다. 승하는 1회부터 19회까지 유지해오던 특유의 냉소와 단단한 표정을 여기에서 완전히 잃어 버린다. 그리고 마치 횡설수설 이것저것 늘어놓는 말처럼, 얼굴의 모든 근육을 산만하게 일그러뜨린다. 김지우 작가의 전작에서 한 번이라도 이와 같은 표정을 짓는 인물이 있었는가? 다양한 성격의 인물들이 나왔지만 이렇게 기이한 감정을 쏟아내면서 고통에 어쩔 줄 몰라 하는 표정의 인물은 존재하지 않았다. 그것은 <마왕>이 김지우 작가가 추구하는 주제를 가지고 파고든 가장 극한 지점이기 때문이다.

이제 시작점을 살펴보기 위해 김 작가의 첫 미니시리즈인 '학교'로 돌아가보면 학교폭력의 가해자였던 과거에서 벗어나려고 애쓰는 우혁(장혁 분)과, 가난했지만 행복했던 가정이 부유한 사람들에 의해 짓밟힌 후 복수심에 불타는 건(안재모 분)을 만날 수 있다. <마왕> 속 주인공과 너무나도 흡사하지 않은가? 김지우 작가의 <부활> 이전 작품들이 복수극이 아니었다고 해서 심심했던 필모그래피가 갑자기 도약한 것으로 여기는 경우가 많지만 사실 그는 끊임없이 일관된 이야기를 하는 작가이고 현재도 그러하다.

도덕성에 뿌리를 둔 열등감

이 닮은꼴 인물들이 고통을 겪게 되는 계기는 모두 한 가지에 뿌리를 두고 있다. 우혁과 오수는 가정에서 사랑받지 못하는 상처로 방황하면서 친구를 괴롭혔는데 이때 우혁에게 맞던 상대방은 "네가 불쌍하다"고 했고, 오수에게서 영철을 지키려 했던 태훈은 "네가 한심하다"라고 했다. 이 말을 들은 반항아들은 일종의 열등감을 느끼게 된다. 옳지 않다는 걸 본능적으로 알고 있었지만 바로 정곡을 찌르는 친구 앞에서 한없이 초라해질 수밖에 없었기 때문이다. 김지우 작가가 묘사하는 열등감은 외모나 부에 대한 것이 아니라 항상 '인간다움'과 '도덕성'에서 나온다.

그렇다면 반대편의 올곧고 도덕적인 인물들은 이떤 모습을 히고 있을까. 그 대표적 인물은 '학교'의 담임선생 재하(이창훈 분)다. 처음에는 교사라는 직업을 달가워하지 않았던 사람이었지만 아이들의 고민을 해결하는 과정을 통해 성장하여, <학교2>에서는 완전히 인격적이고 바른 교사로 정착되기에 이른다. 그의 마음속에 내재되어 있던 바른 본성을 알아보고 끄집어내준 사람은 대선배 교사인 신선생과, 당차고 강한 여교사 현주(염정아 분)였다. 이러한 '올곧고 맑아서 사람들이 저절로 따르는 인물'의 계보는 <학교2>의 유신화(기태영 분) - <부활>의 유건하와 강혁 - 단막극 <나의 아름다운 친구>의 찬식 - <마왕>의 정태훈으로 이어진다. <학교>의 재하는 날라리 선생에서 변화하는 과정이 묘사되었고, 유신화는 마음속 상처를 품고 있었지만 유건하로 된 이후부터는 아예 타고난 성품으로 그려졌다. 이와 같이 점점 묘사가 단순해지고 간략해져왔다. 그 결과 <마왕>에서 정태훈이 중요한 사건의 주인공임에도 불구하고 겨우 회상 한두 장면에 머무르고 다른 인물을 통해서도 거의 언급되지 않기 때문에 아쉬운 점이 많았다. 태성 가족의 포근함과 그것이 깨졌을 때의 박탈감 또한 너무 추상적으로만 그려져, 현재의 승하의 갈등에 실질적인 힘을 실어주지 못했다.

원칙 - 인간에 대한 믿음

김지우 작가는 이 '바르고 따뜻한 성품'이 원래 누구에게나 내재되어 있다고 믿는다. 하지만 모든 인물이 그렇지 못한 이유는 깊은 상처를 입었거나 환경에 의해 삐뚤어져서 그것이 가려져 보이지 않기 때문이다. <학교>의 건과 우혁(장혁 분)은 다행히도 성장드라마답게 방황을 끝내고 선생님의 충고를 받아들여 돌아오지만 <비단향꽃무>의 우혁(최민용 분)이 아버지와 화해하기까지는 20년이 넘게 걸렸다, <부활>의 유신혁은 끝내 좋아하는 강주에게 마음도 전하지 못하고 '인조인간' 소리를 듣다가 인생을 마감했고 강인철은 도덕적 열등감과 질투를 살인으로 폭발시켰다. <마왕>의 오수는 친구를 죽게 만드는 사고를 냈으며, 승하는 역대 가장 끔찍한 사건인 연쇄살인을 저지르기에 이른다.

아무리 악해 보이더라도 본성은 착하다는 믿음이 작품 전반에 깔려 있기 때문에 김지우 작가의 대본은 매우 잔인한 스토리를 펼쳐놓을 때도 모든 인물을 측은하게, 쓸쓸하게 바라보게 하는 힘이 있었다. 본성과 달리 저지르는 악의 강도는 작품이 거듭될수록 세어져서 <마왕>에서는 정도가 최고조에 달한 것을 알 수 있다. 그래서 마지막 장면에서 승하가 김 작가의 전작에서 보기 힘든 정말 괴롭게 일그러진 표정을 할 수밖에 없었던 것이다.

원한과 직접 상관이 없는 사람까지 가해자로 만들 정도로 심한 복수 과정을 통해서 선악에 대한 질문을 던질 의도였다면, 두 인물 말고도 다른 수많은 조연들을 살렸어야 했다. 왜 많은 사람을 죽이는 내용이었냐고 따지고 싶은 게 아니다. 모든 인간이 선악의 경계에서 고민을 한다는 주제를 전달하려면, 번갈아가며 슬퍼하는 두 주인공만 그릴 것이 아니라 사건에 얽힌 이들 각자 선택에 있어서의 고민, 치열한 삶의 모습을 하나하나 비중 있게 다뤄주었어야 했다. 이렇게 인간 자체에 대한 주제를 던질 때는 어느 인물 하나 대충 넘겨서는 안 되었다. 예를 들어 오수의 담임선생도 거의 존재감이 없었는데 사고가 일어난 반의 교사로서 당시에 겪었던 어려움, 학생을 지켜주지 못한 것에 대한 죄책감 등을 더 자세히 다루었다면 좋았을 것이다.

사랑 – 알아봐주는 눈

극중에서 인물의 맑은 본성이 상처에 가려져 보이지 않을 때 알아봐주는 사람이 곁에 있으면 본성을 찾을 기회를 얻게 되는데, 그들은 주로 선배나 아버지, 외유내강형의 여인에 해당한다. 특히 사랑의 감정에서는 이러한 관계가 반드시 성립한다. 기존의 드라마에서는 남자가 여자를 사랑하게 되는 이유가 밝고 명랑함, 청순함 등에 머무른다면 김지우 작가의 작품에서는 상처 속 본성을 알아봐주는 안목에 해당한다.

그래서 <학교>의 우혁은 학교 폭력배였던 과거가 있어도 자신을 믿어주는 교사 현주와 친구 민재(최강희 분)에게 호감을 느끼고, <비단향꽃무>의 우혁 또한 패싸움에 얽혔던 과거 때문에 다들 무서워하는 중에도 용기 있게 다가오는 영주(박진희 분)를 사랑하게 된다.

즉, 김지우의 사랑은 믿음이고, 일깨움이다. 천사와 같은 역할을 한다고 볼 수 있지만, 여자 자신도 삶의 아픔을 이겨내는 과정과 세상에 당차게 맞서는 모습을 보임으로써 내면이 건강한 여성형을 제시할 수 있었다. <비단향꽃무>의 영주는 설정으로만 봤을 때는 흔한 멜로드라마의 주인공이었지만 회사의 부당함에 지속적으로 항의하고 직업인으로서의 정직한 고집을 꺾지 않으며, 후에는 사직서를 내고 나와서 재판으로까지 맞서는 다부진 여성의 모습을 보여주었다.

‘지금 그대로의 모습만으로도 충분히 훌륭하다’라는 꽃말을 가진 꽃 카드를 전해주며 우혁에게 자신을 사랑하라고 했던 영주처럼, <마왕>의 해인은 카드와 그림을 설명하면서 두 남자에게 운명을 알려주는 역할을 했다. 그것은 사건의 단서 설명(사실 해인의 사이코메트리 능력이 없었어도 경찰이 더 뛰어다녔다면 알아낼 수 있었을 것이다)이라기보다는 승하에게는 이제 멈추라고, 오수에게는 진실을 향해 맞서라고 말하는 인도자의 역할 수행이라고 보는 게 맞을 것이다. 전작들에서는 여자들이 남자의 '선한 본성'을 찾아내는 일에 충실했다면 이번에는 '악의 본성'을 부끄럽게 하는 데 주력한 편이라 하겠다.

하지만 해인은 전작들에 비해 너무 단순하게 묘사되었기 때문에 영주와 같은 캐릭터의 힘을 느끼기 어렵다. 그녀는 정말 말 그대로 하늘에서 내려온 천사라고 해도 손색이 없을 정도로 훈계와 타이름만 반복하며 일상 자체가 없어 보인다. 맑은 소녀의 느낌은 살아 있었지만, 똑같이 연약한 사람이 보듬고 치유해준다는 위안이 느껴지지 않으니 그녀의 메시지가 공허해진다. 해인도 특별한 능력 때문에 어린 시절부터 힘든 점이 많았을 테니 자신의 인간적인 고통도 드러내 보이고, 극복해낸 경험담을 좀 더 자세히 전달하면서 오수와 승하의 마음을 찔러야 하지 않았을까?

진실은 과연 존재하는가

"난 진실의 힘을 믿어요." − 비단향꽃무 中

"난 믿는 것이 있어……. 진실은 반드시 밝혀진다는 것." − 부활 中

인간에 대한 믿음 외에도 김지우 작가가 끝없이 강조하는 것 중 하나는 진실이다. 지금까지 그의 작품에서 '진실'이란 세상의 권력자들이 약자를 괴롭히고 거짓으로 사건을 포장하려 할 때 적용되는 말이었다. 그래서 인물들은 법정에서 싸우고, 목숨을 걸고 수사를 하며, 기자 정신을 가지고 피폐했다. <부활> 때까지만 해도 진실의 개념은 명확했지만 <마왕>에서 가장 달라진 것은 복수를 하는 자나 복수를 당하는 자나 진실을 아무도 모른다는 것이다. 같은 사건이라도 사람마다 제각기 다른 진실을 믿으려고 하고 정작 칼을 들었던 오수조차도 '죽게 만든 것'과 '죽인 것'의 차이가 큰 의미가 있는 것인지 알 수 없다. 집안과 아버지의 명예 때문에 죄값을 치를까 여러 번 고민하다가도 결국 그러지 못했던 오수의 죄는 어디까지인지, 그가 드라마 후반부에 하는 후회와 회개는 과연 진실되다고 할 수 있는 것인지 의문은 꼬리에 꼬리를 물지만 드라마는 아무런 답도 제시해주지 않는다. <부활>에서는 복수하는 자가 조금도 사건의 전말을 오해하지 않았지만, <마왕>에서는 영철의 말을 듣고 승하가 사건의 일부를 오해함으로써 그의 복수의 정당성에 대해 더 깊은 회의감이 들게 한다. 우리가 그토록 외치는 진실, 그것은 처음부터 존재하기는 하는 것인가. 김지우는 비교적 통쾌하게 복수하던 전작에서 한 발 더 나아가 스스로에게 이러한 질문을 시도했다. 마지막 장면에서 실수로 총을 쏘아 오수를 죽게 만들면서 승하는 아마 본능적으로 깨달았을 것이다. 오수가 형을 일부러 찌른 것이 아니라는 사실을 말이다. 항상 "직접 겪어보지 않고는 그 고통을 알 수 없습니다"라고 말했던 승하가 비로소 직접 겪고 나서야 몰랐던 진실을 알게 된다는 것은 섬뜩하기까지 하다.

복수의 양날

<부활>에서 하은이 마지막에 길을 떠나면서 속죄하려고 했던 무거운 죄책감……. 많은 이들은 엔딩을 죽음으로 오해하거나 왜 바로 돌아오지 않는지 이해하지 못했다. <마왕>은 복수로 자신까지 더럽혀지는 결과를 <부활>에서보다 훨씬 더 강하게 그려보고 싶었던 작가의 결과물이라고 볼 수도 있을 것이다. 아이러니한 것은, 하은은 마지막까지도 인간다움을

거의 잃지 않음으로써 오히려 신다운 (긍휼도 베풀고 벌도 주는) 복수를 했는데 정말 신처럼 굴려고 노력했던 승하가 더 비참한 인간의 모습으로 돌아왔다는 것이다. 하은은 복수의 강도가 덜했고 인정을 놓지 않았기에 정의를 외칠 수 있는 자격이 있어 보였지만, 승하의 연쇄살인은 용서받을 수 없기 때문에 결국 두 주인공 사이에 선악의 경계가 없는 복수가 이루어 졌다.

"넌 나와 뭐가 다르다고 생각하지? 네가 한 짓은 정당하다고 생각하나?"

"당신이 정당이란 말을 논할 자격이 있습니까? 난 내가 받은 고통을 똑같이 갚아주려는 것뿐입니다. 정당하든 아니든 나한텐, 상관없습니다."

− <부활> 中

"나에 대한 미움과 원망 때문에 사람의 목숨을 빼앗는 건 정당화될 수 없습니다."

"그건 강형사님 스스로한테 되물어야 할 질문 같군요."

"사람의 목숨을 게임으로 생각하는 사람이라면 이미 그 사람은 스스로에게 졌습니다."

− <마왕> 中

<부활>에서는 위와 같이 복수의 정당성에 대한 상대의 질문을 무시해 버리는 장면이 나오지만, <마왕>에서는 거기에 되돌아오는 대답의 칼날까지 보태어지게 된다. 그리하여 <마왕>에서의 복수는 어느 한쪽에 치우칠 수 없이 끔찍한 괴로움을 시청자에게 선사했다.

하지만 그 심리를 그리는 과정이 치열하지 못했고 너무 반복적인 상황이 나열된다는 단점이 있었다. 오수는 너무 무능력하다가 갑자기 추리력을 발휘하는 형사로, 승하는 중반까지도 아무 죄책감이 없다가 갑자기 눈물을 흘리는 사람으로 보이기도 했다. 그래서 기존의 복수극에 던질 수 있는 이런 의미 있는 화두가 크게 와닿지 않는다는 것은 참으로 안타까운 일이다.

특히 마지막에 둘 다 같이 죽는 엔딩은 어떤 의미인가? 항상 '의지로 살아냄'의 가치를 강하게 외쳤던 작가이기에 정말 둘 다 죽음으로써 용서와 구원을 얻었다고 생각하는지 질문하고 싶다. 게다가 이미 칼에 찔린 몸인데도 오수에게 총으로 쏘라고 하면서 죄책감을 씌워주려고 하는 승하는 정말 마음속으로는 이미 상대방을 용서한 것일까? 사람을 죽이고 난 죄책감이 얼마나 큰지 직접 연쇄살인을 하면서 느꼈으면서도 총 쏘기를 강요한다는 것은, 승하가 이미 해인이나 승희의 어떠한 일깨움에도 돌이키기 힘들 정도로 자신의 복수계획에 이끌려가는 심리상태였다는 것을 의미한다. 그가 하는 "자신을 용서할 수 없다"라는 말은 진정한 속죄라기보다 도저히 스스로를 감당하여 살아낼 자신이 없는 16세 소년에서 멈춘 생각에 가까워 보인다.

김지우의 희망이 서 있는 곳

지금까지 김지우 작가의 여러 특징과 <마왕>에 대해서 살펴보았다. 성장물을 쓰든 멜로를 쓰든 복수극을 쓰든 간에, 그가 추구하는 기본 가치는 인간에 대한 믿음에서 비롯한 희망이다. 그의 초반 작품에서는 인물이 희망만 갖고 있으면 역경과 죄책감도 극복하고 가난도 이겨나갈 수 있었다. 하지만 최근작으로 오면서 '사건이 더 심각하고 긴 세월에 걸쳐 억울함이 세습되거나 사회의 구조적인 문제로 확장된다면 희망이 설 자리는 얼마나 좁아질까?'라는 질문을 던지고 있다. '희망이 존재한다는 것, 희망을 알려줄 친구나 연인이 있으면 본성을 되찾을 수 있다는 사실은 변함이 없지만 더 깊은 상처의 인물인 경우에는 희망을 붙잡지 못할 수도 있지 않을까?'라는 질문을 하는 것이다.

주제의 확장이란 면에서는 반가운 <마왕>이었지만 작품의 완성도나 여러 세세한 면에서 전체 주제를 뒤흔들 정도로 아쉬운 부분이 보이기도 했다. 혹자는 이제 김지우 작가가 희망을 손에서 놓았다고 볼 정도로 어둡고 회의적인 질문덩어리였던 <마왕>에까지 다다른 김지우는 앞으로 어떠한 방향을 선택할까. 치밀한 감정 묘사 없이 계속 양날의 칼을 찌르는 데서 멈춰버릴 것인가. 희망보다 절망을 더 멋있게 여기는 다른 많은 작가들처럼 변해버릴까. 아니면 희망에 대한 한 차원 높은 해석을 내놓을 것인가. 차기작의 장르와는 상관없이, 그는 현재 '작가의식'을 갖고 글을 쓰는 몇 안 되는 드라마 작가로서 상당히 중요한 갈림길에 서 있다.

대형 참사를 보도하는
언론의 선정주의를 고발한다
버지니아공대 총기난사 사건을 보도하는 방송 3사 메인뉴스를 통해

전수경

4월 17일 방송 3사는 일제히 미국 총기난사 사건을 보도순위 1~6번 이내 주요뉴스로 보도하고 있다. "최악 총격 참사 33명 사망", "용의자는 아시아계 남학생" 등 제목으로 "버지니아공대 대학살에 미국사회 경악" 소식과 더불어 술렁이는 교포사회 분위기와 사고현장에서 우리나라 유학생의 부상소식을 주요 이슈로 보도하면서 <SBS 8시 뉴스>에서는 부상당한 학생의 부모를 인터뷰하는 민첩성까지 보여주었다.

4월 18일 "최악 총기난사 용의자가 한국인이라니……." 총격사건의 용의자가 한국계 이민자라는 사실이 밝혀지면서 국내 언론의 보도태도는 급회전된다. 미국 내 교포에 대한 '보복'을 우려하며 교민사회의 반응과 미국의 여론에 초점을 맞춘 보도와 더불어 조승희 가족의 한국시절을 비롯해 이민생활 등 개인사를 추적하는 보도가 쏟아지면서 그 방향성은 사건의 본질을 벗어나 선정적인 보도로 치닫기 시작했다.

용의자가 한국계임을 중점 보도하는 언론

사건 용의자가 한국국적의 교포라는 사실이 밝혀지면서 한국 언론은 사건의 진실과 미국의 총기관리 허술 등의 본질적인 이슈보다는 한국인에 대한 보복과 인종혐오 범죄가 이어질 우려에 관심이 집중되었다. 무차별 총기난사로 어떠한 사람들이 생명을 잃었으며 이러한 사건이 발생한 배경, 범죄를 저지르게 된 동기, 허술한 총기관리 문제 등의 이슈는 더 이상 한국인들의 관심사가 아닌 듯했다.

<MBC 뉴스데스크>는 "교민사회 충격", "정부 교민안전 총력", "유학생 부모 온종일 뒤숭숭", <KBS 뉴스 9>는 "동포사회 경악…… 반한 감정 우려", "시민들 경악, 유학생 부모 불안", "수출, 관광, 유학업체도 불똥 튀나?", 그리고 <SBS 8시 뉴스>는 "버지니아공대 한국 학생들 속속 한국으로 떠나", "충격에 빠진 교민들 인종갈등 비화 우려", "어쩌다 이런 일이 시민들 하루 종일 뒤숭숭" 등 제목의 보도를 통해 교민상대 범죄 우려가 증폭되고 있다는 내용을 주요 쟁점으로 내보내고 있다.

미국 언론이 이 사건의 이슈를 미국사회의 허술한 총기관리 문제와 대학당국의 학생관리 시스템으로 옮겨가는 동안 우리 언론은 여전히 '조승희' 개인과 한국의 연결고리에 집중, 1.5세대라는 그의 정체성을 운운하는 이벤트성 보도에 머물면서 정부차원의 조문단 파견과 대통령의 사과에 관련 미국의 반응을 분석하는 보도에 열중했다. 버지니아 총기난사 사건이 국적 또는 인종문제가 본질이 아닌 만큼 그 본질이 왜곡되어서는 안 된다고 말하면서도 오히려 언론이 이 문제를 민감하게 보도함으로써 그 본질을 흐리고 있는 행태를 부여주었다. 다만 <KBS 뉴스 9>에서 "미 여론, 한국인보다는 총기문제 초점" 제목의 보도를 통해 미 언론은 이번 사건을

한국인에 대한 보복과 인종혐오 범죄 우려 관련 보도

MBC	KBS	SBS
[미국 총기난사] 최악 총격참사 33명 사망 (4/17)	美 사상 최악의 총기 난사… 33명 사망 (4/17)	미 버지니아공대 총기난사 사건… 33명 사망 (4/17)
[美 총기난사] 단독 범행 잠정결론 (4/18)	용의자는 '재미동포 대학생' (4/18)	최악 총기참사 용의자가 한국인이라니… (4/18)
[애도의 물결] 미국언론, 차분한 보도 (4/18)	시민들 '경악'·유학생 부모 '불안' (4/18)	충격에 빠진 교민들, 인종 갈등 비화 우려 (4/18)
[시련을 딛고] 유학생 부모… 온종일 뒤숭숭 (4/18)	동포사회 경악… '반한 감정' 우려 (4/18)	"어쩌다 이런 일이…" 시민들 하루 종일 '뒤숭숭' (4/18)
[시련을 딛고] 미국 여행객도 불안 (4/18)	'보복' 헛소문… "과민반응 경계해야" (4/19)	버지니아공대, "한국이 보여준 애도에 감사" (4/19)
[美 총기난사] 한미 양국 시각의 차이… 자책감 논란 (4/19)	버지니아 학생들 "한인 잘못 아니다" (4/22)	"현지 교민들, 지나친 죄의식은 경계해야" (4/19)
美 언론, 조승희 씨 사건 "한국탓 아니다" (4/22)	[심층취재] "절제된 분노, 차분한 대응" (4/23)	미 언론, "인종문제 아닌 개인 문제일 뿐" (4/19)
		'버지니아 참사' 미국인들 "한국 책임 없다" (4/23)

용의자가 한국계라는 점보다는 총기관리 실태를 비롯해 그 문제점 분석에 초점을 두고 있으며, 워싱턴 포스트는 "버지니아에서 서울까지 일반화시켜 보지 말라 호소"라는 제목의 기사에서 모든 한국인들이 매우 미안해하고 있다면서 한국인 전체의 문제로 봐서는 안 된다는 주장을 하고 있음을 보도함으로써 사건의 본질에 대한 균형감을 잃지 않은 바람직한 보도 태도를 보여주었다.

조승희의 범행을 재구성하며 선정성으로 치닫는 언론

4월 19일 조승희가 NBC에 보낸 동영상과 스틸사진이 공개되면서 미국 사회는 다시 충격에 휩싸이게 된다. 이에 한국 언론은 조승희의 범행을 재구성해 과정을 세밀하게 전하면서 흥분을 감추지 못하는 선정적인 보도 태도를 드러냈다("스틸사진들, 광기어린 눈빛", "발언내용 분석, 과대망상", "이 스마엘의 의미는?", "유나보머 테러 모방했나", "조씨 부자-쾌락주의-기독교에 강한 적개심" 등). 또한 <MBC 뉴스데스크>는 "의문 풀린 2시간" 제목의 보도에서 조승희가 기숙사 건물에서 에밀리 힐셔 등 2명에게 총을 쏘는 모습, 노리스 홀로 옮겨 학생들을 향해 총을 난사하는 장면을 컴퓨터 그래픽으로 재연, 마치 이 사건의 진행을 컴퓨터게임물처럼 자극적으로 보도하는 행태를 보여주었다. 그러고는 조승희의 안면 손상으로 볼 때 자살이 아닐 가능성을 제기하는 추측보도까지 이어졌다.

그러나 미국의 여론은 만만치 않았다. NBC가 제공한 영상과 사진에 항의가 빗발쳤고 NBC는 조승희 관련 이미지 방송을 제한하는 결단을 내리게 된다. 조승희가 보내온 동영상과 사진을 여과 없이 방송한 미국의 NBC가 국민의 알권리를 강조하면서 적절한 뉴스선별이 이루어지지 않아 사건을 충격적으로 보도했다는 비판을 받게 되자 한국 언론은 그때서야 흥미 위주로 구성한 선정적 보도를 자제하는가 싶더니, 이내 미국 내 추도 물결과 조승희로 인해 한국계 이민사회의 인종갈등에 대한 한국 측의 우려에 대한 미국 언론의 반응을 주요 이슈로 보도하는 양상으로 돌아섰다. 하지만 시청자들은 이러한 해프닝을 통해 미국의 NBC와 더불 이 조승희의 동영상과 메시지를 여과 없이 보내고 이를 컴퓨터 그래픽으로 재연까지 하면서 흥분하는 국내 언론의 모습을 통해 언론은 국민들의

MBC	KBS	SBS
[美 총기난사] 희생자들의 면면 (4/18)	"극심한 피해망상이 부른 참극" (4/19)	조승희 씨 가족, 집 비운 채 행방 묘연 (4/18)
[미국의 그늘] 무너진 아메리칸 드림 (4/18)	'이스마엘'의 의미는? (4/19)	'어디선가 본 듯한…' 모방범죄 가능성? (4/18)
조승희, 서울시절 조용한 세입자 (4/18)	'유나보머 테러' 모방했나? (4/19)	한국인 교수가 기지 발휘, 참사피해 줄였다 (4/19)
[美 총기난사] 스틸 사진들, 광기어린 눈빛 (4/19)	사건 당일 "아들 소식 없다" 결근… 부모도 희생자 (4/20)	"조씨, 폭력게임 즐겼다" …게임 모방했나? (4/20)
[美 총기난사] 발언내용 분석, 과대망상 (4/19)		"소심한 성격·특이한 발음 때문에 따돌림" (4/20)
[美 총기난사] 의문 풀린 2시간 (4/19)		"'행방 묘연' 조씨 가족, FBI가 보호 중" (4/20)
[美 총기난사] 남는 의문점… 복면은 왜 썼는가? (4/19)		
[美 총기난사] 부모도 늘 조마조마 (4/19)		
[美 총기난사] 게임복장… 컴퓨터광 (4/19)		

알권리를 위해 양질의 정보를 제공하고 있는가에 대해 근본적인 회의를 갖게 된다.

한국인의 자책에 반응하는 미 언론

이어 방송 3사는 국내 언론이 지나치게 관심을 가지고 집중 보도했던 조승희가 '한국계'란 사실로 인한 미국 내 '반한국 정서' 우려에 대한 미국 언론의 반응을 주요 쟁점으로 다루었다. "미 언론, 조승희 씨 사건 한국 탓 아니다" 제목의 <MBC 뉴스데스크> 보도에서는 "Please stop apologizing, It is not your fault"라고 미안함을 표현하는 필라델피아 인콰이어러의 사설 내용을 비중 있게 보도하고 있으며 <SBS 8시 뉴스>에서는 "버지니아 참사 한국 책임 없다" 보도를 통해 미 뉴스위크의 여론조사 내용(한국인 책임 없다 90%, 책임 있다 6.8%)을 <KBS 뉴스 9>에서도 "버지니아 학생들, 한인 잘못 아니다" 제목의 보도를 통해 미 언론들은 이번 사건이 한국적 문제가 아니라 조씨 개인의 문제이자 미국사회 내부의 구조적 문제임을 거듭 지적하고 있음을 보도하고 있다.

개인의 정체성보다 집단적 성향이 강조되는 한국의 특성이 집단 사과와 자책감의 배경이라는 미 언론의 분석이 보도되면서 인종갈등 비화를 우려하는 한국 언론의 태도가 바람직하지 않음을 인식했는지 미국 언론이 차분한 대응을 하는 사이 초동수사 미비라든지 조승희의 가족사 교민사회 인터뷰 등 보도로 흥분하던 한국 언론이 선정성의 꼬리를 내리고 4월 23일 버지니아공대 정상화 보도를 마지막으로 방송 3사가 약속이라도 한 듯 조승희 관련 보도를 중단하고 일제히 그 관심을 '김승연 회장 보복폭행'으로 옮아갔다.

이에 대해 한 네티즌의 반응을 실어본다. "인터넷에서도 기사도 뉴스도 왜 갑자기 뚝 끊긴 것처럼 조승희 사건을 아무도 보도하지 않습니까? 분명 기사에서 뉴스에서 조승희 휴대폰 통화내역이랑 수사해서 사건의 실마리가 나올 것 같다고 조사한다고 그렇게 온 동네방네 떠들어놓고 그 수사 내용이 어떠한지 무엇을 찾아냈는지 왜 아무런 말도 안 하죠? 너무 갑자기 조승희의 조 자도 언론에서 하지 않습니다. 대문짝하게 실리던 기사도 뉴스도 왜 갑자기 아무런 결론과 이유도 없이 조승희 사건을 아예 언급조차 안 하는지 궁금합니다."

방송 3사가 이렇게 갑작스레 조승희 관련 보도의 자제를 넘어 전면 철수하게 된 배경에는, 이태식 주미대사의 사과발언이 과했다는 내용으로 MBC <시선집중>을 통해 손석희 아나운서와 이태식 주미대사의 설전파문을 비롯해, 한국 언론 스스로가 인종문제를 부각시켰다는 비판 등으로 본질을 왜곡한 방송 3사의 선정적 보도태도가 오히려 역기능을 초래할 수도 있다는 자성이 있었기를 바라는 마음이다. 이러저러한 배경이 짐작된다 해도 인용한 네티즌의 반응처럼 조승희 관련 보도가 동시에 방송 3사 보도에서 사라지는 행태는 결코 바람직한 현상이 아님을 지적하지 않을 수 없다.

대형 참사에 대응하는 한·미 언론의 보도태도 비교

사건의 용의자가 한국계로 밝혀지면서 방송 3사가 조승희를 집중분석하고 폭로하는 보도를 보내는 가운데 <MBC 뉴스데스크>는 4월 18일 "미국언론 차분한 보도" 제목의 보도에서 인종이나 국적을 탓하기보다는 조씨의 극단적 이상행동이나 총기소지의 제도적 문제점 등에 초점을 맞추는 논조가 주를 이뤘다고 미 언론의 보도를 분석하는 내용을 보내고 있는데, 이는 미 언론의 보도태도를 긍정적으로 평가하는 의도라기보다 미 언론이 '한국계'라는 인종을 아직은 문제 삼고 있지 않다는 데 초점을 둔 보도라고 할 수 있다. 하지만 사건이 마무리되는 시점인 4월 23일 <KBS 뉴스 9>의 "절제된 분노, 차분한 대응" 제목의 심층보도는 대형 사건에 대응하는 한국 언론의 방향성을 제시하는 바람직한 내용을 전하고 있어 눈길을 끌었다.

"버지니아공대 총기 참사 이후 우리에게 많은 것을 느끼게 한 것 중 하나는 바로 미국사회가 이번 사건에 대응하는 모습이었습니다. 절제된 가운데 분노를 삭이며 차분히 위기를 극복하는 모습 되짚어볼 만한 부분입니다." 기자의 리포팅 중에서 미국사회가 대응하는 모습을 미국 언론이 대응하는 모습으로 바꿔 미국 언론의 보도 태도를 짚어보자. "합동분양소도, 대형 화환도, 정치인들의 모습도 보이질 않습니다. 장례식 모습은 언론에 공개되지 않았습니다. 조용히 추모할 뿐입니다. 캠퍼스도 빠르게 일상생활로 돌아가고 있습니다. 초점은 이제 사회구조와 제도로 옮겨가고 있습니다. 총기 규제를 강화하는 법안이 추진되고 있습니다. 뭐가 문제였는지, 언론들은 찬찬히 따지기 시작했습니다. 미국사회의 내부 문제니까 한국인들은 이제 그만 좀 사과하라는 신문 사설까지 나왔습니다."

합동 분향소, 유족들의 오열, 정치인들의 줄 이은 참배와 화환, 책임자 문책요구 등은 주로 대형사건 발생 시 한국 언론이 담아내는 한결같은 그림들이다. 그러나 미국의 언론은 자극적인 그림을 자제하고 사건을 인종문제로 다루기보다 문제의 본질을 쟁점으로 보도하면서 이러한 범죄

대형 참사 관련, 한국과 미국의 언론 보도태도 비교표

주요사안	국내 언론	미국 언론
주요쟁점	책임자 문책, 비난	시스템 점검
뉴스가치	사건주변 가십 등 선정성	사건 본질
보도태도	최고조 흥분	냉정, 차분한 태도
영상, 그림	장례식 공개(오열하는 유족 등)	장례식 비공개(조용한 추모)
사건수사	진상조사단 구성 촉구	수사기관 일임
보도방향성	폭로 고발 위주	사태 수습, 사회 안정

2007 좋은 방송을 위한 시민의 비평상 수상집

를 유발하게 된 상황을 분석하는 내용을 차분하게 보도하는 성숙한 면모를 보여주었다. 이러한 대참사 앞에서 미국의 언론은 대참사가 누구의 짓이며 그가 어떤 인물인가 하는 사람의 히스토리를 들추며 비난하기 전에 학교의 학생관리 시스템과 무엇보다 허술한 총기관리 문제에 초점을 맞추었으며, 조승희의 국적을 운운하기보다 이민사회의 문제점으로 시각을 돌리는 모습을 보여주었다.

특히 미국사회의 애도문화는 '마녀사냥'에 익숙해 있는 우리 문화에 많은 교훈을 주고 있다. 사건현장인 노리스 홀 잔디광장에 놓인 사망자 추모석 중에서 조승희의 텅 빈 추모석 앞에 처음 편지를 놓고 간 로라 스탠리라는 학생은 이렇게 말하고 있다. "그를 탓하기 전에 우리가 그에게 도움의 손을 뻗치지 않은 걸 뉘우쳐야 한다." 스탠리가 다녀간 후로 조승희의 추모석 앞에도 꽃과 편지가 놓이기 시작했다. 32명이 살해되는 미국사상 최악의 총기사건이 발생했음에도 불구하고 학교 당국은 냉정함을 잃지 않고 대처해갔으며, 1차 총격 이후 학교와 경찰의 늑장대응 논란이 제기되기도 했지만 유가족들은 특정인에게 책임을 돌리지 않았다. 가해자 조승희에 대한 미국인들의 감정도 우리의 정서로 보기에는 이해가 힘든 부분이다. 엄청난 사건을 저지른 조승희마저도 넓은 범위의 피해자나 희생자로 받아들이고 있는 것이다.

맺으며

무차별 총기난사로 유명을 달리한 32인의 사망자와 유가족 더불어 갑작스런 사고에 경악을 금치 못하는 커뮤니티, 그리고 자신을 통제하지 못하고 이러한 참사를 빚은 용의자와 용의자 가족까지도 배려하는 미 언론의 조심스런 태도를 대하면서 대형사건 앞에서 냄비처럼 달아올라 여론을 극단으로 몰아가는 우리네 언론의 보도 행태를 돌아보게 된다.

4월 중순을 넘기면서 한 주간 내내 언론의 이슈가 되었던 버지니아공대 참사 보도를 통해 우리네 뉴스보도의 현실에 대해 회의적인 결론에 이르게 됨은 참으로 안타까운 일이다. 물론 먼 나라 그것도 세계최대의 강국 미국에서 한국국적을 가진 이민자가 저지른 엄청난 범행은 미국과 한국뿐 아니라 전 세계를 경악하게 한 최악의 사건이었다. 이에 대해 미국의 언론은 침착성을 잃지 않고 사건의 본질을 파악하고 사태 수습에 주력한 반면, 한국의 언론은 한국인이 저지른 범행에 대한 자책과 미국의 '반한국 정서 우려'에 집중하여 처음부터 보도의 객관성과 균형감각을 잃어버렸다

또한 조승희가 NBC에 보낸 동영상과 스틸사진이 공개되었다는 보도를 통해 영상의 선별적 제공과 모방범죄 관련에 대한 우려 없이 조승희의 범행과정을 컴퓨터 그래픽으로 재구성해 상세하게 보도함으로써 선정적 보도의 진수를 보여주었다. NBC가 공개한 동영상이 여론의 거센 비판을 받게 되자 방송 3사도 움찔하면서 한걸음 물러난 태도를 보이게 된다. 균형 있는 정보제공을 통해 올바른 여론을 형성하고 주도해가야 할 언론이 나아갈 방향을 수립하지 못하고 국민에 앞서 흥분하며 사건을 폭로 위주로 보도하고, 한국계 범죄에 관련해 백인사회의 반응을 찾으며 스스로 인종주의를 초래하는 모습은 우리 언론의 정체성에 대해 회의를 갖게 되는 대목이다.

물론 미국이 참사 앞에서 보여준 성숙한 면모들을 문화의 차이라 말할 수 있지만 언론이 이러한 문화를 선도해간다는 측면에서 언론의 역할을 돌아보게 되는 것이나. 방송 3사가 한결같이 조승희 관련 보도에 집중하디 니 어느 날 약속이라도 한 듯 '김승연 회장 보복폭행'으로 옮아가면서

미국의 총기난사 사건을 먼 과거로 만들어버린 우리 언론은 사태 수습이 끝나면서 서서히 드러나기 시작할 '조승희 후유증'에는 관심도 없다. 큰 소용돌이가 몰고 간 미국사회에서 살아가야 하는 재미교포들은 조승희로 인해 조용하고 학업성적이 우수한 아시아계의 모습을 더 이상 긍정적으로 평가하지 않고 경계하는 미국사회의 편견에 시달려야 할지도 모른다. 언론이 진심으로 타국에 사는 한국계에 대한 배려가 있다면 이러한 문제를 심층으로 다루는 보도를 통해 한 차원 높은 정보를 제공해주어야 할 것이다.

현 세태는 이윤추구를 목표로 하는 기업에도 사회공헌과 책임을 당당하게 요구하고 있다. 기업도 그러한 여론의 바람을 최대한 수용해가는 모습을 보이고 있다. 그런데 언론은 오히려 시청률과 구독률의 노예가 되어 그들의 책임과 역할을 저버리는 현상을 보이고 있다면 참으로 안타까운 일이 아닐 수 없다. 조승희가 내준 그 자리에 들어선 김승연 회장도 언론의 무차별 공격을 감당해야 했고 이제는 그 공격의 후유증이 관련 경찰에게로 넘어가는 시점에 국민들은 '이제 그만 좀 하라'는 목소리를 내고 있다. 뉴스보도는 폭로전이 아니다. 사안에 대한 본질을 정확히 파악하고 본질을 벗어나지 않은 차원에서 그 심도를 조절해가는 냉정하고 차분하고 책임감 있는 언론이 있을 때 사회통합과 발전을 기대할 수 있을 것이다.

새로운 패러다임의 웃음과
근원적 자아 찾기
<무한도전>

이은미

1. 무형식의 웃음학

웃음에도 코드가 있다. 쇼, 오락, 개그 프로에서는 시청자들의 웃음을 잡기 위해 수십 번을 연구하고, 연습한 끝에 웃음이라는 궁극에 도달한다. 그러나 시청자들은 조형화된 웃음에 질려 괴로움을 호소한다. 웃으라고 만들어놓은 코드들은 매체가 생활이 되어버린 시청자들에게 이미 너무 익숙하다.

일상의 자질구레한 스트레스를 해소하기 위해 텔레비전을 마주할 때마다 숨 쉴 틈조차 주지 않고 조여오는 가소(假笑)는 도리어 시청자들을 딜레마에 빠지게 만든다. 형식적인 웃음에 매몰되어 잘 짜여진 제도의 마지막 절차인 양 씁쓸한 웃음을 웃게 될 그 순간을 기다리며 시청자들은 지쳐간다. 웃음을 주기는커녕 틀에 박힌 백신에 의해 웃을 권리조차 간단하게 제어당해버리는 것이다.

그런 제도적 웃음조차 거부하는 프로가 있다. 바로 <무한도전>이다. 그들이 전해주는 웃음에는 연습이 없으며, 일주일 내내 먹은 찌개를 오늘 아침에도 먹어야 하는 식상함도 없다. 일상에 저항하는 힘, 그것이 무한도전의 무형식적 웃음의 미학인 것이다.

<무한도전>은 사공이 많은 배다. 그래서 그들의 도전은 때때로 부표(浮漂)를 잃고 표류한다. 어쩌면 처음부터 그들의 실패는 예정되어 있었던 것인지도 모른다. 6명의 남자에게 주어지는 도전 과제는 '기차와의 달리기 시합', '목욕탕 욕조에서 배수구와 물 퍼내기 대결' 등에서 알 수 있듯, 일반적 도전과 그 궤를 달리한다. 그럼에도 그들은 끊임없이 무모한 도전을 감행하고, 과제의 지침을 수행하지 못한 채 다음을 기약한다.

그러나 시청자들에게 그들의 성공과 실패는 이미 관심사가 아니다. 오히려 그들의 실패를 당연한 것으로 받아들이며 그 속에서 웃음의 패러다임을 찾는다. 실상 시청자들은 그들의 성패를 기억하지 않는다. 애초부터 그들이 성공할 것이라 기대하지 않으며 성패와 무관하게 그 속에서 보여지는 여섯 남자의 비일상적 행동과 땀에 촉각을 곤두세울 뿐이다. 여섯 남자의 우스꽝스러운 불균형과, 의미 없어 보이는 하찮은 도전의 결행은 냉소나 씁쓸한 연민이 되기보다 무수한 '일상'에서 지친 시청자들에게 역설적으로, 진정한 웃음을 유발한다.

<무한도전>은 웃음을 유발하기 위한 위험한 바이러스를 주입하기보다는 각기 다른 여섯 MC들의 모습을 신랄히 보여준다. 그래서 시청자들이 그토록 냉소했던 강박적 웃음을 탈피한 맹독성의 무형식적 웃음 속에 빠져들게 되는 것이다.

2. 분열과 결합의 카타르시스

<무한도전>의 여섯 남자는 퍼스낼리티가 뚜렷하다. 그래서 <무한도전>의 서사는 항상 한 축으로 진행되지 못한다. 여섯 남자의 불균형이 부각되며, 이들은 자신이 중심에 서기 위해 분열을 반복한다. 시청자와 네티즌을 의식한 가식적 화합 대신 무한 이기주의를 보여주는 것이다. 그 속에서 인물들 간의 부적응이 보이기도 하고, 때로는 이상행동이 표출되기도 한다. 여섯 MC들은 '쇼프로는 이래야 한다'는 정형성에 스톱모션을 걸어놓고, 머뭇거림의 서사를 거부한 채 한 걸음 한 걸음 탈주를 감행한다. <무한도전>의 추동력은 여기서 발현된다.

표면적으로 그들은 연대를 거부하는 것으로 보인다. 그들은 늘 편가르기를 하며 그 양분된 유파를 공론화한다. 정준하와 정형돈의 '뚱뚱보 브라더스', 유재석을 중심으로 한 유재석, 하하, 노홍철의 '무한 재석교', 그리고 거성이라 감히 누구의 유파도 될 수 없이 홀로 천상천하 유아독존하는 박명수⋯⋯. 브라운관 속에서 이들은 반목하며, 김태호 PD는 이들의 반목에 과감 없는 냉소를 첨가하여 화면에 내보낸다. 오히려 때로는 이들의 반목을 부추기고 충동하는 것으로 보이기도 한다. 이를 통해 시청자들은 카타르시스를 느낀다. 이미지를 위해 자신을 낮추고 고개를 숙이기보다는 오히려 다투고 편을 가르는 그 모습에서 시청자들은 못난 자신의 모습을 발견하며 그것이 인간의 보편적 성향이며 그러한 대립을 통해 정신적 성장의 과정을 겪게 된다는 사소한 진리를 깨닫게 된다.

한편, 여섯 남자의 끊임없는 분열은 결합을 전제한다. 이들의 결합은 서로 힘든 상황에 처했을 때 그 빛을 받한다. 도전 과제가 주어졌을 때나 서로에게 개인적으로 힘든 일이 생겼을 때, 이들은 서로를 의지하고 지탱

한다. 이삿짐을 옮겨주러 직접 나서며, 명절을 혼자 보내지 않게 하기 위해 음식을 마련해 기습 방문을 한다. 또 목욕탕 욕조의 물을 퍼낼 때는 너나할 것 없이 한마음이 되어 여섯 남자가 힘을 결집한다. 시청자들은 그 속에서 가족을 발견하고 친구를 발견하고, 자신을 발견한다. 기만으로 조립된 형식적 관계가 아니라 진정한 가족애를 말이다.

3. 동아적(童兒的) 웃음과 자아 찾기

인간은 누구나 어린 시절로 돌아가고자 하는 귀소본능이 있다. 어릴 때는 정신적 성숙과 육체적 성숙이 비례하지 않는 것 같다고 여기고, 자신의 정신적 성숙에 맞지 않는 육체를 탓하며 빨리 어른이 되기를 꿈꾸기도 하지만 진짜 어른이 되면 오히려 어린 시절에 대한 열병 같은 향수에 시달리게 된다.

<무한도전>의 미학은 여기에서 발견된다. 그들은 끊임없이 어린 시절의 추억을 끄집어내 어른이 된 시청자들을 까까머리로 돌려놓는다. 받아쓰기를 하고, 숨바꼭질을 하고, 무궁화 꽃이 피었습니다를 했던 그 시절의 모습은 <무한도전>의 여섯 MC들을 통해 새롭게 각색된다. 그들이 재현해놓은 학창시절의 모습에는 모든 사람들에게 공통분모가 될 만한 추억들이 공존한다.

불황의 늪에서 끝을 짐작할 수조차 없이 주눅이 든 시청자들에게 그들을 통해 겪게 되는 대리 경험은 분명 크고 작은 생활의 활력으로 작용한다. <무한도전>의 여섯 남자를 통해 시청자들은 어린 시절로 돌아가 그들과 함께 운동장을 뛰고, 받아쓰기를 한다. 몸에 맞지 않는 교복을 입고, 코를 흘리고, 기본적인 받아쓰기조차 못하는 그들이 희화화되기보다는 그 속에

서 자아를 발견하고 코끝이 찡해지기도 한다. 그리고 곧 연상작용처럼 그 시절에 꿈꾸었던 것들을 다시금 되새기게 된다. 막힌 현실 속에서 맛보았던 좌절을 그들의 엉뚱하고 일탈된 행동들을 통해 위로 받는 것이다.

흡사 그들은 시청자가 아닌 자신들을 위해 방송을 하고, 그것을 즐기는 것으로 보이기도 한다. 카메라가 끊임없이 그들의 자취를 추적하고 있음에도 그들은 그것과 무관하게 행동하고 자아를 표출한다. 그 모습에 시청자들은 다시 한 번 웃음을 짓게 된다. 일반인과 유리된 연예인의 모습이 아닌, 내 안에 존재하는 모든 인간의 공통적 본성을 그들을 통해 발견하고, 순수했던 어린 시절로 잠시나마 회귀한다.

물론 그러한 회귀는 길지 않다. <무한도전>을 좋아하는 사람들은 그 회귀의 순간이 짧은 것에 오히려 안도한다. 방송이 끝나면 때로는 왜 웃었는지조차 잊어버리고 곧 일상으로 복귀하여 주어진 현실을 살아내야 하기 때문이다. 그래서 <무한도전>의 웃음이 가볍다고 말하는 사람도 있다. 하지만 <무한도전>을 즐기는 사람이라면 그들이 전해주는 웃음에 담긴 잘나지 않는, 못난 자아의 모습을 발견할 수 있을 것이다. 그 웃음이 결코 가벼울 수 없는 평범한 우리들의 모습이라는 사실까지도.

조형화된 웃음이 익숙해, 웃음의 본질에 무감각해진 시청자들에게 <무한도전>의 여섯 MC가 전해주는 웃음은 분명 새롭고 신선하다. 그 새로움은 꾸미지 않음과 자연스러움에서 나온다. 조미료를 넣지 않은 국이 더 맛깔스럽듯, 그들이 전하는 웃음은 형식적이지 않아 값지고 의미 있는 것이다. 그 무형식의 형식 속에서 시청자들은 어린 시절의 자신을 발견하고, 또 평범하지만 그 평범함으로 인해 더욱 찬란할 수 있는 모든 소시민들의 가치를 숙명처럼 인정하게 된다.

4. 아무것도 아닌 모든 것

최근 쇼·오락 프로를 보면, 조형화된 웃음에 무감각해진 시청자들을
자극하기 위해 그로테스크한 포장지를 덧입힌 방송을 내보내기 일쑤다.
그래서 방송사를 막론하고 어딘가에서 본 듯한 쌍둥이 프로가 넘쳐난다.
본질은 그대로이면서 포장지만 바뀐 그것들은 오래 묵은 음식처럼 곰팡이
가 피고 쉰내를 풍기는데 정작 그것을 만든 제작자들만은 그 사실을 모르고
의미 없는 웃음을 생산해낸다.

웃음은 인간의 가장 기본적인 감정 표출 방법 중 하나다. 그 웃음을
담보로 하기에 쇼·오락프로의 파워는 막강하다. 그 권력에 편승하여 기표
(signified)만 거품처럼 끓어 넘치는 프로를 만들기보다 아무것도 아닌 일상
이 모든 것일 수 있다는 사소한 진리를 발견하는 현안(賢眼)을 발견하고,
일상에 천착하여 그 속에서 웃음을 캐낼 수 있는 심미안이 필요할 것이다.
<무한도전>이 열혈 시청자들을 양산할 수 있었던 것도 그것과 같은
맥락에서가 아닌가 싶다. <무한도전>은 보편적인 시청자들의 체험을
공유하며, 평범한 그것들을 여섯 MC의 각기 다른 개성으로 '유쾌한 웃음'
을 조각한다.

일각에서는 <무한도전>을 가볍고 시시하다고 평가하기도 한다. 이것
또한 <무한도전>이 도전해서 척결해야 할 큰 과제임에 틀림없다. 그것은
여섯 남자가 여태껏 해왔던, 그리고 앞으로 하게 될 많은 도전 중 가장
어려운 도전이 될 것이다. 하지만 그 도전에서 열패자가 된다면 결국
<무한도전>은 선로를 잃고 종착점을 지나치게 될 것이다. 웃음에는 정도
(正道)가 없으며, 노력에는 끝이 없다는 것을, 그리고 세상에는 무모한
도전이 없다는 것을 여섯 남자가 증명해보일 수 있을 거라 믿는다.

가식적인 웃음에 레퀴엠을 울리는 프로그램 <무한도전>의 끝없는 도전에 새로운 패러다임의 웃음을 기대한다.

'나뭇잎을 떼어버린 이브'의 경쾌한
성애담(性愛談)

22부작 <달자의 봄>이 던진 드라마 속 사랑과 性의 로드맵

김영종

"칙릿(chick-lit) 열풍에 의지, 그 특장적 요소를 퍼날라 티브이 화면에 붙여넣기한 것에 불과한 대중 오락물이다."

"골드미스가 된 올드미스, 골드미스터가 된 올드미스터의 가치 변화에 승차한 마케팅의 기법을 차용해 별다른 상품으로 포장한 시류 편승물이다."

"팩션(faction)의 높은 호응도에 기대어 흉내를 내면서, 코미디와 판타지를 돋을새김하는 한편 개인의 사적 생활을 구성하는 정보를 에피소드화하여 내놓은 피싱 드라마다."

이른바 트렌디드라마가 방영되면, 외래어를 동원한 지적들이 온·오프라인상에 넘나든다. <내 이름은 김삼순>이 그랬고 <여우야 뭐하니>도 예외가 아니었다. <달자의 봄> 또한 자유롭지 못했다. 그럼에도 불구하고 이들은 보편적 오락성을 직조해내면서 화제성에 탄력을 받았다. '돌 맞을 불륜'이나, '가슴 후벼 파는 삼각관계'와 '엽기적 출생 비밀', '동화 빰

때려야 직성 풀리는 공주와 왕자의 돌출', '깨물고 간지럽 태우고 애무하며 성적 견인력을 노림수로 두는 선정성' 등 흥행 코드에 비교적 천착하지 않으면서도 시청자의 충성도를 확보했다. 이 작품들은 '신선도 높은 물건'을 요구하는 시청자의 소비 패턴에 '그래도 그만하면'이란 평점으로 부응했다. 다매체 다채널 무한 경쟁화한 방송환경에서 흥행 방정식이 만들어낸 마노의 덫에 포로가 되지 않은 것만으로도 문화 아이콘으로서 긍정적 평가를 받았다는 의미다.

그러나 이 같은 시청자의 호응에 대해 그 행간의 의미를 촘촘히 들여다보면 '곱씹어 다시 생각해봐야 할 성취'란 측면이 있다. 호응에 등장한 단어 그대로의 뜻만은 아닌 것이다.

'어디선가 본 캐릭터와 또다시 마주치는 설정'에서 벗어나지 못하고 있다는 점이 그것이다. 각기 다른 방송사, 제각각 기획된 드라마임에도 불구하고 설정과 인물의 성격, 갈등 구조가 서로 교접하고 전이되어 '나만의 것'이 상실되는 결과를 가져왔다. 아이러니컬하게도 서로 비슷하다는 이 현상이 시청자들에게는 오히려 친근감으로 작용했고. 농염한 성과 사랑의 노출 등, 흥행 공식을 휘감고 있지 않기에 신선하다는 평을 들었다는 역설이 성립된다.

휴먼 코믹 멜로(로맨틱)드라마를 표방한 <달자의 봄>도 여타 드라마와 같이 자기 것이 부족했던 작품이고 호응도만큼이나 흠결도 적지 않았다.

자동응답기에 "지금은 내가 피곤해서 전화를 받을 수가 없사오니 삐 소리가 나도 음성 메시지 같은 건 남기지 말고, 연락할 전화번호도 남기지 말아주라. 이상!"이라고 저장해놓는 오달자(33세 독신녀, 홈쇼핑MD, 재산은 24평 전세 아파트와 고란도 한 대)의 독특한 캐릭터를 중심으로 안방 시청자들의 소구력을 파고들었다. '30대 독신여성으로서 남자들과의 경쟁·잠자리로부터의 자유와 독립, 일에 대한 당당함, 사랑에 대한 꿈과 열정의 성취'란 주제어를 던졌지만 설정에서 다른 드라마와의 독립성까지 펼쳐놓지는 못했다.

삼각관계의 도식에 빠져들지는 않았지만 극적 전개상의 '인테리어'로 치장한 점을 우선 들 수 있다. 드라마 초반, 달자(채림 분)·신세도(공형진 분) ·위선주(이혜영 분)의 삼각구도가 회가 지나면서 변이돼 달자·강태봉(이민기 분)·엄기중(이현우 분)과의 각축이 전개된다. 여기에 엄기중의 부인이 가세해 엮이고 후반부에는 달자와 태봉 사이에 태봉의 첫사랑이 끼어들면서 삼각관계를 장식했다.

또한, 왕자가 등장해 신데렐라가 등극하는 도식적인 굴레에 발을 묶이지는 않았지만 식단을 꾸며 한상 차려 내오기는 했다. 연애 대행이나 하는 줄 알았던 여섯 살 연하남 태봉이 총장 아들에다 잘나가는 로펌의 변호사 출신, 그것도 사시 수석합격생인 왕자님이었던 것이다. 이 '밥상'에 게걸스럽게 숟가락들이 오가는 식상한 모습을 보이지는 않았지만 밥상 옆에 백마가 푸르르 울부짖었다.

여기에 불륜도 커튼을 젖히고 나와 '달자의 봄, 너마저도!' 하는 탄식을 일시 불러일으켰다. 엄기중이 유부남이라는 것이 밝혀질 때다. 하지만 이야기 전개과정에서 엄기중의 전처에게 달자가 "경고하는데 앞으로 니들 인생에 나 함부로 끼워넣지 마. 이혼을 하든 별거를 하든 그건 너하고 엄기중, 둘이 알아서 하라구. 난 처음부터 거기에 아무 상관없던 사람이니까"라고 선을 분명히 그으면서 이 에피소드는 중심 줄기에서 벗어났다. 상투적인 '그렇고 그런 이야기'로 엇나가지는 않았지만, 어김없이 '감초'가 들어간 것은 역시 아쉽다.

거기에 덧보태, 드라마 종사자라면 유혹에 빠져 시험에 들게 된다는

'출생의 비밀'도 '내가 빠져서야'라며 코를 들이밀었다. 태봉의 아버지와 달자의 어머니가 젊은 날 연인이었으며 태봉의 어머니는 달자 어머니의 학창시절 친구라는 인물 배치가 그것이다. 이야기가 여기에 코를 박고 허우적대지는 않았지만, 달자와 태봉이 남매일지도 모른다는 '진부함'을 우려하는 시청자들의 목소리가 드라마 홈페이지 게시판을 달구기도 했다.

또, 로맨틱 코미디물의 대단원 공식이라 할 운명적 재회에 지극히 충실했던 것도 경이로운 결말을 기대했던 시청자를 아쉽게 만들었다.

드라마의 구매력을 높이는 데 필수적인, 흥미 유발을 꾀하기 위한 전략임을 염두에 두어도 도식적인 소재를 차용할 필연성이 과연 있었는가 하는 점은 지적되지 않을 수 없다.

소재에서 온 식상함을 반감시켜 신선도를 높이고 재미를 배가시키기 위해 설치한 장치들인 패러디성 코미디와 일러스트가 스토리 라인의 본 기둥인 휴먼 멜로를 뒤덮어 드라마의 구성과 주제가 뒤로 숨어버리곤 하는 경우가 있기도 했다. <킬빌>, <터미네이터>, <황진이>, <대장금>, <친절한 금자씨> 등에서 따온 패러디의 범람은 그래서 약점이 되기도 했다.

그러나 이들 약점 내지는 진부함이 시청자들에게 유쾌하고 부담 없는 감흥과 공감대를 형성하는 드라마로서 자리매김하는 자산이 되기도 했으니, 이에 대해 단호하게 지적하는 것은 무리일 수도 있다. 일러스트는 '재기 발랄, 센스 만발, 발상 기발'의 느낌을 주었으나 역시 과용된 인상은 지울 수 없다.

<달자의 봄>이 표절 시비에 휘말린 것도 아쉬운 대목이다. 드라마 출범 당시 <오달자의 봄>이런 제목이 1981년 발표된 만화가 김수정 씨의 작품 <0달자의 봄>과 같아서 <달자의 봄>으로 개칭되기도 했다.

제목만 같았을 뿐 내용의 유사성은 없는 것으로 밝혀졌다. 정작 표절 문제는 일본 드라마와의 관계에서 돌출됐다. 이야기 줄거리와 캐릭터 설정 구성 등이 2005년 4월부터 6월까지 일본 NTV를 통해 방영된 드라마 <아네고>와 유사하다고 해 논란이 되기도 한 것이다. 이 논점은 본 글의 방향과 다르며, 논란의 주안점도 온라인상에 자세히 나와 있고 <달자의 봄> 연출 PD인 이재상 씨의 '사실무근'이란 해명이 있었기에 이 정도 언급에서 그치기로 한다.

<달자의 봄>을, 그 흠집에도 불구하고 즐겁게 보면서 호응을 보낸 이들이나 긍정적 평가를 한 미디어들은 대체로 다음과 같이 정리한다.

"주제를 살려내는 데 판타지와 리얼리티를 적합하게 혼합해냈다. 그것이 드라마다. 드라마에서 판타지가 결여되면 다큐멘터리에 지니지 않으며 리얼리티가 부족하면 현실적 공감대를 상실한다. 일터 묘사 등에는 현실성이 결여됐다는 지적도 있으나 스토리 라인의 리얼리티로 공감대를 형성했으며, 패러디와 일러스트 등이 극적 판타지를 높였고, 등장인물의 내레이션이 메시지 전달의 효용성을 높였다. 등장인물의 배치도 지나친 갈등 구조를 억제하면서 넋 놓고 숭배할 인물도, 처치하고픈 극단적 악역도 만들지 않고 극적 흥미와 긴장감을 지속적으로 유지시켰다."

이 같은 평에 대체로 시각을 함께한다. 하지만 <달자의 봄>이 그 주제형성 과정을 통해 정작 안방극장에 내보인 것은 비교적 잘 짜여진 드라마로서의 직능과 일과 사랑을 아우르면서 성취하는 요즘 미혼 여성의 성공기이기만 한 것일까? 물론 그것도 맞기는 하다. 그러나 너무 흔하다. 그렇게 보는 눈도 흔하고 그렇게 보아주길 원하는 드라마도 흔하다. 그렇기에 흔한 관점에서 본다는 것은 주마간산 격이 되기 쉽고 아류에 동조하는 에피고넨(epigonen)에서 벗어나지 못한다. 주제의 원류를 간과하는 잘못을

범하게도 된다.

<달자의 봄>의 오달자가 정작 내보이려 한 것은 서두에 잠깐 언급한 칙릿류의 에피소드만이 아니다. 골드미스로서의 가치 창출만이 아니다. 30대를 넘어선 독신녀의 변화되고 흥미로우며 경이로운 사생활만이 아니다. 픽션과 팩트를 넘나드는 팩션의 세계만이 아니다. 비록 원하지 않은 불륜이거나 의도치 않은 삼각관계 속에 한순간 발을 들여놓을 뻔했으나 선정적 사랑은 더욱 아니다.

그녀가 건넨 것은 '나뭇잎을 떼어버린 이브의 유쾌한 성담론'이며 '안방에서 차갑게 박제된 성에 체온을 불어넣은 성애담(性愛談)'이다.

드라마 초반 이야기의 도입부라고 할, 달자와 태봉의 계약연애가 시작될 때 일러스트를 통해 달자의 온몸이 뱀에 칭칭 휘감긴 모습이 형상화된다. 마치 금단의 열매 선악과를 베어문 듯한 달자의 표정에서 이미 성애로의 여행은 시작된다. 성서 속 이브는 선악과를 따먹은 이후 나뭇잎으로 그 부끄러움과 죄를 가린다. 많은 드라마 속 여성들 역시, 불륜과 삼각관계를 오가면서도 나뭇잎으로 가려진 모습을 벗어던지지 못한다. 그러나 달자는 이 나뭇잎을 떼어버리고 가식과 치장 없이 자연 그대로의 원형을 지닌 여성으로서 성과 사랑을 말하고 행동한다. 33살 치사량의 고독 속에서 그녀가 갈망하는 것도 원초적 여성으로 남성을 받아들이는 것이다.

혹자는, "달자의 봄보다 훨씬 농염한 성애를 노출한 드라마가 얼마나 많았으며, 대담하고 노골적인 성을 표출한 드라마는 또한 얼마나 부지기수인가. 불륜과 엽기적 사랑과 성을 구사하는 캐릭터는 또한 얼마나 범람하는가. 얼마나 많은 드라마들이 안방에 거의 무차별적으로 성을 불어넣고 뜨겁게 달구기까지 했는가. 지금도 그렇고……. 그런데 안방의 성이 차갑게 박제된 것이라니! 달자의 성이야말로 농도로 보면 넌지시 띄우는 엽서 정도 아닌가? 그런데 달자 정도로 나뭇잎을 떼어낸 것이라고 운운하는 것은 대체 무슨 얘기인가? 온 오프라인상의 미디어 환경이 급변해 초등학생도 포르노를 접하고 수많은 네티즌들이 마음만 먹으면 얼마든지 그런 UCC동영상을 제작할 수 있는데!"라며 질타할 수도 있다.

맞다. 그러나 '나뭇잎'은 노골성, 대담성을 나타내는 것이 아니다. 오히려 적나라함의 극치를 향해 치달은 성과 사랑의 묘사가 부끄러움(죄)의 상징인 나뭇잎을 치렁치렁 꿰어 붙여 달고 다니는 형상 아닌가. 바로 그 같은 사랑과 성이 부끄러움과 죄악의 구체화이고 주홍글씨인 것이다. 게다가 많은 캐릭터들이 나뭇잎에 지위 권력 금력이란 색깔까지 덧입혀 결코 떼어지지도 떼어버릴 수도 없는 견고성으로 무장까지 한 경우가 대다수다. 그렇기에 '나뭇잎을 떼어버렸다'는 것은 그 굴레에서 벗어난 성애를 말한다.

안방까지 범람한 성이 차갑게 박제된 것이란 의미는, 성이 농도 짙고 노출되는 횟수 또한 비례해 빈번하게 성행되고 있으나 흥행 논리에 짜맞추어 고답을 탈피 못하고 정형화하여 액자 속에 갇히고 만 천편일률적 형태라는 것이다. 이를 반감시키기 위해 점점 더 자극적이 될 수밖에 없는 딜레마를 안게 된 것도 불문가지다.

달자가 '떼어버린 나뭇잎'은, 무수한 캐릭터들이 답습한 구태의연하고 도식적 관습에 근거를 둔 성적 대위법이나 스테레오 타입에 매몰된 사랑 게임이다. 그것을 떼어버렸기에 달자의 속살은 진솔한 성애로 따뜻하고 다정하게 와닿은 것이다.

같은 의미로, 넘쳐나는 불륜과 보편성을 집어던진 성애로 생생한 생명력과 온기를 잃고 조악하게 박제된 성과 사랑이 안방 여기저기에 널려 있는 척박한 현실에 가린 것 없는 달자의 맨몸은 진솔함과 체온을 불어넣고 있는 것이다.

달자가 보여준 사랑은 대담하지 않되 진솔하고, 선정적이거나 자극적이지 않되 감각적이다. 불순하지 않기에 거리낌 없으며, 농염하지 않기에 숨기고 가리지 않으면서 거침없다. 거기에다 그녀는 자신의 사랑고백에 스스로가 감동하는 천진성까지도 드러낸다.

‘처음으로 내 사랑을 고백했다. 그 고백은 태어나서 지금까지 내가 했던 어떤 말보다도 나 자신을 소중하고 감동스럽게 해주었다. 사랑한다. 강태봉’(19회 중 달자의 내레이션)

나뭇잎을 떼어버린 이브란 의미에서, 또 조건이란 거추장스런 액세서리를 떼어버린 원형질이 잘 보존된 사랑을 추구하는 것은 위선주도 예외는 아니다.

달자가, “설렌다고 다 사랑 아니잖아. 누가 금 그어 놓고 자, 여기서부터 사랑 시작이다라고 정해놓은 것도 아니고……. 대체 어떻게 하면 사랑인지 아닌지 알 수 있는 거야?”라는 물음에 선주는 망설이지 않고 경쾌하게 답한다.

“그 사람 때문에 가슴이 벅차고 행복해? 그 사람 때문에 마음이 아프고 저려? 그 사람 때문에 지독하게 외로워지기도 해? 그럼 사랑이 시작된 거야.”(11회 중 위선주 대사)

거창할 것 없고 애써 깊고 넓은 의미의 사랑을 시청자에게 강요하지 않고서도 많은 시청자들에게 ‘즐거운 사랑’을 안겨줄 수 있던 중심에는 그같이 우리가 다 아는, 그래서 그 뜻이 어려울 것 하나 없는 평범함을 누구에게나 있음직한 이야기에 담아낸 평이함이 있다는 것은 역설적으로 ‘익숙한 ‘성애’가 안방을 차지하고 있다는 것을 지적한다

지금도 선뜻 수용하기에는 난해한 출생에 얽힌 베일을 두르고 사랑

게임에 몰두하고, 이해하기에는 벽이 많은 불륜 등 흥행 방정식을 이중 삼중 휘감고 시청자의 감각적 말초신경에 호소하는 드라마가 높은 반응을 보이고 있다. 교과서가 되다시피 한 이 '영원한 명제'로부터 벗어날 수는 없을 것이다. 화면과 소비자가 있는 한 미루어둘 수 없는 주제이기도 하다. 시청률과 광고수주 등 방송사의 당위성을 차치하고라도 관심도 높고 흥미로운 소재임에도 틀림없다.

그러나 드라마가 단순히 대중 문화물이라는 상품 이상의 사회적 가치가 있다는 점도 간과되어서는 안 된다. 모든 드라마는 궁극적으로 의도했든 의도하지 않았든 공유된 정서를 통해 사고의 집단화를 부르고 일상생활의 생각과 행동의 가치관을 형성하고 그에 따른 현상이 다시 드라마의 소재가 되는 순환 고리를 갖는다.

<달자의 봄>은 논쟁작도 문제작도 아니다. 그럼에도 불구하고 흥행 논리에 함몰되지 않고 시청률 제고용 선정성에 동조해 함께 벗어젖히지 않은 것만으로도 '신선하다'는 감흥을 던지면서 일정 수준의 호응도를 얻은 것은 무엇을 생각하게 해주는 걸까? 바로, 드라마 속 사랑과 성이 대다수의 경우에서 혐오까지는 아니어도 고개를 젓게 만들고 있는 형국에 와 있다는 반증은 아닐는지. 그것도 근래 들어 그 상황이 좀 더 자극적으로 팽창되고 있다는 악순환의 정황은 아닐는지.

이를 염두에 두면 <달자의 봄>이, 떳떳하기에 상쾌하고 진솔하기에 자연스런 사랑과 성으로 호응을 부른 것에 대해 각별한 의미를 부여하는 것은 명쾌한 일이 아닐까.

평범하기에 오히려 비범하게 여겨지고 가슴에 와닿는 사랑이야기로 자리매김한 '나뭇잎을 떼어버린 이브'의 속뜻을 되새김해보면서……

2007, 한국사회를 바라보는 세 가지 시선
<그것이 알고 싶다>, <PD 수첩>, <추적 60분>의
보도방식 차이와 문제점

박지혜

보도 주제의 차이는 곧 사회를 바라보는 맥락의 차이

<PD 수첩>, <추적 60분>, <그것이 알고 싶다>는 모두 우리 사회의 병폐를 고발하고 대안을 제시하는 보도 교양 프로그램이다. 그러나 그 입장은 저마다 다르다. 문제를 발견하는 눈높이가 다르고, 이야기를 풀어나가는 맥락이 다르기 때문이다.

'세일즈맨의 죽음', '피만 빼면 사나요?', '대기업과 싸우는 사람들', '연금, 더 내고 덜 받는다고?'이라는 일련의 보도 주제들에서 알 수 있듯이 MBC <PD 수첩>은 개인이 해결할 수 없는 사회구조적 모순을 방송을 통해 접근하는 경향을 보인다. '우리 시대의 정직한 목격자'라는 프로그램 설명처럼 모두가 묵인하고 있는 사회의 부조리를 당당하게 밝히겠다는 입장이다.

반면, KBS <추적 60분>은 소외된 민심(民心)에 더욱 초점을 맞추고 있다. '어느 부모의 눈물, 내 아이는 죽어서도 왕따였습니다', '거리로 내몰린 1년, 우리는 KTX 여승무원입니다', '10대 초반 죄를 짓는 아이들, 촉법소년' 등의 프로그램 제목처럼 추적 60분의 추적 대상은 왕따, 비정규직 여성, 비행청소년과 같은 우리 사회의 소외층인 동시에 그들을 소외시키고 있는 바로 우리들 자신이다. 2007년 <추적 60분>의 첫 방영 내용이 '신년특집, 민심을 듣는다'였다는 점은 이러한 맥락에서 자못 상징적이다.

SBS의 <그것이 알고 싶다> 역시 우리 사회의 어두움을 드러내는 시대적 징후들을 다룬다. 하지만 다음의 제목들에서 알 수 있듯이 위의 두 프로그램들에 비해 보다 개인적이고 일상적인 문제들로부터 이야기를 시작하고 있다. '멈출 수 없는 유혹-거짓말에 중독된 사람들', '우울하거나 흥분하거나-위험한 감정기복, 조울증', '고독한 현대인들-그들은 왜 동물에 집착하는가?', '끊어진 필름의 공포-알코올성 기억상실' 편처럼 <그것이 알고 싶다>는 한 개인의 이상심리가 사실은 사회 전반의 문제점을 드러내는 하나의 상징일 수 있음을 보여준다.

이러한 세 프로그램의 입장 차이는 지난 4월 버지니아공대 총기사건을 다루면서 보다 확연하게 드러났다. 4월 18일, 22일, 24일에 방영된 방송 3사의 보도 교양 프로그램은 우리 사회의 도처에 존재하는 다양한 문제들이 방송을 통해 어떻게 '맥락화'될 수 있는지를 효과적으로 드러낸다.

1) MBC <PD 수첩>-4월 24일, '버지니아 외톨이는 왜 대참사를 일으켰나'

MBC <PD 수첩>은 뉴스와 같은 화면구성 방식을 보여주었다. 세트의 중앙에는 스크린이 설치되었고, 두 명의 진행자가 그 앞에서 의견을 나누는 방식으로 프로그램이 진행됐다. 자료화면 중간 중간에는 아예 진행자가 화면의 오른쪽 아래에, 보조 스크린이 왼쪽 상단에 위치하는 전형적인 뉴스화면 방식을 취하기도 했다. 이러한 구성은 <PD 수첩>의 보도 방향이 보다 객관적이고 사실적인 사건 전달에 있음을 암묵적으로 나타낸다.

<PD 수첩>은 버지니아공대 사건의 원인을 분석하면서 어느 한편으로 치우치지 않는 다각적인 접근방식을 선호했다. 보도 자료는 조승희의 비정상적인 대인관계, 초기 이민자들의 생활고, 이민 1.5세대의 사회부적응, 10대들이 즐겨하는 비디오게임과 록 음악의 폭력성에 이르기까지 참사의 원인으로 추측될 수 있는 다양한 단서들이 제시되었다.

그러나 <PD 수첩>은 특정 단서에 대해 찬반의 태도를 밝히는 것을 지양하였다. 이런 점에서 <PD 수첩>은 콜럼바인 총기사건을 다룬 구스 반 산트의 영화 <엘리펀트>의 시각에 가깝다고 볼 수 있다. 사건의 본질이 미국의 총기소유허가법에 있음을 직접적으로 언급한 마이클 무어의 영화 <볼링포 콜럼바인>과는 달리, 구스 반 산트는 사건의 실체를 쉽게 단정할 수 없음을 이야기한다. 코끼리의 다리, 코, 꼬리만을 보면서 그것이 그 동물의 전체라고 말할 수 없듯이 말이다. <PD 수첩> 역시 '명확한 부분'이 아닌 '복잡한 전체'를 제시함으로써 시청자가 직접 문제의 해답을 찾도록 요구한다.

그러나 이러한 '객관성'은 동시에 단점으로 작용하기도 한다. 프로그램의 특성상 책임감 있는 대책 제시가 수반되지 않는다면 오히려 문제의 파장을 확대시킬 수 있기 때문이다. 2006년 10월 10일 방영된 '파이트 클럽'의 경우가 그 단적인 예라고 할 수 있다. 파이트머니를 걸고 불법 싸움경기를 하는 음성 모임 '쌈모'를 대상으로 하는 이날 방영분은 취재원 외 확보가 불가피하고 해당 인터넷 사이트가 사라져버렸다는 이유로 아무런 대안 제시 없는 허탈한 결론을 내렸다. 시청자들은 '파이트 클럽'을 비판하는 프로그램인지 홍보하는 프로그램인지 모르겠다며 실망감을 표현하기도 했다.

2) KBS <추적 60분> - 4월 18일, '긴급취재! 버지니아 총격사건'

<추적 60분>은 수사물을 보는 듯한 취재과정의 긴박감이 잘 살아 있는 보도 교양 프로그램이다. <PD 수첩>이 문제의 핵심을 포괄적·다각적인 시각에서 에둘러가는 형식이라면, <추적 60분>은 장황한 서론을 과감히 생략하고 문제의 본질을 바로 보여주는 방식을 택한다.

4월 18일 방영분 또한 마찬가지였다. <PD 수첩>의 말미에 제기되었던 버지니아 총격 사건으로 인한 한인사회의 불안 문제가 <추적 60분>에서는 프로그램의 서두에 바로 언급되었다. '긴급취재! 버지니아 총격사건'은 빠른 화면 전환을 통해 한인사회 현지의 상황을 생생히 전달하는 데 초점을 맞추었으며 미국 내 언론보도를 자료로 인용하여 이민사회의 동요에 대한 우려를 나타냈다.

이처럼 <추적 60분>은 시청자가 문제의 상황에 직접 닿아 있는 것 같은 느낌을 줌으로써 '객관성', '중립성'을 지향하는 <PD 수첩>과 비교했을 때 수용자에게서 보다 적극적인 시청형태를 유도해낸다.

<추적 60분>의 긴박감 넘치는 탐사보도 방식은 시청자들에게 강한 인상을 남긴다. 그리고 이러한 인상은 해당 문제에 대한 관심과 참여를 증폭시키는 계기가 된다. 즉, 문제의 심각성을 지적하되 사회적 동요를 일으키지 않도록 적정선을 유지하면서 문제 해결의 쟁점은 사회적 동요가 아닌 사회적 관심임을 강조하는 것이다.

3) SBS <그것이 알고 싶다>

- 4월 22일 '충격의 버지니아텍 총기참사: 조승희는 왜?'

<PD 수첩>이 뉴스, <추적 60분>이 수사물의 성격에 가깝다면 <그것이 알고 싶다>는 인터넷 포털사이트에 비교할 수 있다. 다각적인 사건 분석과 긴박감 있는 수사과정보다는 일상적이고 개인적인 측면을 부각시키는 것이 이 프로그램의 특징이기 때문이다. 시청자들은 누구나 겪을 수 있는 문제, 우리 주위에 있을 수 있는 누군가의 특이한 일상에 궁금증을 품으며 <그것이 알고 싶다>를 시청한다.

4월 22일 방영된 '충격의 버지니아텍 총기참사' 편 역시 조승희라는 한 개인에 초점을 맞추어 문제의 원인을 분석하고 있다. 이날 방영된 첫 장면은 조승희가 직접 촬영한 비디오테이프 영상이었다. 시청자를 정면으로 바라보며 분노를 터뜨리는 조승희의 모습은 미국 이민사회와 총기 소유라는 사건의 외적인 문제보다는 그 사건을 일으킨 한 개인이 어떠한 삶을 살아왔는가에 대한 내적 문제로 시청자들의 관심을 끌어들였다. <그것이 알고 싶다>는 이외에도 조승희가 즐겨하던 비디오게임, 즐겨듣던 음악과 학교 친구들이 증언하던 그의 생활 모습을 자세히 묘사함으로써 비극으로 치달은 한 청춘의 일상을 재구성하며 우리의 일상을 채우는 평범한 습관들이 커다란 문제로 이어질 수 있음을 암시한다.

자연스럽게 총기사건의 원인은 개인의 심리 문제에서 비롯된 것으로 귀결되었다. 인터뷰에 등장하는 전문가들의 대부분은 정신과나 상담 계통에 종사하는 사람들이었으며, 이들은 사건의 당사자를 심리적 결함을 지닌 치료받아야 하는 대상으로 묘사하고 있었다. 그가 본래 말이 없고, 타인에게 적대감을 보였으며, 가족 전체가 대인관계가 원만하지 않았다는 점이 강조되면서 문제의 본질이 '사회구조적 문제'보다는 '한 개인의 왜곡된 자아 성향'으로 집중되고 있는 것이다.

문제점과 대안들

앞에서도 말했듯이 <PD 수첩>은 커다란 파장을 불러일으킬 수 있는 사회적 쟁점들을 조명하면서 그 해결책을 제시하는 데는 상대적으로 미미한 태도를 보이고 있다. 특히 종교와 정치 문제처럼 민감한 사항을 다룰 때는 방송이 또 다른 사회적 갈등을 불러일으키는 통로가 되지 않도록 주의하는 신중함이 요구된다.

<추적 60분>은 취재과정의 긴박감을 살린다는 이유로 개인의 사생활을 은연중에 드러내고 있지는 않은지 점검해보아야 할 것이다. 지난 5월 2일 방영된 '지하철 경찰대, 보이지 않는 범죄들'의 경우처럼 스탭이 소형 카메라를 장착한 채 형사들과 함께 직접 지하철 성범죄를 수사하는 경우에는 보도화면이 또 다른 선정성을 포함하고 있지는 않은지 주의가 필요하다.

<그것이 알고 싶다>의 문제점은 잦은 음악 사용과 필요한 부분만 짧게 발췌하는 인터뷰 방식을 통해 시청자의 객관적인 판단을 흐린다는 점이다. <PD 수첩>, <추적 60분>과는 달리 <그것이 알고 싶다>는 서정적인 멜로디의 음악을 자주 사용한다. 특히 사건 당사자의 인터뷰나 주위 사람들의 눈물 어린 표정들이 화면에 비칠 때면 어김없이 구슬픈 멜로디의 음악이 수반된다. 이러한 연출 방식은 문제의 본질에 대한 시청자의 객관적인 판단을 유보시키는 대신 감성에만 호소하고 있다는 인상을 준다. 사건 관련자의 인터뷰 또한 가급적 짧게, 필요한 부분만 인용하는 경향을 보인다. '충격의 버지니아텍 총기참사'의 경우에도 조승희의 초등

학교 동창, 한국에 남은 가족, 세탁소 주인 등 똑같은 인물을 인터뷰한 <PD 수첩>, <추적 60분>과 비교해보면 조승희의 특이한 개인적 성향이 언급된 인터뷰만 발췌하고 있다는 것을 알 수 있다. 이러한 방식은 인터뷰 당사자들의 의도와는 전혀 다른 방향으로 답변 내용이 편집됨으로써 사건의 본질을 왜곡할 수 있다는 위험이 있다.

위의 세 프로그램은 저마다의 방식으로 우리 사회의 잘못된 현실을 바로잡기 위해 노력하고 있다. 그러나 프로그램의 주제가 허구가 아닌 실제의 상황에서 비롯된 만큼 언제나 공정하고 진실한 보도에 주력해야 함은 잊지 말아야 한다. 그러한 신중함과 책임감이야말로 대한민국을 진단하는 보도 교양 프로그램이 갖춰야 할 기본 덕목이다.

껍데기는 가라!
이젠 거침없이 하이토크다!

임현정

MBC 황금어장의 <무릎팍도사>는 이제껏 나왔던 여러 토크쇼 중에서도 단연 눈에 띈다. 최민수, 이승환, 신해철, 주영훈, 박진영, 이경규, 이승철, 이영자 등 쟁쟁한 게스트들이 출연할 뿐 아니라 그들이 하는 모든 말이 이슈가 되어 실시간으로 포털사이트를 오르내린다. 시청률 또한 거의 매회 17% 이상을 기록하며 고공행진 중이다. 오락 프로그램에서 17%의 시청률은 높은 수치다. 그러나 그 시청률 이상으로 나오는 <무릎팍도사>에 대한 관심은 어디서 나오는 것인가?

올해 1월 일회성 콩트로 첫 방송된 후 독립된 코너가 되었고 곧바로 주목을 끈 <무릎팍도사>는 <황금어장>의 주력 코너다. 이렇게 급성장의 발판을 마련할 수 있었던 이유는 외면적으로 C급 문화를 적극적으로 도입한 것에 있다. 조악한 셋집, 파란 추리닝, 어울리지도 않는 응원단장복이 왠지 모르게 끌리는 것에서 시청자는 촌스러움이 가지고 있는 미학을 재발견했다. 또한 제2의 '이박사 창법'이라고 할 수 있을 법한 올밴(올라이즈 밴드)이 '무릎팍 무릎팍 무릎 팍팍'하며 읊조리는 창법도 사람들의 관심을 끌었다. 그러나 <무릎팍도사> 초기에 이런 기본 형식이 시청자의 눈길을 끌었다고 해도 이것만으로 이들의 인기를 설명하기에는 역부족이다. <무릎팍도사>가 나오자마자 마니아적인 환호를 받게 된 가장 핵심적인 요인은 인터뷰를 인터뷰답게 한다는 것이다. 거두절미하고 핵심으로 치고 들어가는 '무릎팍 정신'에 입각한 신랄한 인터뷰의 새로움이 시청자를 열광하게 만들었다. '사회자와 게스트를 적대적 관계에 둔다'는 독특한 <무릎팍도사>의 형태는 시청자들은 궁금해하지만 연예인들은 밝히고 싶지 않은 문제를 공격적으로 파고들었다. 다른 오락 프로그램에서 게스트와 사회자가 덕담을 나누느라 허비한 시간을 버리고 대결-경쟁 구도에 집중하게 하여 시청자의 눈길을 사로잡았다.

인터뷰의 새로움, 배틀(Battle) 구조

<무릎팍도사>에서는 '배틀(Battle)'이 이루어진다. 명목상으로는 게스트를 점술집으로 끌어들여 고민을 해결해준다 하면서 정작 그러지 않는다. 게스트도 진심으로 자신의 고민을 해결해주기를 바라는 것 같지 않다. 강호동은 게스트와 배틀을 벌이지만 자신이 밀린다 싶으면 '건방진 도사' 유세윤과 올밴에게 도움을 청한다. 이렇게 '게스트'와 '세 명의 진행자'라는 1:3의 구도가 만들어진다. 그리고 '무릎팍 정신'으로 치열한 배틀을 벌인다.

이제까지의 인터뷰가 어땠기에 <무릎팍도사>는 '무릎팍 정신'이라는 새로운 말까지 만들어내며 고유성을 주장할까. 기존 토크쇼는 게스트에게 변명 기회를 제공하거나 띄워주기, 프로그램 앞뒤로 하는 인사치레가

많았다. 이 때문에 시청자가 정말 알고 싶은 내용은 두루뭉수리하게 넘어가거나 방송시간에 쫓겨 언급하지 않았다. 그러나 <무릎팍도사>에서는 '이제는 솔직한 방송을 봤으면 좋겠다'는 시청자의 요구를 수용해 '배틀 구조'라는 포맷을 만들어냈다. 이런 배틀 구조로 그들의 대화가 기존 토크쇼에서처럼 편안한 것이 아니라 팽팽한 긴장감을 갖게 된다. 이승환에게는 이혼에 대해, 이승철에게는 표절 문제에 대해, 신해철에게는 대마초와 간통죄에 대해, 박진영에게는 성 문제에 대해 세 명의 진행자가 질문을 퍼붓는다. '배틀'을 통해 게스트에게 불편하고 민감한 질문을 던져 게스트를 궁지로 몰아넣지만 이 프로그램의 백미는 바로 그 순간 게스트들이 입을 연다는 점이다. 이것이 때로는 강호동에 대한 역공으로 돌아오기도 하고, 때로는 가슴에 묻어두었던 처절한 속마음을 뱉어내기도 한다. 이는 바로 게스트들이 할 수 있는 최고치 수준의 발언을, 최대치로 하게끔 이끌어내는 '배틀' 구조의 힘이다. 이영자가 "강호동씨 앞에서는 정말 말을 다하게 되네요"라고 말한 그대로다.

<무릎팍도사>가 가진 새로움에 대한 강박은 강호동, 유세윤, 올밴이 '참신한 질문'을 두고 서로 경쟁하는 1:1:1의 내부 경쟁 구도를 만들었다. 이는 <무릎팍도사> 스스로 자신들이 얼마나 참신한 질문을 추구하는가를 보여주기도 하고, 실제로 진행자들끼리의 경쟁에서 신선한 질문이 생산되기도 한다. 이런 '배틀' 구조로 <무릎팍도사>의 인터뷰는 새롭다.

부조화 속의 삼위일체, 무릎팍도사들

<무릎팍도사>의 세 진행자들은 '배틀'에서 나오는 대담한 질문과 솔직한 답변들이 위험수위를 넘지 않게 한다. 중심 진행자인 강호동은

게스트에게 질문을 할 때나 대화를 할 때 오버 액션으로 위압적인 모습을 연출한다. 하지만 게스트가 조금이라도 어려운 대답을 하면 전혀 모르겠다는 표정으로 어깨를 으쓱하며 대결을 회피한다. 이 같은 토크의 연출은 경쟁의 전체 분위기가 무거워지지 않도록 조절해주고 있다. 이때 나오는 게스트의 진솔한 대답은 시청자들을 지나친 무거움으로 이끌지 않으면서도 그들을 이해하게 한다. 보조 진행자인 유세윤은 '건방진 도사'란 캐릭터로 자신보다 방송경험이 한참 더 많은 게스트에게 거침없는 질문을 던져 분노 촉매제 역할을 톡톡히 해내고 있다. 이때 분노한 게스트는 진행자가 만들어놓은 배틀의 장으로 자연스럽게 들어온다.

올밴 역시 보조 진행자로서 <무릎팍도사>의 한 자리를 차지하고 있다. 하지만 그의 역할은 다른 진행자들과는 사뭇 다르다. 당연히 다른 도사들과 함께 게스트를 공격해야 하는 입장이지만 올밴은 시청자가 TV를 보듯 스타와 도사의 배틀을 관람하는 쪽이다. 게스트와 다른 도사들의 배틀이 재미있으면 살짝 끼어들고 그렇지 않으면 한 발 떨어진다. 올밴은 시청자들이 채널을 돌리는 그 순간 '딴짓'을 하여 간접적으로 프로그램에 경고를 준다. 시청자들이 견디지 못하는 것은 그도 굳이 견디지 않는다. 올밴의 관찰자적 시점은 '둥둥둥…… 액션!'을 통해 긴장감을 만들어낸다. 냉소적인 그의 태도가 강호동의 오버 액션과는 또 다른 재미를 준다. 이러한 그의 자연스러움은 나머지 도사들과 게스트 간의 배틀에서 <무릎팍도사>의 신선도를 유지하는 데 한몫한다.

촌스러운 자막 뒤의 치밀한 편집

<무릎팍도사>에서 독특한 배틀 구조와 진행자 못지않게 큰 역할을

하는 것이 또 있다. 바로 프로그램 중간 중간에 등장하는 자막과 그래픽이다. <무릎팍도사>는 자막과 그래픽을 능수능란하게 다룬다. 그렇기에 <무릎팍도사> 속의 자막과 그래픽은 더 이상 보조 수단에 머물지 않는다. 이야기가 한창 진행 중일 때 분위기가 어색해지거나 대화 내용이 엉뚱한 방향으로 흐르면 어김없이 가파른 산을 올라가는 화살표나 침몰하는 배의 모습 등의 이미지가 나타나 분위기 전환을 한다. 적절하게 등장하는 그래픽과 자막은 시청자들을 대화 안으로 끌어들인다. 게스트와 도사들의 말에 '얼쑤~' 하며 장단을 맞추는 맛깔스런 추임새에 시청자들은 웃음을 터트린다. '둥둥둥… 액션!'과 같은 리듬감 있는 자막은 시청자들에게 '다음에는 무슨 말이 나올까?' 하는 궁금증을 유발하고 기대감을 주어 시간적 틈을 이용한 웃음을 이끌어낸다. 그리고 출연자와 제작진의 속내를 보여주는 '전지적 작가 시점' 자막은 시청자들의 위치를 자유롭게 한다. 이 자막을 통해 시청자가 때로는 <무릎팍도사>의 대화 안으로 때로는 제3자의 위치로 옮겨다니게 한다.

막강한 게스트, 그들의 요건

배틀 구조, 진행자의 캐릭터, 자막과 리듬을 얘기했지만 <무릎팍도사>의 거침없는 토크를 만들어내는 데 가장 중요한 것은 게스트다. 이들의 선정 기준은 크게 세 가지로 나뉜다. 첫째는 입담이다. 싸이, 이승철, 이경규처럼 강호동에게 굴복하지 않을 입심을 가진 사람이어야 한다. 주영훈과 김수미의 경우가 이런 입담이 없어 실패한 예라 할 수 있다. 둘째는 재료다. 이승환의 이혼, 신해철의 대마초 사건, 이승철의 표절설, 이영자의 다이어트 거짓말 등 남들에게 감추고 싶은 약점이나 더 이상

거론되지 않기를 바라는 오점이 있어야 한다. 시청자들은 연예인들의 오점을 궁금해하고 대답을 듣고 싶어 한다. 진행자는 이런 시청자들의 욕구를 무기삼아 공격적인 질문을 던진다. 셋째는 주관이다. <무릎팍도사> 초기에 나왔던 최민수는 자기만의 인생관이 분명했고, 큰 파장을 불러 왔던 신해철은 사회관이 확고했다. 그 외에 윤도현, 이승환, 박진영, 이경규, 이영자 등도 자신의 입장이 분명한 사람들이었다. <무릎팍도사>의 게스트 선정은 여전히 논란거리다. 그러나 <무릎팍도사>의 시청률의 비결은 게스트가 가지고 있는 '재료'와 질문에 대한 답을 솔직하게 풀어내는 '입담'에 있다. 그렇기에 <무릎팍도사>에서 게스트 선정은 프로그램의 성공 여부를 결정하는 관건이다.

<무릎팍도사>의 위기, '무릎팍 정신'의 실종

초반의 <무릎팍도사>에서 공격의 무기는 시청자가 출연자에게 정말 묻고 싶은 것, 알고 싶어 하는 것이었다. 남들이 쉬쉬하는 것을 드러내어 묻고 거기에 오락적 과장을 보태 <무릎팍도사>라는 프로그램의 수위가 높은 것처럼 보였다. 이경규는 자신의 영화 <복면달호>를 홍보하기 싫어서 영화가 극장에서 막을 내린 뒤에 <무릎팍도사>에 출연했다고 밝혔다. 반면 차승원-유해진은 자신들의 영화 <이장과 군수>를 홍보하기 위해 <무릎팍도사>에 나왔다. 시청자들도 뻔히 아는 그들의 의도를 다른 인터뷰 프로그램에서는 모른 척 넘어갔을 것이다. 하지만 <무릎팍도사>에서 강호동은 전혀 개의치 않고 물었다. "영화 홍보하러 나왔지 않습니까?" 그 솔직함이 만들어내는 긴장감을 시청자들은 즐겼다.

그러나 회를 거듭할수록 <무릎팍도사>의 효험을 의심하는 여론이 높아지고 있다. 신해철, 박진영 등 선정 기준에 맞는 게스트 찾기에 어려움이 있다. 그리고 다이어트 거짓말, 폭행죄, 대마초 사건, 표절 시비로 물의를 빚었던 이영자, 윤다훈, 이승철에게 면죄부를 준다는 느낌에서다. 게스트들이 진지하게 문제제기를 했을 때 세 도사의 반격은 오히려 그들의 입장을 견고하게 옹호해주는 역할을 한다. 때문에 <무릎팍도사>에 나왔던 게스트의 자기변호가 진리처럼 비친다. 이럴 경우 결국 배틀의 승자는 게스트가 된다. 그러나 시청자는 이런 승부를 재미 없다고 외면한다.

<무릎팍도사>를 성공시킨 또 다른 주요 요인은 강호동과 게스트의 중량감의 균형이다. <무릎팍도사>로서 강호동은 게스트를 과감히 공격한다. 그리고 그의 공격을 받아쳤던 게스트가 프로그램을 성공시켰다. 현재 오락 프로그램의 사회자로서 강호동은 무거운 중량감을 가지고 있다. 그렇기 때문에 <무릎팍도사>에 출연하는 게스트도 그와 비슷한 중량감을 가져야 한다. <무릎팍도사>에서 이경규의 호통은 통해도 박명수의 호통은 불가능하다는 것이다.

그렇다면 강호동의 공격을 제대로 받아치지 못하는 '체중 미달'의 게스트는 어떠한가? 주영훈, 윤다훈, 김수미가 나왔을 때 <무릎팍도사>가 '재미없었다'고 하는 것이 그 결과다. 그들은 스스로의 문제점이나 사회자의 공을 재치있게 받아치지 못하고 변명을 늘어놓거나 웃음으로 얼버무린다. 그들이 공격을 받아칠 능력이 없으니 강호동도 어쩔 수 없이 공격의 무게를 낮추는 것이다.

현재 <무릎팍도사>는 게스트를 선정하는 데 있어서의 어려움과 출연하는 게스트에게 면죄부의 기회를 주고 있다는 점에서 거침없는 '무릎팍 정신'을 실종했다. 새롭고 신선함을 무기로 그들의 미래를 걸었다면 이제는 그 무기가 녹슬지 않도록 노력해야 한다. 그러기 위해서는 일단 강호동의 무게를 감당하고 맞받아칠 수 있는 게스트를 찾는 데 좀 더 신중을 기하고 노력하는 자세를 가져야 한다. 또한 제작진이나 <무릎팍>의 세 도사들도 게스트와 대화를 할 때 쉽게 수긍하고 웃으며 넘어갈 것이 아니라 '배틀 정신'을 살려 면죄부를 제공하는 것을 경계해야 한다. <무릎팍도사>는 누가 이길지 모르는 경쟁구도 속의 팽팽한 긴장감으로 인기를 얻었다. 이제는 회를 거듭하며 느슨해졌던 그 긴장감의 끈을 다시 잡아당겨 재미있는 '배틀'의 모습으로 돌아와야 한다.

<무릎팍도사>, 이제 겨우 시작이다

<무릎팍도사>는 연예인의 감추고 싶은 사건과 진실을 묻고 그들의 답을 듣는다. 다른 토크쇼처럼 덕담이나 나누고 연예인을 띄워주려고도 하지 않는다. 공격적 인터뷰를 통해 연예계에서의 게스트 위치, 입담, 동정심 등에 개의치 않고 시청자들이 궁금해하는 것, 이제까지 모호하게 전달되었던 진실을 파헤친다. 이것이 바로 '무릎팍 정신'이고, 이 정신을 바탕으로 기존 토크 프로그램을 극복했다. 이런 성과를 이룬 <무릎팍도사>는 이제 어디로 가야 산으로 올라가지도, 바다로 침몰하지도 않을까?

<무릎팍도사>에 윤도현이 출연했을 때 강호동에게 물었다. "꿈이 뭐예요?" 윤도현이 질문을 던진 그 순간 <무릎팍도사>는 연예 토크쇼의 새로운 출발점에 섰다고 할 수 있다. '꿈'이라는 말에 강호동이 받은 감동도 컸겠지만 <무릎팍도사> 제작진 스스로도 개안을 했다. 연예계라는 격전지에서 생존만을 위해 살아왔던 <무릎팍도사>는 그 질문으로 다시 꿈을 꾸기 시작한 것이다. 이후 나왔던 이경규도 "왜 남들이 다 말리는 영화를 계속하려고 하느냐"는 질문에 이렇게 답한다. "코미디는 내 직업이지만

영화는 나의 꿈이다.”

　윤도현과 이경규 편에서의 <무릎팍도사>가 보여주었던 대화는 다른 프로그램과 비교해 한 걸음 나아갔던 <무릎팍도사>가 어떤 방향으로 또 다시 한 걸음 뗄 수 있는가를 보여준다. <무릎팍도사>에서 스타의 사생활 ‘제대로’ 파헤치기가 이룩한 부분이라면 이 프로그램이 나아갈 부분은 ‘대중 연예인의 자아발견’인 것이다. 즉 <무릎팍도사>는 연예 오락 토크 프로그램이 도착해야 할 종착점이 아니라 출발해야 할 시작점에 선 것이다. <무릎팍도사>는 신변잡기나 사생활 캐내기에 그치지 않고 정말 자신들이 꿈꾸는 ‘꿈’에 대해 말하는 승화된 토크를 했다. 이것은 <무릎팍도사>의 새로운 가능성이다. <무릎팍도사>는 이런 가능성을 놓쳐서는 안 된다. ‘가능성’을 새로운 방향으로 나아갈 수 있다는 희망의 밑거름으로 삼아 한 차원 높은 토크를 펼쳐내기를 기대한다.

공감이여 공간으로 나오라
<EBS 스페이스 공감>

김영롱

내 나이 스물다섯

이제 밥벌이 할 나이가 되어서인지, 하루하루 삶의 고단함이 어깨를 짓누른다. 이런 무거움으로 TV를 시청할 땐, 으레 가벼운 것, 즐거운 것을 찾게 된다. 허나, 10대 위주의 화려하고 억지웃음 자아내는 프로그램을 무표정으로 보거나, 최고 인기를 누린다는 '아이돌 뮤지션'들을 마주할 때면 이런 생각이 든다. '아, 내가 벌써 나이든 건가. 왕년엔 줄줄 외고 다녔는데……. 저건 또 무슨 노래?' 그래서 어느 때부턴가 소음으로 들리는 자극적인 음악 대신 편안한 음악, 듣고도 안 들은 것 같은 음악을 찾게 되었다. 그리고는 <KBS 윤도현의 러브레터>, <MBC 김동률의 포유>, <SBS 김윤아의 뮤직 웨이브>, <EBS 스페이스 공감> 등의 다양한 음악세계를 라이브로 늘을 수 있는 프로그램에 눈 돌리게 되었다. <MBC 김동률의 포유>와 <SBS 김윤아의 뮤직 웨이브>는 일찍이 막을 내렸다. 지상파에서 몇 안 된 20대 이상을 위한 라이브 프로그램이 없어진 것에 대한 아쉬움이 크다. <KBS 윤도현의 러브레터>는 <이문세 쇼>에서부터 <이소라의 프로포즈>까지 이어졌던 명성과, 지금의 진행자 윤도현만의 진행 스타일이 여전히 시청자에게 매력적이기에 지금까지 방송이 이어질 수 있었다. 그러나 이렇다 할 진행자도 없고 '명성 높은 전작의 덕' 없이, 꾸준한 관객몰이를 하는 <EBS 스페이스 공감>을 시청자 입장에서 '이 프로그램만은!!' 하는 심정으로 몇 자 적어본다.

갖고 있지 않아서 욕심나는 음악세계

갖고 있지 않은 것에 대한 반응은 대체로 두 가지다. 하나는 "내가 저걸 어떻게 가져……. 됐어. 다른 거 가지면 돼." 소심하지만, '자가 위로형'이 있는가 하면, 다른 한 가지는 "아, 탐난다. 가져? 말아? 좋아! 갖고 말겠어!" 적극적이고, '자가 성취형'이 있다. 평소 자신이 어떤 성격이든 <스페이스 공감>을 보는 동안에는 '자가 성취형'의 자세를 갖게 된다. 왜? 모르는 음악, 뮤지션, 장르가 태반이다. 공연 내용의 스펙트럼은 거의 음악 평론가의 선곡 수준이랄까? 그럼에도 불구하고 자꾸만 보게 되는 이유는, 바로 그 낯섦에 대한 호기심이 발동하기 때문이다. '저 사람은 누굴까. 어떤 음악을 하는 걸까, 내가 들어도 이해할 수 있을까……' 하는 호기심에서 시작해 방송을 보고 난 후에는 '들을 만하네, 분위기 좋다. 저런 음악도 있구나. 연주 멋지다. 가보고 싶다' 등의 적극적 자세까지 이어진다는 것이다. 어느 거리에서 공연하는 음악을 그냥 지나칠 수 없는 느낌이랄까.

지난 3월 제4회 한국대중음악상 시상식에서 <스페이스 공감>은 선정위원 특별상을 받았다. 선정위원회(위원장 김창남 성공회대 교수)의 선정 이유를 보면 공감이 간다.

"열악한 제작환경에서도 재즈, 크로스오버, 월드뮤직에서 인디록·국악에 이르기까지 주류 방송사들이 거들떠보지 않은 소중한 음악적 자원들을 티내지 않고 소신 있게 시청자들에게 소개해온 이 프로그램에 특별상을 수여하는 것은 어쩌면 그 노고에 비해 늦은 감이 없지 않다."

제대로 알지도 못하는 음악이 사람을 끌어당기는 힘을 발휘하는 데에 <스페이스 공감>은 제대로 된 디렉터 역할을 하고 있다. 다른 라이브 음악방송이 이런 '다양화'를 위해 애쓴다는 점은 인정한다. 그러나 회가 거듭할수록, 낯설긴 하지만 새로운 음악을 위한 시도는 눈에 띄게 줄고 있다. 오히려 가수들의 새 음반 홍보나, 관객 모두의 참여를 이끈다는 명목 아래 '이미 유명해져버린' 가수들의 합동공연만 이어진다는 점에서 '사람들은 모두 변하나봐'라고 생각하게 된다. 그렇기 때문에 자주 등장하지 않으면서, 음반 낼 계획이 현재 없는, 그러나 음악 하나만큼은 자신 있는 뮤지션들을 보기 위해 안달이 난 것이다. 가지기 힘들기에 더욱 갖고 싶은 욕심이 나는 방송이 아닐 수 없다.

MC 한 명 없는 공간, 뮤지션의 음성을 듣다

<스페이스 공감>에는 그 흔한 MC 한 명 없다. 공연 처음부터 끝까지 뮤지션들이 이끌어간다. 오프닝과 클로징, 때로는 공연 중간에 공연자의 영상이 들어가지만, 그 또한 질문을 던지는 사람이 없다. 이른바 인기

많은 프로그램은 MC의 출연료가 제작비의 대부분을 차지할 만큼 프로그 램에서의 MC의 비중은 크다. 받는 만큼 그 몫을 다해줘야 하기에 MC의 말은 많아지기 마련이다. <스페이스 공감>은 이런 군더더기를 빼기로 한다. 어수룩하고, 서툴지만, 한 공연을 충실하게 이끌려는 공연자의 말 속에서 진실함이 묻어난다. 때로는 공연자의 의외의 모습을 발견하는 기쁨도 있다. 외관상 재미라고는 눈을 씻고 찾아볼 수 없었는데 그의 속은 개그맨의 피가 흐른다든가, 음악밖에 모르는 사람인 줄 알았는데 다방면의 관심을 드러내 관객들은 이따금씩 놀라기도 한다. 이런 소소한 재미는 MC라는 존재 없이 오롯이 공연자의 음성과 그의 공연에서 드러난 다. 그야말로 담백하다. 자신의 곡을 설명할 때는 그 곡을 설명하기에 가장 적절한 말을 스스로 찾는 모습에서 관객과 시청자들은 '그렇구나! 응 그래!' 하고 응답할 수 있다.

1%의 공감 바이러스, 전국 감염 조짐이 보인다

<스페이스 공감>의 시청률은 1% 정도다. 컬러 바 시청률[4]도 안 나오 고 있다면, 너무 우스운 얘길까? 그러나 이 1%의 영향력은 대단하다. 무료 공연으로 공연 방청을 위해 인터넷으로 접수를 받고 있는데, 이 티켓의 평균 경쟁률은 11:1이란다. 웬만한 인기 대학 입시경쟁률과 비슷하 다. 뮤지션에 따라 경쟁률도 다르겠지만, 이 정도 경쟁률이라면 그리고 무작위를 원칙으로 한다면, 뮤지션과 상관없이 <스페이스 공감>에서 한다는 사실 하나로 방청을 신청하는 사람들도 적지 않을 것이다. 실제로,

---

4) '컬러 바(Color Bar)'라는 화면이 나오는 화면조정시간의 시청률. 평균 2~3%이다.

프로그램 홈페이지에는 <스페이스 공감>에 대한 믿음으로 신청부터 하고 본다는 글이 적잖이 올라오고 있다. 사실 지상파 3사의 드라마 전쟁 틈에서 주말 오후 10시에서 시청자 잡기란 코끼리에 아동복 입히기만큼이나 힘겹다. 본 방송의 시청률을 올린다는 것은 앞으로도 쉬워 보이지 않는다.

아무리 프로그램 질이 우선이라 하더라도 방송을 위한 프로그램이 시청률을 전혀 의식하지 않는다면, 그것 또한 문제다. 평이 좋다 하여 시청자를 TV 앞으로 끌어들이지 못한다는 것은 '약발'이 떨어진 것이라 해도 할 말은 없는 것이다. 때문에 <스페이스 공감>은 소극장 공연문화를 TV의 공간으로 이끄는 것 외에 '시청자'를 좀 더 끌어들일 수 있는 방법 연구를 게을리 해서는 안 된다.

그나마 다행인 것은 요즘 같은 디지털 사회에서 <스페이스 공감>에 접근할 방법은 다양해졌다. 인터넷, DMB, 케이블, 본 채널 재방송 등. 그 중 하나가 인터넷으로 즐기는5) VOD 시스템이다. 인터넷만 있으면, 그간의 공연을 모두 볼 수 있다. 각각 특색 있는 공연이다 보니, 드라마처럼 시간에 맞춰봐야만 한다는 '압박'이 없어서 좋다. 더욱이 좋은 것은 다양한 장르의 음악과 공연을 접하기 어려운 지방에 거주하는 사람들도 VOD서비스로 <스페이스 공감>을 느낄 수 있다. 그러나 직접 보는 것만큼, TV에서 보는 것만큼의 있는 그대로의 감동을 전하기 위해서 VOD상의 음질도 신경 써야 할 것이다. TV로 시청하는 사람보다 VOD로 시청하는 사람이 더 많다면 말이다.

---

5) 통신망으로 연결된 컴퓨터 또는 텔레비전(TV)을 통해 사용자가 원하는 프로그램을 원하는 시간에 받아볼 수 있는 영상 서비스이다

공감만 한다면 괜찮아? 갈 길이 멀구나

방송계에서 좋은 프로그램이라고 인정했다. 이제는 뮤지션들이 불러주면 고맙다고 할 정도로 음악계에서도 인정받았다. 3년간 750회 넘는 공연을 이끌 정도로 관객들의 발길도 끊이지 않고 있다. 그것이 <스페이스 공감>의 최종 목적지인가? 아니다. 시청자도 분명, 이제 시작이라고 여길 것이다. 이제는 <스페이스 공감>이 <SPACE 共感>이 되어야 한다. 시청자와 공연자 사이의 공간(SPACE)의 공감(共感)을 이끌어내기 위해서는 많은 노력이 요구된다.

분명, 공연을 보고 싶어 하는 관객은 많다. 그러나 '시청자'는 없다. 앞에서도 밝힌 바와 같이, EBS는 방송국이다. 조금 더 적극적으로 시청자를 흡수할 수 있어야 한다. 프로그램의 연출자가 한 말처럼 '그저 오래 했으면 좋겠다'라는 것은 시청자 입장에서는 무책임한 얘기로 들리기도 한다. 시청자를 잡아야지 프로그램만 잡아서 되겠는가. 인기를 위해 초절정의 인기그룹을 데려오라는 것이 아니다. 다만, 지금의 <스페이스 공감>은 그저 입소문 마케팅에 의존하고 있는 것이 사실이다. 공감할 수 있는 유익한 프로그램을 인정받았다면, 그 값을 해야 하지 않겠는가. 교육현장에라도 뛰어들어보자. 이 괜찮은 프로그램으로 학생들의 정서함양을 위해 무엇을 할 수 있을지에 대한 진지한 고민도 할 줄 아는 <스페이스 공감>이 되길 바란다.

음악정보의 공유가 시청자와 충분히 이루어지는 공간이 필요하다. 현재 <스페이스 공감>은 시청자 게시판을 이용하고 있다. 게시판 안에서 'Off The Stage' 항목은 다른 프로그램과 차별화하고 있다. 당일 공연을 마치고, 그들과의 인터뷰를 정리해 시청자와 공연자의 또 다른 형태의 공감을 꾀하기도 한다. 물론, 인터뷰 속에 음악정보가 담기는 경우도 있지만, 생소한 장르나 낯선 뮤지션의 음악세계를 시청자가 듣는 음악만 가지고는 공감하기 어려운 부분도 있다.

<스페이스 공감>을 즐겨 시청하는 사람들은 다양한 음악을 맞아들일 준비가 되어 있는 사람이다. 그러나 그렇지 않은 사람까지도 설득하는 것이 앞으로 <스페이스 공감>의 저변을 넓히는 기회가 될 것이다. '음악 하나는 반드시 <스페이스 공감>을 거쳐야 한다'는 인식을 심어줄 필요가 있다.

공연자 정보, 추구하는 음악 성향에 대한 전반적인 설명, 관련 뮤지션, 평론 등을 싣는 등의 노력이 있길 바란다. 이러한 노력은 비단 시청자에게 정보를 제공한다는 의미 이외에도, <스페이스 공감>의 포트폴리오의 근거가 담겨 있는 남부럽지 않은 '음악 저장고'로 이어져, 음악교과서를 만들어봐도 좋을 것 같다. 이제는 <스페이스 공감>은 전국의 음악 공간 공감 무대를 꿈꿔야 할 때인 것이다. 갈 길이 멀기도 하다.

가수 신해철 씨의 오마이뉴스와의 인터뷰[6] 내용 중 일부다.

"TV 음악프로그램은 오로지 풍선 든 10대들만 대상으로 생각하고 아이돌만 데리고 놀았다. 요즘 어떤가. 음악프로그램 시청률 안 나오고 망해간다. 하지만 EBS의 <스페이스 공감> 같은 경우는 어떤가. 그런 분위기와는 정반대로 갔는데 성과가 나오고 있다. 매스미디어가 장기 전략이나 고민 없이 유행만 따라 왔다갔다하니까 순서대로 작살나고 있다. 아티스트들을 중심축에 뒀을 때보다 못한 결과가 나오고 있다."

---

6) 오마이뉴스 2007년 2월 20일자 신해철과의 인터뷰 "뮤지션 구박하는데 음악이 먹히겠나……" 내용 중 일부.

　10대 위주의 음악 프로그램이 그들만의 잔치로 이어져 음악 편식의 폐해가 나타나고 있는 것은 사실이다. <스페이스 공감>은 이 점을 타산지석으로 삼아야 한다. 지금은 좋은 평을 듣고 있지만, 이 역시도 어려운 음악을 교양으로 아는 이들만의 잔치로 끝나서는 안 된다는 것이다. <스페이스 공감>은 진화해야 하고, 포용해야 한다. 그것이 "이 프로그램만큼은" 계속되길 바라는 시청자에게 보답하는 길이다. 그리고는 외치고 싶다.

　"공감이여. 이 공간으로 나오라! 끝까지 놀아보자!"

연말 가요 시상식, 폐지 아닌 모두의 축제로
3사 방송국 및 케이블 방송국의 연말 가요 시상식에 대한 비평

과천외국어고등학교 3학년 박선혜

2006년 겨울에도 어김없이 주요 3사 방송국뿐 아니라 케이블 방송국에서까지 가요대상 시상식이 기획되었다. 연예대상, 연기대상과 같은 다른 시상식과는 다르게 가요대상은 특히 10대들에게 나름의 큰 의미가 있다. 상대적으로 기성세대보다 연예계에 관심이 많은 청소년들에게 가요대상은 다음날 학교에서 화젯거리로 삼아 이야기를 나누기에 꽤나 흥미 있는 대상이다.

특히, 좋아하는 가수를 가진 10대들의 경우 가요대상에 대한 관심은 폭발적이다. 보통 2주 전부터 시작되는 인터넷 투표에 목숨을 걸고, 온라인 상에서 만난 팬들끼리 '오토클릭'과 같은 편법을 공유하여 투표율을 올린다. 뿐만 아니라 시상식 당일에는 지방에서 올라오기 위해 차를 대절하는 것은 기본이고, 한 풍선을 가진 팬들끼리 뭉쳐 다른 팬클럽과 싸우는 일도 서슴지 않는다. 공연장에 가지 못하는 경우에는 '모바일 인기상'을 노리고 한 건에 몇 백 원의 비용이 소요되는 문자를 수십 건씩 보내

'오빠들'에게 트로피를 안겨주기 위해 노력한다.

10대들의 이런 치열한 전쟁과도 같은 시상식 해프닝이 끝나면, 주요 상은 이른바 아이돌 스타들에게 모두 돌아가기 마련이다. 이런 식으로 진행되는 시상식이 과연 무슨 의미가 있을까. 아무리 연말에 반짝하고 지나가는 이벤트성 프로그램이라고는 하지만, 엄연히 공정한 기준을 내세운, 대한민국 가수들의 노고를 치하하는 공식적 프로그램인 만큼 분명 개선이 필요한 것이 확실하다.

시민단체와 네티즌들이 연말 가요 시상식의 폐해를 비판하며 이들의 폐지를 요구한 일은 3년 전부터 계속되었다. 충분히 문제점을 개선하거나 폐지를 결정할 오랜 시간이었음에도 불구하고 3년 전이나 지금이나 연말 가요 시상식의 모습은 다를 바가 없다. 이들은 대중을 상대로 한다고는 하지만 예술인의 범주에 포함되는 가수들의 상업적 경쟁을 불러일으켰다. 또한 상의 범위를 너무 작게 세분화시켜 수많은 상이 거의 모든 가수들에게 돌아가다 보니 상의 가치가 바닥에 떨어져 가수들조차 시상식 참가를 거부하는 마당이다.

이런 지적이 계속되는 가운데 2006년 11월, 케이블 대표 가요채널인 M.net과 KM TV 측이 공동으로 주최하는 뮤직비디오 페스티벌의 온라인 투표과정에서 부정투표 사실이 드러나 네티즌들의 비난은 끊이질 않았다. 가요 시상식의 폐지를 외치는 목소리는 2006년에 절정에 다다른 듯했다. 그리하여 결국 MBC가 먼저 연말 가요 시상식의 폐지를 결정하고 나서서 많은 사람들의 기대에 부응하는 듯 보였지만 이런 움직임도 잠시, 결국 언제 그랬냐는 듯 2006년 11월 25일 M.net & KM 뮤직비디오 페스티벌을 시작으로 12월 31일 제야의 종소리가 울릴 때까지 3사 방송국에서는 전부 각각의 가요 시상식을 치렀고, 시상식 폐지를 결정했던 MBC는 그

형식을 바꿨다고는 하지만 이전과 크게 다르지 않은 모습이었다. 그러한 행태를 비판하던 열기는 2007년 한 해가 열리면서 또 다시 잠잠해졌다. 2007년 겨울 다시 불거질 연말 가요 시상식에 대한 문제점 개선은 상반기가 막바지에 다다른 지금부터 검토해야 할 필요가 있다.

수상기준과 점수 공개를 통한 바람직한 시상식을 위해

2006년 연말 가요 시상식은 3사가 거의 같은 모습이었다. 2004년 데뷔 이래 큰 인기를 누렸던 아이돌 스타 동방신기가 3사의 상을 거의 휩쓸었고, 각 시상식의 신인상 역시 13인조 아이돌 그룹 슈퍼주니어가 전부 차지했다. 이들이 1년간 많은 인기를 누렸다는 사실은 인정할 수 있지만, 도대체 수상기준은 무엇일까.

각 방송사에서는 분명히 채점기준을 밝히고 있다. 각 방송사마다 그 비율은 다르겠지만 공통적으로 음반판매량, 각 방송사의 음악 프로그램 차트 순위, 방송 기여도, 네티즌 인기투표, 심사위원단 점수를 포함하고 있다. 네티즌 인기투표와 음반판매량 영역은 아무리 10대 팬들의 영향으로 편중된 결과가 나온다고 해도 정확한 수치가 제시되고 있으니 공정성의 면에서 뭐라 할 말은 없지만, 도대체 심사위원단 점수와 방송 기여도 점수는 어떻게 주어지는 것이며 그 안에서의 기준은 또 무엇인지, 시청자들은 도무지 알 수가 없다. 매번 대상 수상자에 대한 네티즌들의 항의와 반발을 잠재우고 시상식에서의 공정성을 기하기 위해서라도 채점기준을 보다 정확히 밝히고, 점수가 어떻게 주어지는지 공개하는 것이 바람직하다.

모두가 함께 즐길 수 있는 시상식을 위해

가요는 10대들의 전유물이 아니지만, 가요 시상식은 젊은 층의 전유물이다. 비록 다양한 가수들이 공연한다고는 하지만 조금만 주의 깊게 살펴보아도 얼마나 무대의 스케일이 다른지 알 수 있다. 톱스타들에게는 언제나 화려하고 환상적인 퍼포먼스를 두세 개의 무대로 나누어 공연할 수 있는 기회를 주면서도, 다른 가수들은 보통 때와 별반 다를 것 없이 한두 곡 정도를 부르는 무대가 전부다.

기성세대와 함께한다는 명목으로 순서상에는 성인가요 무대가 꼭 끼어 있고, 트로트상도 주어지긴 하지만 그다지 의미가 없고, 말 그대로 '명목상'의 무대일 뿐이다. 진정한 화합을 이루기 위해서는 현재 특별무대라고 불리며 여러 가수들이 나와서 서로의 노래를 하거나 함께 다른 가수의 노래를 하는 식의 무대가 많아져야 한다. 시상식에 참가하는 가수들은 모두 1년 동안 각 가요 프로그램에서 수도 없이 자신들의 노래를 불렀다. 굳이 한 해를 마감하는 자리에서까지 그 노래를 또 다시 불러야 할 필요는 없다. 1년 치 가요 프로그램의 재방송이 아닌, 치밀한 기획하에서 모두가 공감할 수 있는 시상식을 만들어나가야 한다.

겉치레가 아닌 효율적인 시상식을 위해

현재 각 방송사의 가요 시상식을 살펴보면 밤부터 자정을 넘어선 새벽까지 긴 시간 동안 진행된다. 1, 2부로 나누어지는 것은 기본이고, 최근의 시상식은 3부까지도 나누어진다. 많은 가수들의 좋은 무대가 그만큼 많다면 4부가 되건 5부가 되건 무방하겠지만, 프로그램 시간이 길어지는 것은 시상할 상이 그만큼 많아졌기 때문이다.

대상을 시작으로 힙합 부문상, R&B 부문상, 댄스 부문상 등 장르별로 각각 상이 있고, 남녀 그룹상과 솔로상이 또 세분화되어 있다. 이뿐 아니라 신인상 역시 남녀 그룹, 솔로로 나누어져 있고, 공로상에다가 네티즌 인기상, 모바일 인기상, 해외 인기상까지 엄청난 양의 상이 수상된다. 마지막에 다함께 무대에 올라올 때 보면 결국 모두의 손에 트로피 하나씩 들려 있는 셈이다. 모두가 노력한 만큼 모두가 함께 수상의 즐거움을 누리는 것은 좋지만, 이런 식이다 보니 상의 권위는 바닥에 떨어졌다. 수상되는 상의 개수를 줄이고, 대신 공정성을 더욱 기할 필요가 있다.

부정한 입김에 흔들리지 않는 공정한 시상식을 위해

가요 시상식 역시 대중문화의 연장이고 상업주의의 일환이라고 볼 수 있다. 결국 알게 모르게 거대 기획사의 입김이 수상에 영향을 끼칠 수밖에 없다. 근거 없는 이야기라고 할 수도 있지만, 수상한 연예인들을 하나하나 생각해보면 결국 수상을 많이 한 가수들의 기획사는 대부분 거대 기획사다. 물론 큰 기획사의 아래에 있는 가수들이 좀 더 무대나 방송의 기회가 잦고, 음반 판매 홍보 또한 스케일이 크기 때문에 이러한 결과가 나왔다고 하면 할 말은 없다. 하지만, 분명 가수들 중에는 기획사가 소규모거나 혹은 기획사 없이 혼자서 힘들게 좋은 음악을 하는 팀들이 있다. 그들을 찾아내어 그 노력을 칭찬하고 앞으로의 발전 가능성을 예견해주는 의미의 시상이 있다면, 가요계가 한걸음 더 나아갈 수 있는 발판이 될 수 있을 것이다.

경쟁주의, 한국사회 특유의 1등주의를 부추긴다는 이유로 연말 가요 시상식을 아예 폐지해버리기에는 그 본연의 의미가 무시할 수 없을 만큼 중요하다. 음악인으로서, 연예인으로서 1년 동안 고생해온 가수들이 한자리에 모여 한 해를 되돌아보고 함께 어울리는 일은 그 자체로만 본다면 훈훈하지 않을 수 없다. 문제점은 분명 존재하지만 그렇다고 이를 폐지해버릴 수도 없는 노릇이다.

올해의 하반기에도 작년과 같은, 연말 시상식을 폐지하라는 주장이 이곳저곳에서 제기될 것이다. 각 방송사의 시상식이 올 겨울에도 꿋꿋하게 버텨준다면, 과거와 같은 모습이 아니라 더욱더 개선된 모습으로 등장해서 2007년 겨울 이후 더 이상 연말 가요 시상식 폐지라는 말이 나오지 않기를 바란다.

5분의 충격, 지식채널ⓔ

서울문영여고 3학년 조아라

어렸을 적부터 나는 EBS 교육방송의 프로그램과 함께 자랐다. 그리고 나뿐만 아니라 친구들과 선배들, 동생들까지도 EBS의 다양한 프로그램을 보며 자라왔다.

고3이 된 지금은 EBS와는 떼려야 뗄 수 없는 필연적인 관계를 맺고 있다. 그러다 보니 EBS 시청시간은 자연히 늘어나게 되었는데 그러던 중 나는 단 5분짜리 프로그램을 우연히 보게 되었다. 그 프로그램의 제목은 <지식채널ⓔ>였다.

늦은 밤 시간대에 방송을 하는 그 프로그램은 내게 적지 않은 충격을 가져다주었다. 프로그램의 신선함과 그 내용으로 다루는 번뜩이는 지식. 다큐멘터리도 아니고, 그렇다고 오락프로도 아닌 방송이 나에게 큰 흥미와 관심을 불러일으킨 것이다. 그리고 그것은 꾸준한 시청으로 자연스럽게 이어지게 되었다.

2005년 9월에 처음 발걸음을 내딛은 <지식채널ⓔ>는 2007년 4월

책으로 출판하기까지 시청자들의 지속적인 사랑을 받고 있는 프로그램이다. 이 프로그램은 사회, 문화 및 과학에까지 다방면에 두루 걸친 우리가 알지 못하는 일면의 지식을 다루고 있다. 그리고 그것을 다큐멘터리와는 다른 새로운 영상 구성으로 신선한 충격으로 다가오게 한다. 그 동안 <지식채널ⓔ>에서 다루어온 주제들을 살펴보면 개미나 비타민, 머리카락과 같은 여러 가지 과학적 지식과, 집단 따돌림 현상이나 철거민 문제 등 사회적 지식 그리고 문화적 지식을 주로 다루어왔다. 영상 부분을 살펴보면 한결같은 메인 로고 'ⓔ'를 사용해오고 매번 다양한 음악을 삽입하는 등 미니 다큐멘터리와 비슷한 형태의 프로그램 형식을 취하고 있다. 특히 메인 로고 'ⓔ'를 sosiⓔty, knowlⓔdge 등 카테고리를 표현하는 데 사용한다는 점이 인상적이었는데 이것은 시청자가 제작진이 말하고자 하는 것에 대해 스스로 생각해보고 탐구할 수 있게 도와주기도 한다.

그러나 ⓔ를 응용한 로고를 띄우는 아이디어는 좋지만 너무 똑같은 로고들만 반복적으로 나오는 느낌이 든다. 한마디로 참신한 느낌이 맨 처음 프로그램이 나왔을 때에 비해 너무 떨어진다는 것이다. 장르만 설명할 것이 아니라 내용 속의 핵심적인 부분들, 혹은 의문점을 가질 수 있는 부분들을 응용하여 로고를 좀 더 다채롭게 만들면 더 좋을 듯했다. '2006, 낭만고양ⓔ'라는 동영상에서는 로고가 musicvidⓔo라고 나온다. 그것은 내가 작년에 본 영상들 중에 유일하게 딱 하나 있던 로고였다. 당연히 참신하게 느껴질 수밖에 없었다. 그래서 로고를 좀 더 다양하고 참신하게 띄운다면 각각의 로고들을 보는 재미도 느낄 수 있을 것이다. 그리고 제작진은 최근 로고를 새롭게 응용하여 만들기 시작했다. 방영된 지 가장 최근인 영상에는 rⓔlation이라는 새로운 로고를 띄웠다. 오랜만에 영상을 다시 뒤적이던 내겐 이전과는 또 다른 새로운 느낌이었다.

또한 얼마 전까지만 해도 이 프로그램의 영상 구성방식은 2년 동안 매번 거의 비슷했다. EBS 사이트에서 다시보기를 통하여 여러 개의 동영상을 시청하다 보면 지루할 정도로 비슷한 형식의 동영상이 많았다. 길게 한 내용을 방영하는 드라마나 다큐멘터리와는 다르게 <지식채널ⓔ>는 관련 있는 짤막한 영상을 결합하고 사진을 배치하는 구성으로 이루어져 있다. 그런데 문제는 드라마나 다큐멘터리는 긴 스토리가 짜여 있고 그 스토리에 맞춰 대상의 변화를 오랜 동안 보여주지만 <지식채널ⓔ>과 같은 형식의 영상은 굉장히 짤막한 스토리이기 때문에 변화 과정을 자세하고 오랫동안 보여주기 힘들다. 그러다 보니 비슷한 방식으로 영상을 계속 만들게 되고 나중에 여러 편을 한꺼번에 보게 되면 쉽게 프로그램에 지루함을 느낄 수 있다. 비록 그것이 단 5분짜리 프로그램일지라도 말이다. 반복되는 일상을 사람들이 지루해하는 것처럼 비슷한 구성으로 반복되는 영상 역시 사람들은 지루해할 수 있다.

텔레비전 방송은 시각과 청각이 복합되어 있는 매체다. 청각에만 의존하는 라디오와는 달리 영상매체는 시각과 청각을 동시에 사용하면서도 시각에 의존하는 경향이 크다. 그래서 아무리 긴 스토리의 프로그램이라도 최소한 2시간의 방송 분량은 넘지 않는다. 녹화를 5시간을 해도 방송은 꼭 2시간 이내의 분량을 편집하여 내보내는 이유는 시청자들의 집중 시간과도 관련이 있다. 그만큼 시청자들은 쉽게 지루해하고 쉽게 질린다. 이들은 좀 더 재미있는 프로그램을 볼 선택의 기회를 쥐고 있는 권력자인 셈이다. 그렇지 않으면 방송사에서 시청률에 연연할 이유가 없다. 그런데 이렇게 변화무쌍한 시청자들에게 지루하고 동일한 구성으로 느껴지는 프로그램을 내보낸다면 아무리 5분 분량의 프로그램이라도 당시에 볼 경우에는 흥미와 집중을 유발하겠지만 이것이 모여서 온라인으로 여러

개를 보게 된다면 그것은 5분 분량의 똑같은 이야기를 1시간 내내 되풀이 하는 것과 다를 바 없다.

그러나 부득이하게 영상의 기초적인 구성 방식은 바꿀 수 없었다. 시간 적인 특성도 있지만 어느 프로그램이든 간에 프로그램의 기본 틀은 변하지 않는 것처럼 <지식채널ⓔ>의 영상도 그 기본적인 틀이 있기에 기초적인 면은 고수했다. 그러나 제작진은 시청자들을 더 이상 질리지 않게 할 방법을 알아냈다. 바로 한정된 카테고리 로고를 좀 더 다양하게 변화 시켰다는 것과, 영상의 폰트에도 색을 입히고 폰트를 바꾸는 등 여러모로 세세하게 시각적인 변화를 주었다는 점이다. 이 작은 변화는 매우 효과적 이었다. 몇 개의 동영상을 연이어 보아도 전혀 질리는 감이 없었다. 이것은 내가 온라인에서 한 시간도 넘게 영상을 뒤적이며 계속 시청하면서 실제로 느낀 점이다.

이러한 변화는 내가 직접 EBS 사이트에 건의했던 내용이기도 했다. 나뿐만 아니라 다른 시청자들도 간혹 나와 비슷한 건의를 올리곤 했는데, 제작진이 시청자들의 마음을 잘 반영해준 것이었다. 여기서 나는 제작진들 이 얼마나 이 프로그램에 관심을 갖고 시청자들의 목소리에 귀 기울이고 있는지를 느낄 수 있었다. 드라마보다, 뉴스보다, 다큐멘터리보다 재미있 는 5분짜리 프로그램이 정말 등장한 것이다.

<지식채널ⓔ>는 시각과 청각만으로 시청자들을 만족시키는 데 그치 지 않았다. 만족에 신선함을 더한 '지식'이라는 샐러드는 시청자들이 몇 번이고 온라인으로 동영상을 다시 보게 만든 원인이었다. 새로운 지식과 이것을 전달하는 전달자의 태도는 시청자들로 하여금 물음표와 느낌표를 던지게 했다. 특히 통계자료가 주는 놀라움은 막연한 사회적 문제를 확 다가오게 만들었다. 우리가 그저 대수롭지 않게 넘어가는 문제들이 통계자

료와 적절한 영상이 어우러져 일종의 '지식 쇼크'를 만들어낸 것이다.

그러나 때로는 이 '지식 쇼크'는 어느 한쪽에 치우치기도 했다. 지식은 무엇보다도 객관적이어야 하는데 간혹 이 프로그램에서 사회적 문제와 관련된 지식을 다룰 때는 제작진의 주관적인 성격으로 치우칠 때가 있기도 했다. 이것은 분명히 바로잡아져야 하는 부분이다.

객관적인 지식을 주관적으로 해석하여 전달한다면 지식을 전달받는 자는 자기 나름대로의 생각으로 지식을 수용한다고 해도 대개는 전달하는 자의 주관에 따라 지식을 받아들일 수밖에 없게 되는 것이다. 그러한 면에서 지식은 엄격하게 객관적이어야 할 필요성이 있는데 그렇지 못한 방송분일 때는 시청자들이 거부감을 느낄 수 있다. 실제로 온라인상에서 게시판에 시청자들이 몇 회 분 방송은 주관적인 것 같다며 지식의 객관성을 유지해줄 것을 강조하는 글을 올리기도 했다. 이는 객관적이고 정확한 지식을 훼손한 셈이다. 그러므로 <지식채널ⓔ>는 지식을 전달하는 프로그램으로서 지식의 객관성을 명료하게 해야 할 것이다. 보다 신선하고 명확한 지식을 전달하여 시청자들이 올바른 사고를 하고 새로운 지식을 효과적으로 습득할 수 있게 해야 한다. 특히 급부상하는 사회적 이슈에는 양면성을 지니되 객관적이고 정확한 정보를 전달하려는 노력을 기울여야 한다. 올바른 '지식 쇼크'가 있어야만 시청자들의 수준도 더욱 발전하게 되는 것이다.

새로운 지식의 추구는 모든 현대인들에게 나타나는 동일한 욕구다. 이러한 지식을 충족시켜줄 수 있는 다양한 매체들이 좋은 지식을 전달하여 시청자들을 만족시킨다면 시청자들의 수준은 물론 우리 사회의 수준도 올라갈 수 있을 것이다. 그러기 위해서 매체는 보다 노력하여 좋은 방송, 좋은 콘텐츠를 창조해야 할 것이다. 수많은 매체와 지식의 물결 속에서

보다 멀리 내다볼 줄 아는 방송, 보다 한 발 더 앞서나가는 <지식채널ⓔ>
가 되었으면 하는 바람이다.

지루하기만 한 일상에서 오늘은 5분의 충격, <지식채널ⓔ>로 '지식
쇼크'에 빠져보는 것은 어떨까.

얼짱 부추기는 TV, 10대들은 괴롭다

한영외국어고등학교 1학년　전주영

지난 2006년 겨울방학, 나는 엄마와 함께 어느 TV 프로그램을 시청하다가 놀란 적이 있다. 케이블 채널인 tvN에서 방영되던 <바람의 여신>이라는 프로그램은 '우리 시대의 당당한 주부를 선발한다'라는 슬로건 아래 만들어진 서바이벌 형식의 리얼리티 쇼였는데, 후보로 출전한 주부들은 출산의 경험이 믿겨지지 않을 정도로 아름다운 외모와 늘씬한 몸매를 뽐내고 있었다. 출전자들만 보면 모델 콘테스트인지, 주부 콘테스트인지 도저히 분간이 가지 않을 정도였다.

우리 모녀를 더 황당하게 만든 것은 시합 종목이었는데, 화보 촬영이나 노출이 많은 옷을 입고 벌이는 공연 등에 대한 심사를 통해 우승자를 가려냈다. 외모나 몸매 심사를 제외하면 다른 자질은 전혀 평가하지 않는다는 점에서 '세련된 미모뿐만 아니라 내적 아름다움까지 갖춘' 심사 기준에 대한 익구심이 생길 정두였다. 주부라고 해서 아름답지 말고 날씬하지 말라는 법은 없지만, 외모만 지나치게 부각된 미녀 콘테스트가 되어버린 프로그램은 방송에 만연한 외모지상주의를 그대로 보여주는 것 같아 쓸쓸하기 그지없었다.

언제부터 '당당하다'의 기준이 외모와 몸매가 된 것일까? 아름답고 날씬하면 모두 당당한 주부란 말인가? 그렇다면 이 대한민국 땅에 가족을 위해 희생하는 수많은 주부들은 조금만 푸근한 인상에 펑퍼짐한 몸매를 가지고 있다면 당당하지 않은 것이 되는 것일까?

TV, 세상에서 가장 아름다운 사람들만 담다

사실 방송의 외모 중시 풍토는 최근의 일이 아니다. 1970~80년대에 급격한 산업화와 군사쿠데타로 삶의 여유를 찾기 힘들었던 사람들이 1990년대에 들어서 나라가 경제적으로 안정되자, 자기 투자에 시간을 할애하기 시작했다. 때 맞춰 TV 수요가 폭발적으로 늘어나 텔레비전의 일반화가 이루어졌고, 당시 상황을 반영해 드라마나 광고를 통해 텔레비전은 소비문화와 외모 지상주의의 확산을 돕기 시작했다.

텔레비전의 커지는 영향력과 맞물려 텔레비전에 나오는 연예인들도 일반인들의 생활에 영향을 미치기 시작했는데, 그것은 일반인들이 특정 연예인의 외모를 숭배하거나 스타들이 일반인들의 생활양식을 주도하는 사회적 현상을 낳기도 했다. 2000년대 들어서 텔레비전은 더욱 소비주의적·상업주의적 성향이 강해졌고 방송은 시청자들을 자극하기 위해서 더욱 아름답고, 더욱 멋진 스타들을 동원하기 시작했다. 개인주의의 확산과 '얼짱' 같은 외모 중시 문화를 방송에 반영하면서 외모 지상주의 확산에 일등공신이 된 것이다.

90년대에서 2000년대로 넘어가는 동안 방송이 변하지 않은 점이 있다면 바로 청소년들의 아름다움에 대한 올바른 가치관 형성을 위한 노력이 전혀 없었다는 점이다. 대중매체의 영향력은 누구나 인정하지만, 이것이 청소년들에게 어떤 영향을 미치는지 방송 스스로 성찰의 시간을 갖는 일이 거의 없었다.

방송이 대부분 철저하게 시장원리에 따라 돌아간다는 사실에 비추어보면 소비문화와 상업주의 색깔이 짙은 방송 풍토는 어쩔 수 없지만, 문제는 대부분의 청소년들이 이러한 방송에 무방비하게 노출되어 아무런 비판 없이 이것들을 수용하여 자신의 생활에 적용한다는 것이다. 화려한 스타들의 모습에 현혹되기 쉬운 청소년들은 그들의 우상을 좇아 화장을 하고 과도한 다이어트를 시도한다. 그것이 과도해지면 10대 성형 수술이라는 극대화된 사회적 문제를 낳기도 한다. 그런 일은 소수에 불과하나 점점 늘어날 추세이고, 많은 청소년들이 방송이 주는 외모 강박관념에 시달리는 것은 분명한 사실인 것 같다.

아직 자아가 완전하게 형성되지 않은 청소년들이, 그런 어른들보다 방송을 비판 없이 수용할 수 있다는 사실을 감안할 때, 방송은 청소년들에게 올바른 미의 가치관을 형성해주는 막중한 임무를 짊어지고 있지만, 방송 대부분은 도리어 시간이 흐를수록 외모 지상주의를 부추기고 있다.

10대들의 외모 상품화

10대들의 외모 상품화의 예 중 하나는 지난해 겨울부터 방영을 시작한 MTV의 가수 육성 프로젝트 <원더걸스>이다. JYP가 야심차게 내놓은 5인조 여성 아이돌 그룹 원더걸스의 데뷔 전후의 행보를 닮은 다큐메터리 <원더걸스>는 그들을 대중에게 알리는 데 크게 기여했다. 원더걸스는 어리게는 중학교 3학년생부터 많게는 고등학교 3학년생까지의 멤버들로 이루어져 있고, 트렌디한 음악을 추구하는 만큼 그들의 음악과 부합하는 세련된 외모와 예쁜 의상으로 청소년들 사이에 큰 반향을 일으켰다.

원더걸스의 음악과 컨셉을 정하는 것은 소속사의 의지이므로 MTV는 아무런 책임이 없어 보이지만, 프로그램 자체의 문제도 있었다. 가수 육성 프로젝트라는 프로그램의 속성이 무색하도록 방송에서 그들이 노래나 춤을 연습하는 시간은 화보 촬영을 하거나 의류광고를 찍는 분량에 비하면 턱없이 적었다. 그나마 데뷔 전의 모습을 담았던 시즌 1에서는 데뷔를 앞두고 열심히 연습하는 그들의 모습을 볼 수 있었지만, 시즌 2에서는 동물원이나 식당에 가서 직업 체험을 하는 등의 그녀들의 직업과는 전혀 무관해 보이는 일들로 이루어졌다.

전작이라고도 할 수 있는 힙합 그룹 '빅뱅'의 다큐멘터리에서는 빅뱅 멤버들의 치열하고 진솔한 삶을 그려내 호평을 받은 것에 비교해봤을 때 훨씬 퇴보했다. 그러나 방송에서 원더걸스의 의상과 미모는 여전히 큰 호응을 얻는다.

이런 식의 방송은 아주 위험하다. 왜냐하면 10대 스타들은 20대, 혹은 그 이상의 스타들보다 청소년들에게 훨씬 강렬한 인상을 남길 수 있기 때문이다. 청소년들은 자기 친구와 같은 10대 스타들과 공감대를 형성하면서도 동시에, 자기가 결코 따라할 수 없는 그들의 화려함을 동경하게 된다. 20대 스타들은 '어른'이라는 타이틀 아래 청소년들과 결코 동일화될 수 없는 괴리감을 형성하게 되지만, 10대 스타들은 그렇지 않다. 10대 스타들이 하는 말이 청소년들에게 더 호소력 있게 느껴진다. 그리고 친구가 하면 나도 하고 싶은 군중심리로 그들이 하는 일을 그대로 좇기도 한다. 설령 그것이 배꼽티를 입고 짧은 치마를 입는 일이라고 하더라도.

청소년들과의 공감대 형성이라는 10대 스타들의 매력을 잘 읽어낸 방송프로들은 <원더걸스>의 포맷을 조금만 비튼 유사한 형식의 프로그램들을 많이 내놓고 있다. 10대 스타들은 청소년들의 소비문화를 부추길 뿐만 아니라 외모 중시 현상을 더 심화시킨다. 음악 채널 M.net의 <두근두근 여친 만들기>라는 프로그램은 데뷔 예정 중인 록밴드 F.T.Island의 다섯 꽃미남 멤버들에게 여자친구를 찾아주는 소개팅 리얼리티 쇼다.

진부한 플롯이지만 실제로 이 밴드는 대중의 인기를 얻는 데 성공했고 노래 하나 발표한 것 없이 성공적으로 쇼케이스를 치렀다. 그들은 프로그램에서 노래 한 번 한 적이 없다. 어리게는 15살, 많게는 19살까지의 연령대를 가지고 있는 이들의 수려한 외모가 여성 팬들의 마음을 사로잡은 것이라고는 다르게 볼 길이 없다. 비단 이들뿐만 아니라 10대층을 공략하는 많은 가수들이 음반을 내놓기 전에 인터넷이나 TV 같은 대중매체를 통해 얼굴을 먼저 알려 대중의 호감을 얻는다.

음악적 자질이 최우선시되어야 하는 가수들이 먼저 얼굴로 대중의 관심을 얻으니 10대들은 그들의 실력을 논하기 전에 외모를 먼저 찾게 되고, 결과적으로는 외모 지상주의를 더 부추기게 되는 것이다. 또한 10대들의 외모 상품화를 최대한 활용하는 방송 때문에 청소년들은 자신과 닮은 듯하면서도 닮지 않은 스타들을 보면서 자괴감을 느끼는 것은 당연하다.

성형수술, 사실은 괜찮다?

몇 달 전 종영한 KBS의 버라이어티 쇼 <여걸식스>는 유난히 성형을 자주 기론했다. 이름다온 여성 출연진들이 사실은 발전한 외학기술로 재탄생했다는 사실 때문이었다. 그러나 성형수술 사실을 숨기고 싶어

하는 대부분의 연예인들과는 달리 <여걸식스>의 주인공들은 당당하기만 했다. 성형수술을 했냐는 익명성 설문조사를 하는 데 그치지 않고, 탤런트 겸 가수인 현영과 개그우먼 정선희는 자진해서 어디를 고쳤는지 자세하게 알려주기도 했다. 그들은 성형수술 사실을 가볍게 말했고, 심지어 그것을 조크의 소재로 삼기도 했다. 시청자들은 '솔직해서 좋다', '용감한 고백이 보기 좋았다'라고 즉각 화답했다. 물론 '수술한 게 뭐 자랑이냐고 그러냐'란 의견도 있었지만 긍정적인 의견들이 더 많았다.

요즘에는 연예인들의 성형 고백이 대세다. 성형 사실을 무조건적으로 숨기려고 하던 예전과 달리 연예인들은 성형 사실을 대중에게 널리 알린다. 어느 연예인이 성형 고백을 하면 연예 프로그램에서 취재까지 하러 가는 것을 보면 연예인의 성형 여부에 관한 대중의 관심이 아직 사그라지지 않았다는 것을 알 수 있지만, 반응은 훨씬 호의적으로 바뀌었다. 시간이 흐를수록 높아지는 미용에 대한 관심 때문에 성형에 대한 일반인들의 인식이 누그러졌기 때문이다. 이런 호응에 힘입어 지금까지 박효신, 전혜빈, 김동완, 옥주현 등 많은 연예인들이 성형수술 사실을 시인했다.

그러나 그렇다고 해서 이것이 좋은 것만을 의미하는 것일까? 자신의 과거에 대해 당당해지고 인위적으로 만든 외모로 대중을 기만하지 않겠다는 연예인들의 태도는 보기 좋지만, 그것이 청소년의 의식에 어떤 영향을 미칠지 고려해보면 마냥 긍정적으로 대할 수 없는 노릇이다. 앞서서 거론한 <여걸식스>는 일요일 6~7시 대에 방영되었다. 일반적으로 가족들이 다함께 모여 텔레비전을 시청하는 시간대다. 성형수술을 희화화하다 못해 아무렇지도 않게 정당화시켜버리는 방송을 보며 어린이들과 청소년들은 무슨 생각을 하게 될까? 어렸을 때부터 이런 프로를 접하는 청소년들은 '성형수술은 괜찮은 것'이라고 인식하게 되고 거의 무감각해지는 지경에 이르기까지 할 것이다. 청소년들은 자신의 외모가 조금만 맘에 안 들어도 성형수술을 고려하게 될 것이고, 그러한 사회적 풍토는 결코 옳다고 할 수 없다. 또한 요즘 사회적으로 크게 대두되고 있는 청소년 성형수술 후유증도, 성형수술을 가볍게 다루는 방송이 커다란 요인으로 작용했다고 볼 수 있다.

물론 성형수술이 일반화된 지금 성형수술을 무조건적으로 비판하는 것은 시대착오적인 발상이다. 성형수술로 자신감을 회복하고 더욱 행복한 생활을 하게 되었다면 그것도 축하할 일이다. 그러나 아직 보송보송한 얼굴을 한 청소년들이 소중히 가꿔야 할 자신의 몸에 칼을 대도록 유도하는 것은 방송이 할 일이 아니다. 방송은 성형수술에 대해 너무 비판적인 시선으로 접근하지 않되 그것에 대한 위험성과 잘못된 가치관에 대한 경각심을 키우도록 노력해야 할 것이다.

실력보다는 외모

요 몇 년간 '지성'과 '단정'이란 단어의 대명사였던 아나운서들이 기존 아나운서의 경직된 이미지에서 탈피해 시청자들과 가까워지려는 노력을 꾀했다. 아나운서들은 그들의 전유물로만 여겨지던 뉴스를 벗어나 예능프로에 나와 노래도 부르고 춤도 추고 연예인들보다 더 연예인 같은 모습을 보여주었다. 노현정, 강수정, 박지윤 같은 아나운서들은 이제 연예인들과 맞먹을 만한 인기를 누리고 있고, 그들의 일거수일투족이 화제가 된다.

아나운서들의 변신은, 딱딱한 것을 싫어하는 요즘 사람들의 취향을 반영한 것이기 때문에 그들의 변신을 무조건적으로 비난할 수 없다. 그리나 그들에게 집중된 관심이 그들의 외모와 비례한다고 했을 때 우리는 다시 생각해봐야 한다. 방송국들마다 미모의 여성, 남성 아나운서들을 앞세우고 있다는 것은 분명한 사실이다. '아나운서' 하면 호감적인 외모를 즉각 떠올리게 되는 것은 이런 방송의 영향이 크다.

우려할 점이 또 있다면 아나운서들의 스타성에 아나운서들이 본질적으로 갖춰야 할 '저널리스트적인 태도'가 무시되기 십상이다. 실제로 지난 1월 'X맨'의 게스트로 나왔던 아나운서들이 연예인들과 말장난에 가까운 대화를 나누고 섹시 댄스를 추는 등의 행위로 비난을 받았다. 아나운서들이 이제 대중문화의 한 부분이 되었고, 대중들의 관심을 많이 받기 때문에 사회에, 더 나아가 아나운서가 되기를 꿈꾸는 많은 청소년들에게 좋은 본보기가 되기 위해서는 아나운서들의 지나친 외모 부각, 또 그들을 지나치게 상품화시키는 방송은 자제해야 한다. 자칫하면 어린 청소년들에게 아나운서가 예쁘고 잘생겨야 한다는 인식을 심어줄 수 있고, 예능 프로그램에 가려 그들의 언론인으로서의 본질이 청소년들에게 각인 되지 않을 수도 있기 때문이다.

또한 연예인들의 외모만을 부각시키는 방송도 각성해야 한다. 실제로 tvN의 <E!news>나 M.net의 <재용이의 순결한 19> 같은 연예 관련 프로그램들은 '다리가 긴 남자스타들 20'이나 '피부가 좋은 연예인들' 같은 외모 중심적 차트를 만들어 연예인들이 얼마나 아름다운지 끊임없이 상기시켜왔다. 일반인들이 도저히 가지기 힘든 다리 길이, 허리둘레 등을 보여주면서 이들을 일반인들로부터 차별화시킨다. 이런 프로들은 일반인들이 연예인들을 무조건적으로 따라하게 만드는 결과를 초래할 뿐만 아니라 연기자나 가수 같은 연예인들의 본업이 무시되고 관심이 외모에만 집중되는 왜곡된 팬 문화가 형성되기 때문에 실력보다는 외모를 중시하게 되는 것이다.

결론

그러나 이런 방송 풍토를 바꾸어보려는 노력도 미미하나마 이루어지고 있다. 사회에 만연한 외모 지상주의로 끊임없이 외모 강박증에 시달리는 청소년들에게 아름다움의 진정한 의미를 확립해주겠다는 취지로 시작된 M.net의 <리얼 뷰티 선언>이 의미 있는 운동의 선두주자다.

이 프로그램은 외모에 자신 없는 청소년들을 찾아가 자신의 외모를 사랑할 수 있도록 유도하고 내면의 가치의 중요성을 일깨우는 교육을 실시한다. 실제로 방송에 출현한 신청자들은 대부분의 청소년들과 다를 바 없는 평범한 아이들이다. 쌍꺼풀 없는 눈이 고민인 소녀, 통통한 몸매 때문에 모델이 되지 못할까봐 노심초사하는 소녀……. 이 프로그램은 청소년들이 이러한 고민을 장점으로 극복하게 하고, 자신의 가치를 발견하게 하는 데 주력한다.

그러나 <리얼 뷰티 선언>이 시작한 지 3개월 만에 폐지되는 것을 보면 이런 방송들이 장기간 지속되지 못한다는 것을 알 수 있다. 그들의 메시지가 사회에 울려퍼지게 하기 위해서는 방송들의 지속적인 노력과 관심이 필요하다.

오늘날의 청소년들은 24시간 TV에 노출되어 있다. TV가 청소년들의 일상에 중요한 부분을 차지하고 있는 만큼, 방송은 대사 한 마디, 행동 하나가 청소년들의 생활에 큰 영향을 미칠 수 있다는 것을 항상 의식하며, 방송이 과도한 외모 지상주의에 치우치지 않도록 노력해야 할 것이다. 방송이 이것을 극복하지 못한다고 가정했을 때, 지금의 청소년들이 어떤 가치판을 가지고 20대, 30대 때 이 사회를 주도해나길지 생각해보면 이 논란에 대한 답은 쉽게 나온다.

'시트콤 침체기'를 딛고 일어선
〈거침없이 하이킥〉

제주여자고등학교 이수미

〈순풍 산부인과〉, 〈똑바로 살아라〉 등을 연출하며 시트콤의 거장이라 불리던 김병욱 PD가 다시 MBC시트콤 〈거침없이 하이킥〉을 들고 시트콤에 재등장했다. 김병욱식 시트콤을 기대했던 마니아들은 들뜨기 시작했다.

최근 2~3년간 우리나라 시트콤은 스타 배출에 연연한 기획 의도와 진부하고 현실과는 동떨어진 스토리로 많은 비판을 받으며 침체기를 겪어 왔다. 그렇기 때문에 김병욱의 새로운 작품 〈거침없이 하이킥〉은 시트콤에 야유를 보내던 시청자들의 관심을 더욱 끌었다. 첫 방송 후 "역시 김병욱이다!", "기다려왔던 시트콤이 나왔다!"라는 찬사를 받으며 기분 좋은 출발을 했다.

〈거침없이 하이킥〉의 각각 캐릭터는 현대가정을 대표하는 인물들이다. '돈'을 좋아하는 한의사 할아버지 순재, 무뚝뚝한 남편의 시중과 거침없이 자신을 몰아세우는 며느리를 둔 문희, 한 가정의 가장이지만 직장을 잃고 집에서 빈둥거리다 아버지에게 욕만 얻어먹는 준하, 현대여성의 당찬 모습을 보여주는 해미, 공부에만 빠져 있다 여자친구가 생긴 후 고민이 많아진 민호, 오토바이에 빠지면서 공부와는 거리가 멀어진 윤호, 자식인 준이를 사랑하지만 자신의 일을 포기할 수 없어 이혼을 택한 신지, 가족에 대해 무뚝뚝한 것처럼 보이지만 누구보다 가족을 사랑하는 30대 대표남편 민용 등. 그들의 캐릭터는 현대 가족사회에 딱 들어맞는다. 일단 시청자들은 현실적인 인물들에 대해 열광했다. 또한 초기의 <거침없이 하이킥>이 보여준 가족애와 이슈가 되고 있는 시사문제를 희화화한 스토리들은 '하이킥 마니아' 층을 만들며 시트콤의 부활을 보여주는 듯했다.

그러나 최근 <거침없이 하이킥>은 무리한 연장방송과 그에 따른 진부해진 스토리, 흐름에 난해함만 더해가는 새로운 캐릭터의 등장 등으로 시청자들의 질책을 받고 있다. 제2의 시트콤 침체기가 오는 것일까?

1. 현대가정의 주인 30, 40대를 위한 <거침없이 하이킥>은?

시트콤뿐 아니라 드라마, 예능, 심지어 시사교양 프로그램까지 현대 방송은 거물급 스타제작사들의 의도대로 '국민스타', '떠오르는 신인' 만들기에 급급하다. 그러나 이러한 의도는 10대에게는 환영을 받겠지만 현대가정의 주축을 이루는 30, 40대에게는 어림도 없는 얘기다.

그들은 자신의 삶에 지쳐 있다. 그들이 직장에서 퇴근을 하고 집에 와서 가족들과 함께 텔레비전을 시청할 때 일상생활의 따분함과 피로를 씻겨줄 프로그램을 원하지 10대 소녀들의 애간장을 태우는 신인 스타들의 등단에는 관심이 없다. 또한 드라마의 진부한 러브스토리와 눈물샘을 자극하는 주인공의 시한부 인생스토리에도 열광하지 않는다.

이러한 시청자층이 두터워짐에 따라 떠오른 방송이 '시트콤'이다. 그러나 '시트콤'조차도 시청자들을 버린 채 자신들만의 세계로 빠져들고 있다. <거침없이 하이킥>이 각광받는 요소 중 실직자들의 실의와 가장의 책임을 지고도 제대로 권한 한 번 누리지 못하는 오늘날 가장들을 대표하는 '준하'의 캐릭터와 아이를 낳고도 자신의 꿈을 포기하지 못하는 오늘날의 젊은 여성들을 대표하는 '신지'의 캐릭터를 꼽을 수 있다.

30, 40대 시청자들은 이들이 <거침없이 하이킥>에서 보여주는 삶에서 자신들을 위로하고 다시 힘을 내어 도전해보는 용기를 가지게 되었다. 그러나 요즘 <거침없이 하이킥>의 게시판을 보면 온통 '윤민라인', '윤윤라인' 하며 최근 스토리가 캐릭터들의 삼각관계에 치중해 있다는 것을 알 수 있다. 그러는 사이 30, 40대들은 자신의 삶에 잠시 위로가 되고 용기가 되었던 '시트콤'에게 또다시 버림받은 것이다.

2. 뜨거운 '가족애'를 보여주는 시트콤 <거침없이 하이킥>

현대사회에서 가족기능의 사회적 문제가 대두가 되기 시작한 이래로 '가족'이라는 소재로 수많은 시트콤이 방영되었다. 과연 이들이 표현하려 했던 '가족'이란 무엇일까? 높은 시청률과 광고효과를 노리던 제작자들은 결국 진정한 '가족'을 시청자들에게 안겨주지 못한 채 오히려 시트콤에 대한 거부를 선사했다. 한편 <거침없이 하이킥>에는 따뜻한 가족애를 느낄 수 있는 방송분도 많았다.

• '문희'는 봄만 되면 거의 한 달을 봄병에 걸린다. 봄꽃들을 유난히 좋아하는 '문희'는 3월이 되면 기분이 좋아지고 동네 친구들과 꽃구경에

나선다. 그런 '문희'를 '순재'는 늙은 할망구가 주책없이 꽃구경이나 하러 다닌다며 나무란다. '순재'는 하루 종일 꽃구경하러 간 '문희'를 찾아 데려오지만, '문희'는 날이 밝으면 다시 꽃구경에 나선다. 결국 '순재'는 화가 폭발하여 '문희'에게 화를 내고 문희는 "당신하고 내가 꽃구경할 날이 얼마나 남았겠어. 남은 날 동안 신나게 꽃이나 구경해보겠다는데 당신은 왜 그래!"라고 소리치며 참았던 눈물을 터뜨린다.

다음날 아침 아직도 화가 나 있는 '문희'에게 '순재'는 봉투를 건네고 출근한다. 그 안에는 돈과 "나가 노는 건 좋은데 영감탱이들이랑은 어울리지 말어"라는 쪽지가 있다. 겉으로는 무뚝뚝한 사람이지만 '순재' 역시 아내를 사랑하는 자상한 남편이었다. 고리타분한 60대 할아버지의 이러한 사랑 표현에 시청자들은 동감을 표시하고 애틋한 가족애를 느낀다.

노부부의 가족애이지만 이러한 스토리는 모든 연령대 시청자들에게 공감대를 형성한다. 모두들 자신들의 일에 바빠서 가족들에게 신경을 쓸 틈조차 없다고 하지만 아직 우리 사회에 '가족애'는 사라지지 않았다는 것을 이 방송분은 강조했다.

• '준하'에게 일자리가 주어진다. 가족들의 축하를 받으며 기분 좋은 첫 출근을 한다. 그날 저녁 가족들은 일자리가 생긴 '준하'를 위해서 파티를 준비한다. 그때 갑자기 '준하'에게 전화가 걸려오고 그는 힘없이 전화를 끊는다. 회사재정 사정으로 부도가 나서 '준하'가 더 이상 직장을 다닐 수 없다는 통보였다. 결국 '준하'는 아버지, 어머니, 아내, 아들들 앞에서 눈물을 보이고야 만다. 서러움에 터진 가장의 눈물이었다. 그때 '준하'에게 여정만 내던 아버지는 실의에 빠진 아들에게 네 잘못이 아니라고 타이른다 일부 시청자들은 이 방송분이 나가고 '준하'의 심정에 이해가 간다며

같은 삶을 살고 있는 실직가장들에게 많은 힘이 되었다고 하였다. 또 아버지 '순재'가 아들에게 보여준 사랑은 <거침없이 하이킥>이 진한 가족애를 그린 시트콤이라는 것을 보여준 명장면으로 꼽았다.

'시트콤'만큼 시청자들의 감정을 가장 잘 표현할 수 있는 미디어는 없다. '가족애'라는 감정을 현대인들은 갈망하고 있다. 이것은 10대만이, 또는 20, 30, 40대만이 원하는 편파적인 것이 아니라 모든 시청자들이 느끼고 싶은 '가족의 사랑'인 것이다.

3. '가족'의 진면목 : <거침없이 하이킥>의 역할

'시트콤'은 현실 사회를 반영할 수 있는 요소를 많이 갖추고 있다. 희화화된 인물의 행동과 말투로 현실에 대한 비판적 시각을 간접적으로 표현하는 '시트콤'의 매력은 오래전부터 시청자들에게 만족을 주었다. 이러지도 저러지도 못하는 소시민의 답답한 심정과 그들의 분과 한을 풀어주는 데 '시트콤'은 한몫해온 것이다.

현재 공중파 3사에서 방송하고 있는 시트콤은 <거침없이 하이킥>이 유일하다. 그렇기 때문에 앞으로 종영이 될 때까지 <거침없이 하이킥>의 역할은 매우 중요하다. 정형화된 시트콤의 틀에서 벗어나야 한다고 하지만 잃어서는 안 되는 것이 있다. 바로 시트콤의 역할이다. 시트콤은 새로운 사회문제에 대한 비평·토론의 장과 공감대를 만들어주는 동시에 국민들에게 진정한 웃음을 자아낸다.

특히 <거침없이 하이킥>은 점점 가족에 대한 관심과 사랑이 메말라가는 우리 사회에서 진정한 가족의 의미를 되새겨주는 역할을 맡고 있다. 이런 점을 고려하여 김병욱 PD를 비롯하여 제작자들은 <거침없이 하이

킥>의 시트콤으로서의 역할을 다시 한 번 확실히 인식해야 한다. 그들의 처음 제작 의도처럼 현대사회에서 '가족'의 진정한 의미가 무엇인지, 단지 같은 집에서 잠을 자고 밥을 먹는 사이가 아닌 '사랑'으로 이루어진 공동체라는 것을 우리 사회에 알리는 데 주력해야 할 것이다.

여섯 남자의 아주 특별한 도전 〈무한도전〉
그들이 선사하는 웃음의 한계

울산현대청운고등학교 송유림

지하철과의 달리기 대결, 굴삭기와의 땅파기 대결 등 말도 안 되는 도전으로 그해 '최악의 프로그램'으로 선정되는 굴욕을 겪었던 '시즌 1 무모한 도전'을 시작으로, 전국을 '아하게임'의 열풍으로 뒤흔들며 시청자들의 주목을 받기 시작하여, 최고의 인기 오락프로그램으로 성장한 프로그램이 있다. 바로 국내 최초 리얼 버라이어티쇼 <시즌 3 무한 도전>.

'리얼 버라이어티'라는 새로운 장르와 웃기는 걸로 둘째가라면 서러울 여섯 남자의 적절한 조화는 매주 많은 화제가 되고 있다. 이들이 선사하는 웃음의 허와 실에 대해서 파헤쳐본다.

국내 최초 리얼 버라이어티쇼 – 무한도전!

평균 나이 32.3세. 결혼 적령기에 접어들었거나, 이미 불혹의 나이를 넘겨다보는 여섯 남자. 그러나 시도 때도 없이 서로에게 'X침의 일격'을 가하고, 짓궂게 놀리며 철없이 행동하는 이들의 모습은 영락없는 초등학생이다. 방송이라는 사실을 잊은 듯, 서로에 대한 비난도 서슴없이 쏟아낸다. '공인'이라는 이름 아래 방송에서는, 형식적이고 모범적인 모습만을 보여주려는 다른 연예인들의 모습과, 현실과 방송의 벽을 넘나들며 자유롭게 행동하는 '무한도전' 여섯 남자들의 모습은 매우 대조적이다. 하지만 기존의 대동소이한 오락프로와 연예인들에게 지친 시청자들에게는, <무한도전>이 자랑하는 리얼리티가 더욱 신선하게 받아들여졌다.

결코 평범하지 않은 주변 인물(PD, 작가, 매니저, 코디 등)들의 이야기까지도 꾸밈없이 쏟아놓으며, 객원 멤버로 출연시키는 이들의 자유분방함은 형식에 얽매인 국내 방송계에서는 매우 색다른 시도로 다루어지기도 한다.

또한 '버라이어티쇼'라는 이름에 걸맞게 <무한도전>은 끊임없는 변화를 추구한다. 납량특집, 방학특집은 물론이요, 김장특집, 신년맞이 목욕특집 등 쉽게 상상할 수 없었던 다양한 특집방송을 매주 선보여, 시청자들의 이목을 사로잡는다.

매우 다양한 형태를 띤 이들의 방송은 무엇이든지 빨리 싫증내는 요즘 시청자들의 입맛과도 딱 맞아 떨어진다.

'리얼 버라이어티'라는 색다른 시도로 예능프로그램계의 새로운 별로 떠오른 <무한도전>은 방송에 대한 또는 출연진들의 사생활에 대한 수많은 화제를 낳으며 두터운 마니아층을 형성했다. 그들의 인기를 반영하듯, 크리스마스 특집으로 제작된 '무한도전 캐롤'과 아이스 원정대 특집 때 출연진들이 즉석 제작한 '하나마나 송'은 핸드폰 벨소리와 컬러링으로 큰 사랑을 받았다.

이러한 마니아들의 사랑으로 예능프로 시청률 1위의 독보적인 자리를 차지하고 있는 <무한도전>이지만, 그들의 웃음은 갈수록 그 한계를 드러내고 있다.

갈수록 시청률이 하향세를 그리고 있는 점, <무한도전>에 대한 언론의
공격이 늘어나고 있는 점 등은 <무한도전>의 그러한 한계를 보여주는
듯하다.

홍소(哄笑)와 고소(苦笑) – 억지웃음 빚어내는 과도한 몸 개그

여섯 남자의 직업 정신은 매우 투철하다. 시청자들에게 '큰 웃음'을
줄 수 있다고 여겨지는 것이라면, 그들은 어떠한 일도 마다하지 않는다.
이제는 몸 사리며 방송해도 될 듯한 위치에 자리한 이도 애써 겸손해지며,
웃음을 위해 온몸을 던진다. 대한민국 '평균 이하'라고 자칭하는 이들의
이러한 모자란 모습은, 시청자로 하여금 상대적인 우월감을 통해 재미를
느끼게 하기도 한다.

하지만 때때로 그들의 몸 사리지 않으며 제공하는 웃음은 홍소(哄笑)가
아닌 고소(苦笑)로 받아들여진다. 한겨울에 찬물이나 얼음을 알몸에 끼얹
고 괴로워하는 모습, 안전장치 하나 없는 흙바닥에 우스꽝스럽게 넘어져
고통스러워하는 모습은 웃음의 정도를 넘어 위험하게까지 보인다. 이러한
행위는 여섯 남자들 사이에서 '몸 개그'라 일컬어지며, 하나의 개그거리로
자주 사용되곤 한다. 하지만 여섯 남자들이 경쟁적으로 선보이는 지나친
몸 개그는, 그들의 재치 있는 말솜씨와 아이디어로 창출한 재미까지 반감
되게 한다.

대한민국에서 웃기는 일로 둘째가라면 서러울 여섯 남자들이 굳이 몸으
로 억지웃음을 빚어낼 필요가 있을까? 굳이 저질의 몸 개그가 아니어도,
그들에게는 웃음에 대한 특별한 감각이 있다고 여겨진다. 항상 '리얼

버라이어티'라는 말로 자신들의 차별화를 강조하듯이, 개그에 있어서도 새로운 장을 열어주길 바란다. 매주 새로운 형식의 쇼로 변화를 추구하는 <무한도전>. 이제는 개그에도 차별화를 둘 필요성이 있는 것이다.

웃을 일 없는 삭막한 세상에서 맘껏 웃고 싶어 하는 시청자들이 늘어남에 따라, 오락프로그램은 계속 늘어가고, 또 발전해가는 추세다. 끊임없이 발전해가는 오락프로 속에서 시청자들의 눈높이는 매우 높아졌다. <무한도전>은 이러한 시청자들의 높아진 눈높이를 바르게 인지할 필요가 있다. 일부러 넘어지고, 단순히 우스운 몸동작만으로는 시청자들에게 웃음을 줄 수 없다는 사실을 인지해야 한다. 수준 낮은 몸 개그로 빚어내는 억지웃음은 <무한도전>에 대한 거부감만 더할 뿐이다.

자막 공해 - 프로그램에 대한 집중도 떨어뜨리는 산만한 화면 구성

<무한도전>의 재미 요소로 빼놓을 수 없는 것이 바로 '자막'이다. <무한도전>의 김태호 PD는 톡톡 튀는 자막으로 '제7의 멤버'로 불리우며 많은 화제를 낳은 바 있다. 형식에서 벗어나 서슴없이 쏟아지는 그의 '자막'은 시청자들을 배꼽 잡게 만든다. 출연진이나 시청자가 아닌 제3자의 입장에서 제작되는 자막은, 색다른 시각에서 <무한도전>의 또 다른 재미를 느낄 수 있도록 해준다.

이 '자막'은 <무한도전> 외 많은 오락 프로그램에서도 사용되어온 소재다. 하지만 모두 형식에 맞춘 듯한 자막으로 그다지 이목을 끌지는 못했다. 하지만 <무한도전>의 이러한 거침없는 자막을 시작으로, 이제 '자막'은 단순한 정보 전달의 기능을 넘어 또 다른 재미의 요소로 쓰이고 있다. 같은 방송사의 오락 프로그램인 <무릎팍도사>에서는 자막을 넘어

적절한 자료 화면까지 더하는 새로운 기법으로 시청자들의 주목을 받기도 했다.

하지만 항상 그렇듯, 너무 과한 것이 문제다. 말 그대로 '쉴새없이' 쏟아지는 자막은 도대체 눈을 어디다 두어야 할지 모르게 만든다.

<무한도전>의 자막은 크게 두 부류로 나뉜다. 출연진들의 말을 그대로 옮겨 적는 자막, 제작진(김태호 PD)의 입장에서 제작되는 자막.

사실 너무도 빠르고 부정확한 <무한도전> 출연진들의 말 때문에, 전자의 자막은 불가피한 것이라고 할 수도 있다. 하지만 너무도 어수선하게 편집되는 자막은 <무한도전>의 완성도를 떨어뜨릴 뿐 아니라, 출연진들의 개그에 제대로 집중할 수 없게 만든다.

후자의 자막의 문제는 더욱 심각하다. 물론 위에서도 언급했듯이, 김태호 PD의 재치로 프로그램의 재미를 높이는 역할을 할 때도 있다. 하지만 PD의 자막 역시 너무 많다. 출연진이 한 마디, 한 마디 할 때마다 끊임없이 쏟아지는 자막은 프로그램에 대한 집중도를 크게 떨어뜨린다. 또한 출연진과 시청자 사이에 오가는 웃음의 교감을 끊어, 그들의 개그에 대한 호응을 반감시키는 역효과를 낸다.

그리고 시청자들의 공감을 불러일으키지 않는 오버스러운 내용의 자막은 몸 개그와 같이 억지웃음을 자아내게 한다. 자막 없이도 큰 웃음을 줄 수 있는 내용을 완성하고 나서도, 흐름을 끊는 내용의 자막으로 역효과를 일으키고 있는 것이다.

또한, 출연진들의 개그에 대해 따로 생각할 틈을 주지 않고 시청자들에게는 그저 TV를 바라만 보게 하여, 시청자로 하여금 수동적인 입장만을 취하게 한다. 웃음을 위한 제작진의 노력이 오히려 시청자를 무시한 처사라고 생각될 수도 있는 것이다.

적재적소에 적절히 투입되는 자막은 프로의 재미를 배로 한다. 하지만, 너무도 과한 자막 처리는 <무한도전>의 재미를 반감시키는 역효과를 내기도 한다는 사실을 명심해야 할 것이다.

애들 프로그램 '무한 도전' – 세대 간 공감대 형성이 되지 않는 <무한도전>

토요일 저녁 6시 40분. <무한도전>이 방영되는 시간은 말 그대로 프라임(Prime) 시간대이다. 이 시간대는 광고업계 사이에서도 프리미엄, 황금시간대로 대우받는다. 가장 많은, 그리고 가장 다양한 시청자를 이끌 수 있는 시간이라는 말이다. 토요일 저녁. 한 주 동안 각자의 위치에서 고된 시간들을 보냈을 모든 식구가 모여 저녁을 먹으며 TV를 시청하는 시간이다. 대부분의 사람들이 무거운 이야기보다는 가벼운 이야기로 가족들과의 휴식시간을 보내고 싶어 한다. 그래서 이 시간대에는 방송사 3사 모두 오락프로그램을 방영하여, 시청자들의 눈길을 잡아끄는 노력을 한다. <무한도전> 역시 이러한 프로그램 중 하나다.

토요일 저녁. 모든 가족 구성원, 모든 세대가 즐길 수 있는 프로그램이 필요한 시간이다. 아무리 10, 20대를 주 타깃으로 제작되는 프로그램이라고 할지라도, 모든 세대의 시청자들이 고객이 되는 황금시간대인 만큼 세대 간의 공감을 줄 수 있는 내용과 형식으로 제작되어야 한다.

하지만, 과연 <무한도전>이 모든 세대에게 웃음을 줄 수 있는 프로그램일까? 가족 오락 프로그램으로 적합한 프로그램일까? 대부분의 중장년층 어른들은 <무한도전>을 보며 너무두 즐거워하는 자녀들을 이상한 표정으로 바라보며 물으신다.

"저게 재밌니?"

<무한도전>이 모든 세대에게 공감을 주고 있지 못하다는 뜻이다. 30, 40대 이상의 시청자들에게 <무한도전>은 시끄럽고 정신없는 애들 프로그램일 뿐이다. 시청률 조사 결과에서도 <무한도전>에 대한 편협한 사랑은 그대로 표출된다. <무한도전>은 예능 프로그램 순위, 10대 시청률 순위에서 모두 1위의 자리를 지키고 있지만, 20, 30대 이상 시청률 순위권에서는 그 이름을 찾아볼 수가 없다.

그 가장 큰 원인으로는 '은어의 남발'을 들 수 있다. <무한도전>에는 각종 은어가 등장한다. 인터넷에서 쓰이는 외계어가 등장하는 것은 아니지만, 그들의 사생활과 관련되거나 지금까지 방송을 보지 않았다면 전혀 이해할 수 없는 내용의 말들이 많이 등장한다. 그들만의 언어를 형성한다는 점에서 이것은 분명히 '은어'이다. 애들 프로그램이라는 인식이 강한 <무한도전>을 주의 깊게 시청할 리 없는 30대 이상의 시청자들에게 이것이 과연 개그로 다가갈지 의문이다.

그리고 출연진들의 말이 너무 빠르다. <무한도전>을 주의 깊게 시청하는 10대들에게는 크게 문제될 것이 없겠지만, 가족프로그램으로서 정신없는 사운드(sound)는 크게 문제가 될 수 있다. 정말 자막의 도움 없이는 아무런 말도 알아들을 수 없는 경우가 있다. 프로그램의 전개를 속도 있게 하기 위해서이겠지만, 정보의 전달에 문제가 생긴다면 모두 소용없는 노력이 될 것이다.

<무한도전>은 프로그램이 방영되는 시간의 중요성을 인지할 필요가 있다. 가족들의 시간이다. 토요일 저녁, TV의 주도권은 부모님에게 있는 경우가 대부분이다. 중장년층의 눈길을 끌 수 있을 때, 비로소 <무한도전>은 국민 대표 오락 프로그램으로 거듭날 수 있다. '리얼 버라이어티'의

특성을 살려 중장년층의 향수를 불러일으킬 수 있는 특집방송을 제작한다
던지 등의, 세대 간의 공감을 이끌어낼 수 있는 노력이 필요하다.

오락 프로그램의 새로운 장을 개척했다는 평을 듣고 있는 <무한도전>.
새로운 웃음을 향한 그들의 끊임없는 노력은 인정할 가치가 있다. '창조'에
대한 노력이 너무도 부족하기만 한 오늘날 예능계에서, 매주 색다른 웃음
을 선사하는 그들의 노력은 더욱 돋보이기 마련이다. 오로지 시청자들의
웃음을 위해, 제작진과 출연진 모두가 엄청난 투자를 하고 있다는 것이
눈에 보인다. 그러한 노력에 시청자들이 감동한 것일까? <무한도전>은
예능 프로그램 중 최고의 시청률을 고수하며, 매주 화제의 중심이 되곤
한다.

하지만 그만큼 시청자들의 관심을 받는다는 것은, 그 배로의 노력을
필요로 한다는 것을 뜻한다. <무한도전>의 입장에서는 그만큼의 부담이
커진 것이다. 벌써 방영된 지 4년의 시간을 넘기면서, <무한도전>이
과도기적 시점에 와 있다는 평이 적지 않다. 이러한 평들 모두 그들에
대한 관심의 표현일 수도 있지만, <무한도전>은 긴장을 풀지 말고 시청자
들의 색다른 웃음을 향한 계속적인 노력을 해나가야 할 것이다.

또 다른 웃음을 선보일 그들의 무한 도전을 기대한다.

지식의 재발견

2007 좋은 방송을 위한 시민의 비평상 수상집

ⓒ 방송문화진흥회, 2007

엮은이 | 방송문화진흥회
펴낸이 | 김종수
펴낸곳 | 도서출판 한울

편집책임 | 안광은

초판 1쇄 인쇄 | 2007년 7월 19일
초판 1쇄 발행 | 2007년 7월 26일

주소 | 413-832 파주시 교하읍 문발리 507-2(본사)
      121-801 서울시 마포구 공덕동 105-90 서울빌딩 3층(서울 사무소)
전화 | 영업 02-326-0095, 편집 02-336-6183
팩스 | 02-333-7543
홈페이지 | www.hanulbooks.co.kr
등록 | 1980년 3월 13일, 제406-2003-051호

Printed in Korea.
ISBN 978-89-460-3765-6 03070

* 책값은 겉표지에 있습니다.